历史可以更好看

唐史并不如烟

第五部 修订版

安史之乱

曲昌春／著

中国文史出版社
CHINA CULTURAL AND HISTORICAL PRESS

图书在版编目（CIP）数据

唐史并不如烟．第5部，安史之乱／曲昌春著．--修订本．--北京：中国文史出版社，2015（2022.8重印）

ISBN 978-7-5034-6474-4

Ⅰ．①唐… Ⅱ．①曲… Ⅲ．①中国历史－唐代－通俗读物 Ⅳ．①K242.09

中国版本图书馆CIP数据核字(2022)第132655号

责任编辑：梁玉梅

出版发行：中国文史出版社

社　　址：北京市海淀区西八里庄路69号院　邮编：100142

电　　话：010-81136606　81136602　81136603（发行部）

传　　真：010-81136655

印　　装：北京新华印刷有限公司

经　　销：全国新华书店

开　　本：16开

印　　张：19.25

字　　数：308千字

版　　次：2015年9月北京第1版

印　　次：2022年8月第3次印刷

定　　价：56.00元

目　录

第一章　杨国忠的美好时代

国忠拜相

天宝十一载十一月十七日，杨国忠终生难忘。

这一天是他的幸运日，在这一天他终于官拜宰相，出任中书令，同时兼任吏部尚书，同时兼任大大小小四十余个官职。

四十余个官职中，最小的是侍御史，最大的是中书令，林林总总，不一而足，别人一个脑袋只顶一个官帽，而他一顶便是四十多个，即便李林甫最红时也没有如此多的帽子，新旧对比不难发现，杨国忠后来居上，比当年的李林甫更红。

杨国忠首先是中书令，这保证了他王朝第一宰相的地位；

其次是吏部尚书，这保证了他握有官员的任免权；

最后他兼任诸多经济领域职务，这保证了他握有王朝的财政大权。

三者叠加到一起，杨国忠自然便成了王朝中最红的人，红得发紫，红得夺目，只是红能够维持多久呢？

杨国忠没有去想，但他有个初步判断，只要杨贵妃依然受宠，自己就能在这棵大树底下乘凉，从目前的态势看，贵妃的受宠还会继续，看样子，没有尽头。

此时如果有人告诉杨国忠：你的好日子还剩下五年，估计杨国忠会马上暴跳如雷，打此人一个生活不能自理。

什么时候，说实话，都不是一件容易的事。

真的，小杨子，你的好日子还剩下五年，短短的五年！

五年之限，只有后来人知道，当年的杨国忠只知道，这是一个属于自己的美好时代，他要牢牢把握住这个时代。

于是，杨国忠卷起了袖子，握住了手腕，一生中最习惯、最惬意的姿势终于可以摆出来了，这是他年轻时最习惯的动作，虽经多年，习惯不改。只是如此一来，当年的小混混就在大唐王朝宰相的身上灵魂附体，明白人知道，这是因为杨大人当年是小混混出身，不明白的人还以为小混混想打架找错了地方，误入大唐王朝的宰相办公厅。

然而，无论别人如何心里暗自偷笑，亦或是对自己嗤之以鼻，杨国忠都不在乎了，他已经是大唐王朝的第一宰相，不需要再看别人的脸色，而只需根据自己的意愿行事，仅此而已。大权在握，所有人在他眼中都成了下级，无论是三公，还是各部尚书，在他面前都是被呼来喝去的命。时间不长，杨国忠便把眼前的芸芸众生分为两类，一类是听话的，一类是不听话的，听话的，可以有赏，不听话的，一定有罚。

不久，一批官员便莫名其妙地遭到了贬黜，其中不乏有才有德、声名不错的官员，这些人的被贬让官场中人有些疑惑，为什么呢？腐败啦？

原因很简单，他们被杨国忠盖上了“不听话”的戳。

仅此而已。

榜样的力量是无穷的，“坏”榜样的力量同样无穷。

有这批“倒霉”的官员在前，官场中人被深深触动，纷纷削尖了脑袋去走杨国忠的门路。此时的杨国忠已经不是杨国忠，而是不少人眼中的靠山，千年不倒、万年不烂的靠山。

投靠杨国忠的风气迅速在社会上大肆传染，很快传到陕郡进士张彖这里。

有人对张彖说：“赶紧，去拜会一下杨国忠，富贵立马就有！”

张彖摇了摇头，说：“你们把中书令杨国忠当成靠山，在我眼中，他却是一座冰山。有朝一日，太阳出来了，冰山还会在吗？”说完，张彖大步流星，绝尘而去，从此隐居嵩山，跳出三界外，不在五行中。

并非所有人都像张彖这般明智，还是有很多人如飞蛾扑火一般扑向了杨国忠，杨国忠来者不拒，照单全收。

与此同时，杨国忠还不忘展示自己的“仁慈”，借用的工具是官员补缺制度。

按照以往惯例，当某一职位出现空缺时，吏部就会从候补官员中选拔，选拔时一般先看能力，后看资历。这样一些有才能的年轻人便脱颖而出，而在年轻人脱颖而出的同时，大批能力平庸但资格很老的人则被压在了箱底。

现在杨国忠上台了，他要别具一格，展示自己的“仁慈”。

杨国忠规定：以后职位出现空缺时，选拔官员一律先看资历，资历老的先上，年轻的在后面排队等着。规定一出，立即得到了大批压箱底官员的支持，他们为了等一个官职把头发都快熬白了，现在终于等到了重见天日的一天，这一切都是托杨国忠的福。

小试牛刀，杨国忠赢得了广泛的“声誉”。在一片“赞誉”声中，杨国忠却保持着冷静，因为他知道，有一件大事还没有做。

秋后算账

杨国忠的大事与李林甫有关。

在上一部《开元盛世》中曾经说过，李林甫临死前想除掉杨国忠，便想出了借刀杀人的计谋，他想把杨国忠推到剑南前线，借南诏王国的刀把杨国忠杀死。然而“借刀杀人”的计划被杨国忠识破，杨国忠通过杨贵妃向李隆基求情，最后杨国忠只是到剑南地区点了卯，转身便回了长安，“借刀杀人”计划无奈流产。

天宝十一载十一月十二日，李林甫不情不愿地离开了人世，再也不能针对杨国忠了，但这并不意味着杨国忠不再针对李林甫。

政坛的斗争就是这样，你有权力喊开始，却未必有权力喊结束，无论你的地位有多高，秉国有多久。

李林甫的生命结束了，而他与杨国忠的游戏还没结束，杨国忠要给这场游戏送上一个高潮结尾。杨国忠细细分析了李林甫的一生，他要在李林甫人生轨迹上找漏洞，这个漏洞可以很小，小不怕，杨国忠自会放大，经过放大，这个漏洞就能颠覆李林甫的一生，让他死了也不得安宁，盖棺也不能定论。

很快，杨国忠找到了，漏洞的名字叫“阿史那阿布思”。

阿史那阿布思原是东突厥西亲王，后来投降唐朝，被李隆基赐名为“李献忠”。李献忠非常勇猛，而且有谋略，凭借不断积累的功绩升迁到朔方节度副使，机缘巧合的是，当时遥领朔方节度使的正是李林甫，李林甫与李献忠的人生就这样产生交集。

作为朔方战区的节度使和节度副使，李林甫与李献忠相处得比较融洽，李林甫需要借重李献忠的边境影响力，李献忠则需要借重李林甫在朝中的权势，双方正好互补。

然而，并不是所有人都与李献忠互补，李献忠跟安禄山便非常不对路，双方都视对方为眼中钉。

天宝十一载，安禄山先出招了。

安禄山上书李隆基，声称要向奚和契丹部落发起攻击，但苦于力量不足，需要李献忠协同同罗部落的骑兵一起参战。李隆基没有多想就同意了，这样李献忠便接到了带领本部骑兵与安禄山协同作战的命令。

接到命令，李献忠惊了，他当即意识到这是安禄山给自己挖的陷阱。

战争时期，一切从严，同时一切从简，战场之上，安禄山要整死李献忠的办法太多了，他既可以以“违抗军令”为由将李献忠斩立决，也可以借敌人之手杀李献忠于无形。

李献忠看到安禄山向自己张开了罗网，他无处可逃。困境中的李献忠恳求留守朔方的唐朝官员向李隆基求情，免除协同作战的任务，然而遭到了拒绝。

万般无奈之下，李献忠选择了一条绝路：跟唐朝翻脸！

李献忠率部袭击了朔方粮仓，一番劫掠之后，绝尘而去，从此他不再是“李献忠”，而是阿史那阿布思，唐朝管不着他了，安禄山更管不着。

阿史那阿布思决绝地背唐而去，李林甫的人生漏洞就此形成，谁让你俩曾经是同僚。

现在，杨国忠就要利用这个漏洞，把已经停止呼吸的李林甫扔进阿史那阿布思叛乱的旋涡之中。

杨国忠不想一个人战斗，他还要拉上一个人——安禄山。

其实，就个人情感而言，安禄山眼中的李林甫要比杨国忠高大很多。在安禄山的眼中，李林甫是货真价实的宰相，充满政治家的谋略，而杨国忠，只是一个趋炎附势靠裙带关系起家的小人而已，如果两人同时拉拢安禄山，安禄山更愿意跟李林甫走。

如今却大不同，李林甫已经作古，杨国忠却是活灵活现的第一宰相，该跟谁走，安禄山一目了然。安禄山很快接受了杨国忠的提议，一纵身加入陷害李林甫的行列中来。

安禄山的加入具有关键意义，因为他的手中有王牌——阿史那阿布思曾经的部下。

原来，阿史那阿布思叛唐之后，一部分下属跟随他逃进了瀚海沙漠，一部分则被安禄山收编，现在这些人成了安禄山手中的“王牌”。

不久，“王牌”的代表来到了长安，他们向李隆基举报：李林甫曾经收阿史那阿布思为养子。

可怕的链条就此形成：阿史那阿布思叛乱—李林甫曾经收他为养子—李林甫阴谋叛乱？

顺着这个链条一捋，李隆基大吃一惊，自己信任了将近二十年的第一宰相居然有阴谋叛乱的嫌疑，看来得查一查了。

针对李林甫的调查随即展开，很快就有了突破，李林甫一方有人扛不住了！

扛不住的人叫杨齐宣，李林甫的女婿，时任正五品的谏议大夫。

眼看李家大厦将倾，为了自己解套，杨齐宣向调查组举报：李林甫收阿史那阿布思为假子，确有此事！

杨齐宣解套了，李林甫一家却被深度套牢了。李林甫不会想到，自己整了一辈子人，死后居然被人给整了，自己整人往死里整，而整他的人却是死了还整，看来，没有最狠，只有更狠。

此时李林甫已经辞世三个月，棺木还没有下葬，但他的生平要被改写了。

天宝十一载二月十一日，李隆基给了李林甫最后的“赏赐”：

剥夺所有封爵、官位；子孙有官职者一律除名，流放岭南及黔中；所有流放子孙只给随身衣物及粮食，其余资产一律没收充公；近亲及党羽五十余人一同贬黜；打开棺木，抠出口中所含珍珠，扒下所穿三品紫袍，取下佩戴的金鱼符；更换小棺；以庶人礼下葬。

奋斗了一辈子，摸爬了一辈子，好不容易三品了，死了倒成庶人。

倘若李林甫地下有知，又该如何评价自己的一生呢？他是哭，是笑，还是哭笑不得呢？

或许最好的选择，也只能是含笑九泉。

与李林甫不同，杨国忠却可以笑在春风中，笑在现实里，因为这场整肃让他有了意外之喜。

天宝十一载二月二十七日，李隆基下诏：封杨国忠为魏国公，陈希烈为许国公。

获奖理由是“感谢你们破获李林甫叛乱集团”。

杨国忠，你的获奖感言呢？

立碑颂德

整肃完李林甫，杨国忠心情大好，他准备展开拳脚，大干一场。

很快，杨国忠又作出了一项改革，这项改革针对的是唐朝的选官制度。

以往，按照惯例，兵部尚书、吏部尚书在加授宰相后，便不再具体过问官员选拔事宜，具体工作由下面的官员完成。

由于待选拔的官员人数众多，便需要通过三次考试选拔。

第一次考试，考察的是官员的文字功力以及所做裁决是否恰当（有点像现在公务员考试的《申论》）；

第二次考试，考察的是官员的举止和言谈；

第三次考试，则是考官与候选官员面对面谈话。

三次考试下来，旷日持久，耗时良多，最严重时，三次考试跨越两个季节，第一次考试时还是初春，第三次考试则到了盛夏。

现在，杨国忠要改革这项制度，他要加快选官的进度。

能快到什么程度？一天！

当然，严格说来，不是一天，因为事先，杨国忠在家里也做“功课”，他让文书官员直接带着材料到自己家中，杨国忠便坐在自己的客厅里决定官员的人选。

在杨国忠带着文书官员遴选候补官员时，他的妹妹们则透过镂空的窗户向外观望，冲着正在工作的文书官员指指点点，玩笑之声时不时从里面传出。

这里就得说说唐朝的开放了，杨国忠如此做其实是有原因的，他之所以让妹妹们透过窗户往外看，是给她们一个自由选择夫婿的机会，只要有看中的，杨国忠立马牵线当红娘。

从这一点看，杨国忠这个哥哥当得还有点情趣。

回过头接着说杨国忠的改革。

经过杨国忠“客厅内定”之后，接下来在宰相办公厅的工作就是公布官员选拔的最后结果。杨国忠负责公布，侍中陈希烈、给事中以及有关单位主管作陪，一天时间，全部公布完毕。

以前半年，现在一天。

豹的速度！

原本，一天也无法完成，按照唐朝惯例，官员选拔名单还要到门下省进行审核，而杨国忠把这一条给废除了。杨国忠对主管门下省的陈希烈说：“今天，侍中、给事中都在座，就等于已经通过门下省了。”

哦，弄了半天，效率是这么来的。

暗箱操作加偷工减料。

即便如此，杨国忠依然感觉良好，他觉得这是一项重大改革，值得大书特书，值得立碑颂德。

很快，一封奏疏递到了李隆基那里。奏疏的内容是赞扬杨国忠为国分忧、选官效率奇高，应该给予立碑颂德，奏疏的落款是候选官员代表。

李隆基一看奏疏，笑逐颜开，这说明朕任命的宰相不错，群众的眼睛是雪亮的嘛！

李隆基当即安排京兆尹鲜于仲通负责撰写碑文，同时为歌功颂德碑指定了位置：中书省门前。

不久，碑文完成，李隆基饶有兴致地亲笔修改了几个字，鲜于仲通的眼睛顿时闪亮了起来。歌功颂德碑很快竖立在中书省门前，金光闪闪，非常扎眼，因为鲜于仲通将李隆基改过的那几个字用黄金填了起来。

所有的一切看上去很美，同时所有的一切又很假。

因为这块碑并不是候补官员自发竖立的，而是杨国忠授意鲜于仲通干的，从始至终，杨国忠和鲜于仲通是主谋，而候补官员就是一个幌子。

如同左手颁给右手，杨国忠玩的是左右互搏！

互不干涉

有人说，情场得意，则赌场失意，终究无法两全。

这句话放在别人身上或许成立，放在杨国忠的身上便不再成立，因为他官场、情场两线开花，双双得意。

杨国忠的情场不仅在家中，更在他的堂妹虢国夫人家中。

两人宅第相邻，彼此抬脚就进，而且进出不分昼夜，没有时间概念，这样杨国忠这只狡兔就有了两个窝，一个窝在自己家中，一个窝在虢国夫人家中，两下都不耽误。

或许有人会问，两家离得这么近，难道杨国忠的妻子就不加干涉？

确实不干涉，因为他俩早已达成默契，双方各自睁一只眼闭一只眼，别的夫妻相处时都是四目相对，他俩是两目相对，因为各有一只眼闭上了。

杨国忠的妻子裴柔不干涉杨国忠的私生活，同时杨国忠也不干涉裴柔的私生活，这就是传说中的“互不干涉”吧。

两人的“互不干涉”植根于唐朝的开放背景下，同时也有自身的原因，杨国忠小混混出身，对自身的要求自然不严，裴柔呢？也好不到哪里去，她是娼妓出身，对自身的要求也没法严格。

两人婚后有一段时间，杨国忠离开家到外地办事，等杨国忠回到家才赫然发现，妻子怀孕了。杨国忠有些疑惑，妻子这次怀孕有些诡异，似乎时间有点不对。

对此，裴柔解释说：“有一次我做了一个梦，在梦中我与你恩爱，在那不久，我就怀孕了！”

理由够雷人吧！

如果放到现在，有妻子如此向丈夫解释，估计等待她的就是一场天崩地裂的大吵。

杨国忠呢？他淡然一笑：“哦，这可能是过于思念导致，可以理解，可以理解！”

在杨国忠的“理解”中，裴柔的肚子一天大过一天，后来，一个婴儿呱呱坠地，这个婴儿就是杨国忠的儿子之一——杨晅。杨晅究竟是不是杨国忠的亲生儿子，已经无从考究了，我们只知道，在他出生之前，他的父母曾经有过那样一段“雷人”的对话。

有杨晅的事情打底，裴柔自然对杨国忠睁一只眼闭一只眼，自己已经退了五十步，就别再“五十步笑百步”了。如此一来，杨国忠便理直气壮起来，虢国夫人也不遮掩，两人便把双方的“爱情”大白于天下，即便是在一起入朝的路上，两人也是两马并排走，没有任何遮掩。

按照惯例，贵夫人出门应该有所遮掩，要么在马车或轿子前遮一道幔帐，要么给自己的脸蒙一道面纱，就像如今的阿拉伯妇女一样。然而，这些惯例到了虢国夫人那里都作废了，她没有用任何面纱遮挡，而是素面朝天地与杨国忠并排同行，走自己的路，让别人说去吧！

向勇于追求自己爱情的虢国夫人致敬！

虢国夫人的勇气值得钦佩，但她的行为还是让世人不齿，于是在她与杨国忠经过的路上，百姓纷纷遮住自己的双眼，替他们害羞：嘿，这俩活宝，真拿无知当个性了！

当然，在一种情况下，百姓不遮双眼，而是瞪大眼睛使劲看。

那就是杨家姐妹一起去华清池的时候。

每年，李隆基都会携杨贵妃去华清池泡温泉，这时杨家姐妹也会跟随，一同前往。

前往华清池之前，杨家姐妹会先聚到杨国忠的家里，等人到齐了一起出发。

不一会儿，杨铦来了，杨锜也来了，大唐王朝最红的五杨便聚齐了，再加上杨国忠，便构成了最红的“六杨”。

“六杨”聚会的场面非常宏大，因为他们都不是一个人来的，而是各自携带着大批的车马和奴仆，在他们聚会的同时，房外几条街都挤满了他们的奴仆和车马。

这是一场划时代的聚会，锦绣珠玉，鲜华夺目，为了便于区别，五杨家的奴仆每家各着一色，如果让五家的奴仆各自围成一个圈，好家伙，奥运五环！

动身的时刻到了，宰相杨国忠驱马走在前面，在他的前面是剑南节度使的旌旗开道，在他后面，是五杨一家一家款款前行，眼神好的知道是杨家集体去华清池泡温泉，眼神不好的还以为是要开综合运动会呢。

六杨的队伍浩浩荡荡而去，旁观的人啧啧赞叹之余也有疑惑：他们这样的好日子还能有多久呢？

对此，杨国忠倒很坦然，他曾经不止一次对别人说：“我本是贫寒出身，靠着贵妃的缘故才当上宰相，至于将来如何下台，我是无法预料的。以我的能力，无论如何也难博得真正的好名声，那就不如及时行乐！”

对，及时行乐，因为你的好日子从你当宰相的那一天起，就已经进入倒计时了。

杨暄考试

倒计时的钟声已经敲响，但杨国忠没有听到，他沉醉于属于自己的美好时代中，丝毫没有意识到危机早已潜伏，只是在等待发作时机。

同杨国忠一样沉醉的还有他的儿子——杨暄。

天宝十二载，杨暄参加了明经科考试，他信心满满，以为一定能高中头名。

杨暄的信心并不来源于自己，而是来源于自己的爹，试想，当朝第一宰相的儿子参加考试，主考官你能不给头名吗？不给头名，你好意思跟杨国忠宰相打招呼吗？

杨暄以为这是一件非常简单的事，却没想到，这是把天大的难题出给了主考官。

倘若杨暄考试及格，主考官把他的名次前提也无可厚非，毕竟还有一定的弹性空间，然而，要命的是，偏偏杨暄不及格！

要说这杨暄也是不学无术，按常理，明经科考试是相对容易的，主要考的是对经典语句的记忆能力，只要用心背诵，考试难度一点都不大。

比如，孔子曰：（　　）时习之。

你在括号里，填上“学而”就可以了，这样的题能算难吗？

再比如，他山之石，（　　）。

填上“可以攻玉”就可以了。

写到这里，想起高中时代的一些笑话：

考试中，我的同学们充分展示胡编能力，于是便形成了一些“经典”。

他山之石，（可以盖房）（正解：可以攻玉）；

路漫漫其修远兮，（夜长长其黑暗兮）（正解：吾将上下而求索）；

出师未捷身先死，（壮志未酬泪空流）（正解：长使英雄泪满襟）；

月是故乡明，（水是故乡甜）（正解：露从今夜白）。

将心比心，当年的杨暄必定也和当年的我们一样，没有用心背诵，却指望以自己的半瓶水获得头名，这就有点异想天开了。

看过杨暄的考卷，主考官、礼部侍郎达奚珣左右为难，让杨暄名列前茅吧，明显违反原则，不让他名列前茅吧，自己又得罪不起杨国忠。

达奚珣打算先探探杨国忠的口风，再作决定。达奚珣派自己的儿子达奚抚等在杨国忠家门口，等候良久，终于等到了杨国忠出门上早朝。

杨国忠知道达奚抚是达奚珣的儿子，便以为达奚抚是来报喜的，因为他在心中早已将儿子内定为头名，谅他达奚珣也不敢不识相。

达奚抚一开口，杨国忠的心凉了半截。

达奚抚说：“我父亲让我禀告宰相大人，令郎明经考试成绩不及格，但也不会不录取！”

杨国忠听完，顿时大怒，不识相的东西，我儿子明明是头名的材料，你居然敢说他不及格！

杨国忠怒道：“我儿子还担心没有富贵吗？还需要你们这些狗东西来卖弄人情！”

说完，杨国忠拍马而去，留下达奚抚在原地目瞪口呆。

良久之后，达奚抚回去给父亲写了一封信：“他（指杨国忠）仗势弄权到了极点，别人只有慨叹的份，跟这样的人还有什么道理可讲呢！”

达奚珣看罢信，长叹一声，遇上这样的宰相，有什么道理可讲呢！

达奚珣大笔一挥，杨暄名列前茅！

原本，他是不及格的！

这就是杨国忠的时代，没有道理可讲。

数年后，“不识相”的达奚珣由礼部侍郎升迁为吏部侍郎，而此时，当年不及格的杨暄已经出任户部侍郎了。

即便如此，杨暄还对亲信感叹道：“唉，像我这么有才的人，被埋没太久了！”

老天啊，你睁睁眼吧！

老天暂时没有睁眼，杨国忠却睁开了眼，因为他发现了一个难缠的对手，这个人直接影响了他的美好时代。

第二章　两虎相争

初　起

没有永远的朋友，也没有永远的敌人，杨国忠和安禄山的关系变化，便很好地印证了这一点。

仅仅几个月前，杨国忠和安禄山还在并肩作战，他们珠联璧合，成功地将已经去世的李林甫踏在脚下，使之身败名裂，永世不得翻身。两人达到了共同的目的，却没有就此成为朋友，相反，从此之后，他们渐行渐远，而龃龉也便在渐行渐远中产生。

在李林甫掌权时我曾经说过，李林甫这个人非常霸道，唯我独尊，他容不得别人与他争权，更不允许任何人把他超越，因此，张九龄、李适之等人都被他打落下马。

李林甫整肃到最后，基本达到了唯我独尊的目的，不过在此时，还是有两个人比较红，一个是杨国忠，一个便是安禄山。

可能是因为三角形相对稳定，因此李林甫在世时，三个人并立于世，各自享受着李隆基的恩宠。三角形的稳定态势随着李林甫的身败名裂而发生了变化，放眼望去，整个大唐王朝，最受宠的剩下两个人，杨国忠和安禄山。以前他们是三角形的两个角，现在李林甫那个角消失了，只剩下杨国忠和安禄山彼此虎视眈眈。

从安禄山的角度讲，他从来没有把杨国忠放在眼里。

论资历，安禄山比杨国忠老得多，安禄山在幽州征战时，杨国忠还不知在哪个角落赌钱呢；论战功，安禄山战绩显赫，虽然里面有不少水分，但毕竟也是战功，杨国忠呢？一个剑南节度使都当不好；论关系硬，安禄山也不比杨国忠差，杨国忠是杨贵妃的远房堂哥，安禄山还是杨贵妃的干儿子呢，而且还是经过盛大“洗三”典礼的干儿子呢。

在安禄山的眼里，杨国忠就是一个“干啥啥不行，吃啥啥不剩”的家伙，就这么个家伙当大唐第一宰相，安禄山心里有一百个不服！

这就是传说中的“同性相斥”，越是性格、行为类似的人，越是容易格格不入。

从杨国忠和安禄山的行为来看，这两个人都是有些才能同时又很乖巧的人，才能是他们的基础，乖巧是他们的翅膀，正是凭借乖巧，他们深得皇帝和贵妃的赏识，进而当上了大唐王朝的红人。

尽管两个红人没有直接的利益瓜葛，但关系还是势如水火，这就如同两个如日中天的明星，虽然从私人层面上没有任何个人恩怨，但一旦相逢，却总是形同陌路，原因只有一个，“如果没有你，或许我会更红”！

矛盾便由此而起。

从此，红人杨国忠便把曾经的“盟友”安禄山看成了眼中钉，这是一颗影响自己更红的眼中钉，如果把他拔掉，那么自己就将是大唐王朝最红的那颗星。

如何才能把这颗钉拔掉呢？

杨国忠开始处心积虑地对付安禄山，安禄山也感受到了杨国忠咄咄逼人的杀气，两人如同两只斗鸡，一只在长安，一只在范阳，两鸡隔空斗战。

杨国忠首先出招，他不断给李隆基上书，核心内容只有一个，“安禄山有谋反之心”。

换作别的节度使被弹劾，李隆基可能第一时间便跳了起来，然而偏偏受弹劾的是安禄山，这怎么可能呢？

李隆基对安禄山实在是太喜爱了，因为安禄山确实很可爱，虽然言谈举止有些憨，但憨得可爱。

有一次，李隆基拍了拍安禄山腐败的大肚子，问道：“你这胡人肚子里装的是什么啊，怎么会大成这样？”

安禄山一本正经地回答道：“里面什么都没装，只装着一颗对陛下的赤心！”

看着安禄山“憨憨”的样子，李隆基心花怒放，他知道这个胡人在信口开河，但他听着舒坦，无比舒坦。

六十多岁的李隆基总以为自己是天下最聪明的人，却不知道，装傻充愣的安禄山其实比他聪明，安禄山早已看穿了李隆基，因此他的每一句话都能递到李隆基的心坎里。

就拿安禄山拜见杨贵妃的礼节来说，这里面便透着安禄山的精明。

每次拜见李隆基和杨贵妃，安禄山首先给杨贵妃行大礼，李隆基不免疑惑，普天之下，天子最大，为什么不先参拜天子，而先参拜贵妃呢？

安禄山装傻充愣地说：“我们胡人一向先拜母亲，后拜父亲。”

安禄山故意拿“母系社会”说事，其实是装疯卖傻，他焉能不知道普天之下，天子最大，他只是在装不懂而已。

因为他早就看出，杨贵妃是李隆基的最爱，只要贵妃开心了，李隆基也就开心了，至于先拜谁后拜谁，李隆基并不那么讲究。

安禄山的精明不仅仅体现在先拜杨贵妃，同时对待太子李亨，他也有自己独特的招数——不拜！

初见太子时，李隆基给安禄山介绍说：“这是太子！”

安禄山似乎没有听见，对太子看都没有看一眼，拱手站在那里，丝毫没有参拜的意思。

太子李亨脸上红一块，白一块，他知道安禄山在装傻。

李隆基有些不解，便问安禄山：“你见了太子怎么不下拜啊？”安禄山说：“臣是胡人，不知道朝廷的礼仪，也不知道太子是什么官。”

李隆基越发觉得安禄山可爱，便循循善诱地说：“太子就是储君，朕千秋万岁之后，就是他代替朕做皇帝。”安禄山作恍然大悟状，说：“臣愚钝，以前只知道有陛下，不知道还有太子！”

这时，安禄山作出一副不得已的样子，极为勉强地参拜了太子李亨，整个过程与其说是在参拜，不如说是在用身体语言告诉李隆基：陛下，我是因为您的缘故才参拜太子的！

这一幕，李隆基看在眼里，喜在心里，心中越发喜欢安禄山。

看到这里，很多人或许会疑惑，“安禄山明明在蔑视太子，为什么李隆基反而会满心欢喜?”这就要归结于皇帝的奇特心理，古代皇帝一直都有一个奇特心理：既希望太子快快成长，又怕太子成长太快，归根结底，是怕在有生之年太子把皇位夺走。

并不是没有先例，太宗李世民不是如此干过吗？李隆基本人不是也同样干过吗？因此，李隆基格外怕太子克隆当年的自己。

所以，当安禄山不参拜太子时，李隆基格外欢喜，这说明安禄山心中只有他这个皇帝，不像有些大臣，明明拿着他的俸禄，却频频对太子暗送秋波。

当战功、装傻、乖巧集于安禄山一身时，安禄山便成了李隆基面前的红人，于是便走出了一条平步青云的直线：

天宝元年升任平卢节度使；天宝二载加授骠骑大将军；天宝三载同时担任范阳节度使、平卢节度使；天宝七载受赐铁券（有此铁券，等于多一条命）；天宝八载受封东平郡王。

安禄山的东平郡王，是唐朝将帅被封的第一个王（李世民等善战皇族不算），以往如开国名将李靖、李世勣等，也不过受封国公，而安禄山直接被封为郡王。

现在，杨国忠把小报告打到了安禄山头上，李隆基的头顿时摇成了拨浪鼓，安禄山想叛乱?

国忠，你别逗了!

寻找外援

李隆基对安禄山的绝对信任让杨国忠倒吸一口凉气，看来短时间内，小报告是扳不倒安禄山的，要想对付安禄山，还得另外想办法。

杨国忠盘算了一下自己的势力，发现自己几乎处处比安禄山强，但有一点他比安禄山差得远，那就是地盘。

安禄山身兼范阳、平卢、河东三镇节度使，而自己却只是一个剑南节度使，无论是从军事编制，还是从对王朝的重要程度，自己都比不过安禄山，这一点无疑影响了自己的话语权。

看来，是时候扩张一下自己的地盘了。

想到扩张地盘，杨国忠自觉自己不是带兵打仗的料，让自己去当一个真刀真枪拼杀的节度使是不现实的，那怎么办呢？如何才能扩大自己的地盘呢？

最现实的办法，还是从现有的节度使中发展一个同盟军。

杨国忠的目光在王朝的版图上上下逡巡，最终锁定了一个人——陇右节度使哥舒翰。

哥舒翰，突厥突骑施哥舒部落后裔，因为所在部落为哥舒部，便以部落为姓，哥舒翰由此而来。哥舒翰的父亲哥舒道元官至安西副都护，因此，哥舒翰从小在安西长大。

不过，哥舒翰是一个大器晚成的人，四十岁之前，这个人不着四六，仗着父亲积累的家财，不务正业，他的主业就是花钱喝酒加行侠仗义，仅此而已。

四十岁这年，哥舒翰的人生遇到了一个坎，这一年他的父亲去世了，按照祖制，他需要为父亲居丧三年。这三年，哥舒翰在长安度过，正是这三年，最终改变了哥舒翰的人生走向。

三年中，哥舒翰见多了世态炎凉，更让他刻骨铭心的是，他居然遭到了长安县尉的侮辱，潇洒了四十多年的哥舒翰从来没有受过那么大的侮辱，这次侮辱让哥舒翰开始反思自己的人生。一番反思后，哥舒翰得出了结论，自己受到侮辱，是因为自己一无所成，如果自己有一身军功，谁又能低看自己一眼。

哥舒翰决心脱胎换骨，他要向世人尤其是侮辱自己的长安县尉证明：哥舒翰是一个堂堂正正的人，而不是任人捏的橡皮泥。

不久，哥舒翰仗剑来到河西，他要在这里找回自己的尊严。

很快，哥舒翰在河西声名鹊起。

吐蕃军队前来犯边，哥舒翰率部挡在要冲之处，吐蕃人分三行从山上往下冲锋，哥舒翰单骑挺枪迎击，一行败了，两行败了，第三行也败了，哥舒翰的名声从此不胫而走。

除了单兵作战，哥舒翰还联合家奴一起进行流水线作业。

哥舒翰有个家奴叫左车，这是一个十五六岁的孩子，别小看这孩子，这孩子不仅有胆识，而且膂力过人。每次哥舒翰开始追敌之时，便是哥舒翰与左车进行流水线作业之际。

哥舒翰手持长枪，追上正疲于奔逃之敌，流水线作业随即展开：

哥舒翰把枪搭到敌人的肩膀上，然后大喝一声，敌人吃惊地一回头，这时哥舒翰已经手起一枪直刺咽喉，顺手一跳抛起三五尺高，这一刺一抛，对方便再也见不到第二天的太阳了。这时左车“腾”地跳下马，手起刀落，首级已经抓在手中，然后向哥舒翰报数：又一个！

勇不可当的哥舒翰很快风生水起，天宝六载，老上司王忠嗣被诬落马，哥舒翰便被李隆基推上前台，出任陇右节度使。

天宝八载，哥舒翰迎来了一个人生高潮。

这一年，他办了一件大事——重夺石堡城。

两年前，正是因为不配合攻打石堡城，哥舒翰的老上司王忠嗣被诬落马。两年来，石堡城就是哥舒翰心中的一根刺，不拔掉它，哥舒翰寝食难安。

同样寝食难安的还有李隆基，他也想拔掉石堡城这根刺。

在李隆基的统筹下，陇右、河西、朔方、河东以及部分突厥精兵集中到了一起，总计六万三千人，李隆基把这六万三千人交给了哥舒翰，任务只有一个——重夺石堡城。

重夺石堡城并不容易，此城三面是悬崖峭壁，只有一面有路可以用兵，然而即使是有路的这一面，地势也极为险峻，而且无法大兵团作战，只能逶迤而上，采用最难受的仰攻方式攻打。

驻守石堡城的吐蕃士兵并不多，只有数百人，但粮食很多，另外滚木礌石也很多。粮食不缺，滚木礌石也不缺，居高临下的吐蕃士兵有恃无恐。

哥舒翰看着如鲠在喉的石堡城，派出了裨将高秀岩、张守瑜，命他们限期拿下石堡城。

石堡城果然难打，唐军屡次冲锋都被打退，几天过去了，石堡城依然醒目地挺立在那里。

哥舒翰大怒，他召回高秀岩、张守瑜，准备军法处置。

高、张二人跪了下来，提了一个要求：“请再给我们三天时间，三天攻不下，提头来见！”

哥舒翰一字一句说道：“好，三天，就三天！”

三天后，石堡城终被攻克，时隔八年之后，石堡城再回唐军手中。

这一切都要归功于哥舒翰。

然而，令哥舒翰遗憾的是，老上司王忠嗣无法与他一起分享胜利的喜悦了，就在这一年，王忠嗣暴死，再也无法与哥舒翰并肩作战。带着些许遗憾，哥舒翰继续着自己陇右节度使生涯，天宝十二载，哥舒翰又做了一件大事——收复黄河九曲。

黄河九曲即今天青海省黄河上游的S形区域，这块区域原本是唐朝边境重地，不想就是这么一块军事重地，居然在公元710年金城公主和亲吐蕃时，被吐蕃人以“嫁妆”的名义讨要了过去。

当时的皇帝还是不着调的中宗李显，边防官员也是一叶障目的败家子，光想着金城公主和亲两国其乐融融，却没有想到，国与国之间最后争的还是利益，哪管什么姻亲？

就这样，黄河九曲被当成嫁妆划给了吐蕃，后来便成为吐蕃进攻唐朝的一块关键跳板。

哥舒翰意识到黄河九曲的战略意义，便打起了黄河九曲的主意。可能是被哥舒翰打怕了，进攻黄河九曲地区时，哥舒翰并没有遇到太大阻力，很快，黄河九曲便重回唐军之手，哥舒翰再立一功。

胜利的战报传到长安，李隆基大喜，杨国忠也跟着大喜，李隆基的大喜是因为重收黄河九曲，杨国忠的大喜则有特殊含义：踏破铁鞋无觅处，得来全不费工夫，此人不正是自己想找的那个人吗？

杨国忠想的没错，因为哥舒翰不仅战功卓著，更重要的是，哥舒翰与安禄山有很深的矛盾。

哥舒翰为何与安禄山、安思顺有很深的矛盾，史无明载，按照我的推测，不外乎两点：一、同行是冤家；二、哥舒翰主政的陇右战区与安思顺主政的朔方战区交界，两战区摩擦难以避免。可能正是基于以上两个原因，哥舒翰与安思顺矛盾很深，而安思顺又与安禄山是堂兄弟，因此矛盾便发展成三个人的矛盾，哥舒翰与安思顺、安禄山都不对路。

哥舒翰、安思顺、安禄山三人的矛盾渐渐地公开了，满朝皆知，这让李隆基左右为难，这三个人哪一个都是他倚重的节度使，缺了哪一个都不行，但偏偏，这三个不可或缺的人相互之间还不和，这就很麻烦了。

李隆基想了一个办法，他对三人说：“你们三个烧黄纸吧，结拜成异姓兄弟！”

三个节度使闻言，不敢违抗皇命，于是不情不愿地烧了黄纸，一起把头磕到了地上，从此结成异姓兄弟。然而，“异姓兄弟”的标签并没有改变问题的实质，哥舒翰与安禄山兄弟还是不和，这已经是不争的事实。

李隆基又想了一个办法，让资深宦官高力士出面摆了一桌酒，同时邀请了三位节度使出席，希望这桌酒化解三人之间的恩怨。

酒席的气氛一度向着和解的方向发展。

安禄山先端起了酒杯，对哥舒翰说：“我的父亲是胡人，母亲是突厥人，兄长的父亲是突厥人，母亲是胡人，这么算起来，咱们都是同一血统，怎么就不能和睦相处呢?”

安禄山说完，便很有诚意地看着哥舒翰。

和解的橄榄枝递到了哥舒翰手里，就看哥舒翰接不接。

哥舒翰回应说：“古人云：狐向窟嗥不祥，为其忘本故也。兄苟见亲，翰敢不尽心?”

哥舒翰的意思是说，古人说，狐狸冲着洞穴吼叫是不祥之兆，因为这是忘本，老兄如果愿意亲近兄弟，兄弟怎能不尽心回应?

哥舒翰这句话没有任何毛病，要说有毛病的话，只能说他忽略了一点：他忘了安禄山没有文化，太深奥的话他根本听不懂。哥舒翰说完，还没有意识到自己的“错误”，但安禄山已勃然大怒，吼道：“突厥狗，你胆敢如此嚣张!”

要说没文化真是太可怕了，没文化的安禄山压根儿没有听懂哥舒翰的意思，他只清晰地听懂一个“狐”字。

哥舒翰借用狐狸的典故说明同类之间要精诚团结、惺惺相惜，安禄山却误以为哥舒翰在用“狐狸”含沙射影骂自己，他是胡人，因此对发“胡”的音很敏感，于是便出现了大发雷霆的一幕。

一千多年后，有一个人也有同样的毛病，他头上生了癞子，于是便特别忌讳别人话语中提到“癞”，久而久之，“赖”也不行，“光”也不行，“亮”也不行，“灯”也不行，“烛”也不行。此人名叫阿 Q，如果有一条时空隧道，阿 Q 会拥抱着安禄山安慰道：“兄弟，他们不理解你!”

哥舒翰原本将心向明月，不料明月却照到了安禄山的沟渠，哥舒翰不禁内心感慨：养儿不读书，不如养窝猪！哥舒翰正欲回骂，却被高力士一个眼色给制止了，只好顺势装醉，离席而去。

这下梁子结得更深了。

这样一来，便给了杨国忠见缝插针的机会。

当杨国忠向哥舒翰抛出橄榄枝时，哥舒翰毫不犹豫地接住了，不为别的，只为他们有共同的敌人——安禄山。

杨国忠与哥舒翰的联盟很快有了初步结果：不久，经杨国忠推荐，哥舒翰兼任河西节度使。

又过了一段时间，杨、哥二人的联盟又出硕果：李隆基晋封哥舒翰为西平郡王。

这是唐朝将帅受封的第二个王，与安禄山的东平郡王正好遥相呼应。

至此，哥舒翰成为杨国忠的忠实拥趸，在整肃安禄山的问题上他们目标一致。

如同一般人结婚时想不到离婚，正处于蜜月期的杨、哥二人也不会想到，日后他们居然有反目成仇的一天，当然这是后话了。

眼下，他们最大的敌人还是安禄山。

长安过招

有哥舒翰加盟，杨国忠更有了底气，天宝十二载年底，杨国忠将矛头再次指向安禄山。

杨国忠向李隆基旧话重提："安禄山可能谋反。"李隆基习惯性地摇了摇头，不可能，绝不可能！杨国忠追加一句："如果陛下不信，不妨征召安禄山进京面圣，我料定他不敢来，不信您就试试。"

从内心来讲，李隆基真不相信安禄山会谋反，自己那么多恩宠加到他的头上，他怎么还会谋反呢？

没有理由啊！

李隆基知道自己说服不了杨国忠，那就让事实来说话吧。

随即，李隆基下诏，命安禄山前往长安觐见。

杨国忠心中一阵窃喜，好，这下安禄山这小子要彻底暴露了，我看你敢来！

就在杨国忠等着看笑话时，天宝十三载正月初三，安禄山来了。

杨国忠顿时坐了蜡。

要说杨国忠确实只是一个小混混，虽然混上第一宰相的高位，但这么多年智商还是不见长，安禄山是有谋反之心，但并没有把柄落在你杨国忠手里，因此安禄山没有什么可担心的，长安对他而言，抬脚就进。

这次觐见对于安禄山而言是一场完胜，因为他不仅粉碎了杨国忠的谗言，而且在关键时刻倒打一耙。

安禄山泪流满面地对李隆基说："臣本胡人，受陛下恩宠被擢升到如此高位，这便引起了杨国忠的忌妒，臣恐怕不久就会被他害死了！"说完，安禄山泪如雨下。

安禄山的痛哭感染了李隆基，把李隆基也弄得唏嘘不已，唉，挺好的孩子，居然被杨国忠逼成这样，杨国忠也真是的！此刻，怜惜在李隆基的内心中占据了上风，再加上以前的疼爱与欣赏，安禄山在李隆基心目中的地位更加巩固，而杨国忠的话，他再也听不进去了。

偷鸡不成反蚀把米，杨国忠心中直呼晦气。

几天后，杨国忠的眼前一亮，他似乎又看到了希望。

让杨国忠眼前一亮的是太子李亨，他也是来劝告李隆基的，李亨与杨国忠的基调一样：安禄山有野心，日后必反。

李亨的话，李隆基依然没有听进去。

这一切怪只怪李隆基对安禄山"疼爱"得太深了，因此在他的体内产生了抗体，这个抗体可以应对一切不利于安禄山的"谣言"。

杨国忠说安禄山日后必反，抗体说："别听他的，他是忌妒安禄山。"

太子李亨说安禄山日后必反，抗体说："别听他的，当年安禄山没参拜他，他是心里记仇。"

纵使他最爱的杨贵妃说安禄山日后必反，抗体说："别听她的，她是替杨国忠传话的！"

爱一个人太深，总会在不经意中产生无数个辩解理由。

李隆基的爱本身没有错，但他爱错了人。

这就是错爱。

然而李隆基并不自知，他的错爱还在继续。

不久，李隆基又作出一个决定，他要给安禄山加一个宰相头衔。

李隆基的命令很快传了下去，翰林院学士便开始起草诏书。

翰林院是在李隆基登基之后出现的，功能是招揽各类有文学才能的人，另外和尚、道士、书法家、画家、琴师、棋手、法术师也在招揽行列，这些人还有一个冠冕堂皇的名字——待诏，意思是随时听候皇帝的差遣。唐代著名诗人李白便曾经在翰林院当了几年待诏，而这几年待诏生涯也是他一生引以为荣、闪闪发光的关键履历。

待诏在李隆基时期还是闪闪发光的金字招牌，到了宋朝就臭大街了。《水浒传》里有一回，鲁智深下山找铁匠铺打禅杖和戒刀，一进门鲁智深跟铁匠打招呼，便说："兀那待诏，有好钢铁吗?"

看看，在鲁智深时代，打铁的都是待诏。

接着说翰林院，翰林院发展到后来，翰林学士的地位与日俱增，朝中不少有文学素养的官员都成为翰林学士，因为在这里，离皇帝更近。

这批翰林学士中，有两个人格外引人关注，一位是刑部尚书张均，一位是太常卿、驸马都尉张垍（娶李隆基的女儿)。这二人是哥俩，他们的父亲是曾经出任宰相的文学大家张说。

此次受命起草诏书的便是张垍，张垍满心以为这是李隆基对自己的信任，却没有想到无意之中卷入一场是非，进而影响了他的一生。

张垍刚起草完诏书，杨国忠便找到了李隆基。

杨国忠说："安禄山虽然有军功，但他目不识丁，怎么能当宰相呢? 任命他当宰相的诏书一下，恐怕四夷就会轻视朝廷。"

这一次杨国忠非常讨巧，他抓住了安禄山的七寸——目不识丁，这一抓非常关键。

李隆基沉思一会儿，决定放弃原来的想法，不过该有的恩宠还得有，还是封安禄山为尚书左仆射，另外赐一子为三品官，一子为四品官。

安禄山的宰相生涯就这样还没有开始便结束了，杨国忠以为自己做得神不知鬼不觉，但安禄山还是知道了，于是安禄山与杨国忠的恩怨又加深一层。

安禄山并没有急于报复，他的心中还筹划着更大的事情。

不久，安禄山又向李隆基提出了要求：

请求兼任御马总监和全国牧马总管。

这个要求非常致命，如果这个要求如愿，这便意味着以后全国的战马尽在安禄山的掌握之中。

战马对于冷兵器时代的意义，或许可以等同于20世纪坦克对于陆军的意义。

这个要求，李隆基居然同意了。

天宝十三载正月二十四日，李隆基任命安禄山为御马总监、陇右牧马总管，相比于安禄山的要求，略微打了一个折扣。

李隆基以为安禄山满意了，但安禄山还是不满意："我要当全国牧马总管。"

两天后，安禄山终于如愿以偿，李隆基任命他为代理全国牧马总管，虽然是一个代理，但牧马的事，他说了就算。

至此，安禄山达到了自己的目的，而杨国忠只能叫苦不迭。

尽管史书没有提及杨国忠在此期间的作为，但以他的性格，一定会拼命破坏安禄山的好事，然而安禄山最终还是如愿，这说明，这一回合较量，安禄山还是占了上风。

放虎归山

杨国忠与安禄山的棋局还在继续，两人在棋盘上不断地落子。

天宝十三载正月十一日，李隆基发布一项任命：杨国忠升任司空。

这个任命对于杨国忠而言并没有实际意义，因为司空本身只是一个荣誉性职位，没有任何实权。杨国忠之所以要司空这个名头，只是为了争一口气，在气势上压倒安禄山。

两天前，安禄山被加授尚书左仆射，因此杨国忠就为自己争取一个司空头衔，司空从理论上高于尚书左仆射，这样杨国忠又压安禄山一头。

安禄山见状，不动声色，他不想与杨国忠去争那些虚名，他想要的是实实在在的东西。

正月二十三日，安禄山又给李隆基上了一道奏疏：

臣所部将士在讨伐奚、契丹、九姓部落、同罗部落战斗中，立功很多，臣恳请陛下不拘泥常规，给予特别赏赐，在任命状上给予褒奖，交给臣带回军中发放。

通俗地说，安禄山这是向李隆基讨要晋升将军的指标，原本将军的指标是有限的，安禄山却要求为他的部下破一回例，不再拘泥于原来的固定指标。

经安禄山狮子大开口，李隆基大笔一挥，一次性便批给了安禄山晋升将军指标五百余个，晋升中郎将指标两千余个，这下安禄山便有了滥赏的资本，而这一切都是拜李隆基所赐。

转眼间到了三月初一，安禄山该回范阳了。

安禄山向李隆基辞行时，李隆基又做出一个惊人之举：他解下自己的御袍赐给了安禄山。这一赐把安禄山感动得热泪盈眶。

李隆基此举也有自己的用意，他想用自己的恩宠牢牢笼络住安禄山，朕对你如此推心置腹，你还好意思反吗？

此时的李隆基已经六十九岁了，正是老小孩的年纪，虽然经历了岁月风雨，但还是有了老小孩的天真。

真以为给人家点恩宠，人家就不好意思反了？

在造反这条路上，从来没有什么不好意思。

辞别李隆基的安禄山迅速出了皇宫，跨上战马便开始飞奔，他感觉背后有一双眼睛始终在死死盯着他，盯得他脊背发凉。

得赶快离开这个地方，不然杨国忠还会算计我，安禄山暗暗对自己说。

不过，想走也走不了那么快，讲究的李隆基还安排高力士在长乐坡为他饯行呢。

喝过无数次饯行酒，这一次安禄山最没有心情，他只想快速离开这个地方，哪有心思喝高力士的饯行酒。

草草喝过之后，安禄山驱马飞奔潼关，在这里，他安排的人已经等候多时了。

安禄山弃马上船，船马上启动，两岸早已安排就位的船夫迅速拉起了纤，船在黄河上飞奔起来。

对于自己的归途，安禄山早有安排，两岸拉纤的船夫十五里一轮换，昼夜不停，同时路过沿岸郡县一律不下船，一天一夜能行数百里。这样，杨国忠再想抓安禄山，就只能踩风火轮了。

安禄山扬长而去，高力士也从长乐坡回宫复命，这一复命，便引出了张均、张垍兄弟的麻烦。

李隆基冲高力士问：“安禄山此行应该满意吧？”

高力士回应说："看他的样子有些不高兴，恐怕是知道一度要任命他当宰相后来又中止了。"

李隆基听后，有些郁闷，保密工作怎么做得这么差呢？

李隆基将自己的郁闷说给杨国忠听，这时杨国忠接过了话头："任命安禄山当宰相的事一般人不知道，必定是张垍兄弟透露给安禄山的！"

李隆基顿时大怒，这个张垍，亏他还是朕的驸马，居然是个大嘴巴，他的两个兄弟肯定也不是什么好东西，统统贬了！

因为杨国忠一句话，张均、张垍兄弟的命运便被改变了，是否真是他们泄的密，史无明载，或许是，又或许不是，总之李隆基认为是，于是兄弟三人就被贬了。

刑部尚书张均贬为建安太守；

兵部侍郎张垍贬为卢溪司马；

给事中张埱贬为宜春司马。

虽然这次贬黜只持续了一年多的时间，一年后，李隆基便把兄弟三人一一召回，然而兄弟三人却在这次贬黜中寒了心，日后当重大选择横在面前时，他们选择了李隆基的对立面——安禄山。

此时的李隆基浑然不觉，他在自己经营的错觉中越陷越深。不久，他更是做出了出人意料的举动：凡是举报安禄山谋反的，他一律捆绑起来，交给安禄山自由处置。

一旁的杨国忠看在眼里，急在心里，他知道自己该做点什么，补救补救了。

亡羊补牢

在这一轮长安过招中，杨国忠没能斗过安禄山，安禄山不仅戳破了杨国忠的"谣言"，更是带着累累硕果从长安全身而退。

想起安禄山的全身而退，杨国忠便恨得牙根发痒，他决定进行补救。

杨国忠的补救着眼于两个人身上，一个是哥舒翰，一个是吉温。

对于哥舒翰，杨国忠的手法照旧，还是帮哥舒翰争取待遇。

这一次杨国忠不是替哥舒翰自己争取，而是替哥舒翰的部将争取，你安禄山不是争取到两千五百个晋升名额吗，哥舒翰这边也不含糊。

在杨国忠的帮助下，哥舒翰同样争取到大批晋升将军名额，相比安禄山更进一步的是，哥舒翰还争取到数个晋升高级将军的名额。

长长的晋升名单中，有几个人比较关键，值得一提：

燕北郡王火拔归仁晋升为骠骑大将军（此人将在潼关之战中扮演重要角色）；

严挺之之子严武为节度判官（严武发迹靠的便是哥舒翰提拔）；

前封丘县尉高适为掌书记（高适是唐朝诗人中少有的仕途显达之人，他的仕途起步借了哥舒翰的光）。

忙完哥舒翰的事，杨国忠开始着手吉温的事，他要狠狠收拾一下这个见风使舵的小人。

原本，他们是一个战壕的战友，现在则要撕破脸皮，这一切都是因为吉温的善变。

天宝八载之前，吉温一直是李林甫的得力助手，在李林甫整肃高官的过程中，由吉温和罗希奭组成的“罗钳吉网”出力不少；天宝八载之后，自觉跟着李林甫没有多少前途的吉温转投杨国忠门下，转而对李林甫下手，李林甫的党羽宋浑、萧炅都是他联合杨国忠整倒的。

时间走到天宝十载，吉温的心思又动了，因为他发现了一个似乎比杨国忠更红的人，这个人就是安禄山。

经过激烈的思想斗争之后，吉温决定放弃杨国忠，转投到安禄山门下。

吉温游说安禄山说：“李林甫虽然跟三哥（安禄山在家中排名老三）走得很近，但他肯定不会推荐三哥出任宰相；我吉温往日就受他驱使，到头来也没有得到太多提拔。三哥如能向皇上推荐我，我定当向皇上推荐三哥担当大任，咱们一起联手把李林甫排挤出去，日后你就是宰相。”

吉温说这番话时，根本没提杨国忠，或许在他和安禄山眼中，杨国忠不是当宰相的料。

吉温的话深深打动了安禄山，不久安禄山便向李隆基推荐了吉温，最终把吉温安排到了河东节度副使的职位。

出任河东节度副使的吉温并没有跟杨国忠翻脸，他依然跟杨国忠保持着联系，杨国忠出任宰相后，还推荐吉温出任御史中丞，从这个推荐来看，杨国忠还把吉温当成自己人。

杨国忠与吉温关系破裂，是在天宝十三载的正月。

在这个月中，安禄山争取到御马总监和全国牧马总管的职务，这让杨国忠非常不爽。

令杨国忠更加不爽的还在后面，安禄山又向李隆基推荐了吉温，安禄山建议：吉温出任兵部侍郎，同时兼任御马副总监。

事情发展到这一步，杨国忠彻底明白了，吉温已经偷偷改换门庭投到安禄山的门下了，从前是盟友，今天就是敌人了。

对待盟友要像春天般温暖，对待敌人则要像冬天一样无情，从这时起，杨国忠便盯上了吉温，他一定要让这个人付出背叛的代价。

不久，吉温就遭到了杨国忠的打压，这次打压让吉温懊丧不已、刻骨铭心，因为他与自己追求了一辈子的目标失之交臂。

事情的起因，还得从杨国忠与陈希烈的恩怨说起。

杨国忠与陈希烈本来也是盟友，在清算李林甫的战斗中他们一度并肩作战，并且一起分享了胜利果实，两人都被封为国公。

然而，杨、陈两人的结盟很脆弱，清算完李林甫不久，杨国忠就发现陈希烈用起来不顺手。虽然陈希烈也不会跟自己顶牛，但杨国忠还是感觉别扭，便动了心思想把陈希烈换掉。

官场中人都是敏感动物，很快陈希烈便意识到杨国忠的企图。自觉无法与杨国忠对抗的陈希烈选择了认输，他不等杨国忠开口，自己主动提出辞职。

辞职报告反复递了几次，李隆基开始并不同意，不过想到一件事情后，他改变了主意。

原来在陈希烈闹辞职期间，长安进入无休无止的雨季，雨黏糊糊下了六十来天，最后暴雨成灾，长安城里塌了很多房子，不少街区也被水淹了。没有多少科学知识的李隆基信奉的是“天人感应”，他认为这是老天在发怒。

一个偶然瞬间，李隆基把暴雨成灾和陈希烈联系到了一起，进而用他奇怪的思维逻辑得出一个结论：暴雨成灾，可能与陈希烈宰相不称职有关。

就这样，一场暴雨终结了陈希烈的宰相生涯，李隆基开始着手找给杨国忠搭班子的人。

爱屋及乌是一个人的天性，李隆基同样也有这种天性，因为喜欢安禄山，进而喜欢安禄山推荐的人，很快李隆基将目光锁定在吉温身上，他想让吉温出任宰相，跟杨国忠搭班子。

令李隆基没有想到的是，这个提议遭到了杨国忠的强烈反对，杨国忠死活不同意吉温出任宰相。李隆基有些遗憾，但还是尊重了杨国忠的建议，这样吉温就跟安禄山一样殊途同归，宰相生涯还没有开始便结束了。

吉温没能得到的宰相头衔最终落到了吏部侍郎韦见素头上，他能出任宰相归因于他低眉顺眼，能够无条件服从杨国忠。在出任宰相时，韦见素一定对杨国忠充满了感激，或许在心中许下了与杨国忠同生共死的诺言，在马嵬坡，他差一点就做到了。

吉温与自己梦想的宰相之位失之交臂，心中的郁闷不言而喻，他没有想到，这并不是最差的结果，一心报复的杨国忠并没有停止对他的打压。

活该吉温倒霉，数月后，他便被杨国忠抓到了把柄。

杨国忠采用的是连环计，连环计的源头是河东太守韦陟。

韦陟为官颇有声望，而且儒雅有风度，不经意间，韦陟就成了杨国忠的假想敌，杨国忠担心有朝一日李隆基会调韦陟进京出任宰相，那样就会影响自己的相位。

杨国忠决定先下手为强，把韦陟拉下马。

把韦陟拉下马的方法很简单，就是找人控告韦陟贪赃枉法，这样韦陟就必须接受御史审查，而在审查过程中，杨国忠可以做的手脚就多了。

杨国忠一方面盯紧韦陟，一方面启动自己的连环计，他不仅要把韦陟拉下马，还要把那些企图营救韦陟的人一一拉下马。

很快，企图营救韦陟的人出现了，这个人就是吉温。

无利不起早的吉温收受了韦陟的贿赂，开始营救韦陟，他自思凭自己的能量无法捞出韦陟，于是便求救于安禄山。

吉温自以为做得神不知鬼不觉，却不知道，他所做的一切都在杨国忠的监视之中。

几天后，吉温的营救结果出来了：

韦陟贬为桂岭县尉；吉温贬为澧阳长史。

本来受人之托进行营救，没想到营救到最后自己也掉了进去，吉温只能在心里暗暗地对杨国忠说，算你狠！

被贬的吉温把希望都寄托在了安禄山身上，他渴望安禄山能拉自己一把。

安禄山确实伸出了援手，用力地拉了一把，可惜没能拉上来。

安禄山上疏李隆基，一方面为吉温喊冤，一方面指责杨国忠陷害忠良。然而六十九岁的李隆基再一次当起了和事佬，对于杨国忠和安禄山，他都没有责备，于是就作出了葫芦僧的判决：维持原判。

上岸无望的吉温只能踏上被贬之路，心中充满委屈和不服，背后无眼的吉温并不知道，把他打下水的杨国忠并没有收手，更大的打压还在后面呢。

天宝十四载，吉温又被举报了，他被指控贪赃枉法，非法占有他人马匹。

举报迅速被坐实，吉温再次被贬，由澧阳长史贬为端州高要县尉。

高要，地处岭南，历来被视作瘴疠之地，杨国忠就是要把吉温扔到瘴疠之地。

不过，被贬初期，杨国忠并没有达到目的，因为吉温走到始安郡就不走了，愣是没有去高要报到。

吉温以为杨国忠不会知道自己的行踪，没想到，杨国忠还是知道了。

这一回杨国忠非常大度，哦，不想去高要啊？

可以，不用去了！

直接扔进监狱。

一个月后，吉温再也不用去高要报到，转而向那些被他整死的冤魂报到了。

巧合的是，与吉温并称“罗钳吉网”的罗希奭也死于狱中，再想与吉温组成“罗钳吉网”，只能向异度空间的李林甫大人申请了。

或许《无间道》里的一句话最适合总结吉温和罗希奭的一生：

出来混的，迟早要还的！

这句话同样适合打压吉温成功的杨国忠。

扶稳了哥舒翰，打倒了吉温，杨国忠的亡羊补牢初见成效，不过他没有放松，因为他知道，安禄山这只老虎一下是打不死的，必须再连打几下。

第三章　叛乱前夜

谁来担保

时间走到天宝十四载，杨国忠与安禄山的争斗还在继续。

正月二十二日，安禄山的副将何千年来到长安，带来了安禄山的最新要求：

用三十二名番人将领替换原来的三十二名汉人将领。

这就是安禄山的“以番易汉”。

“以番易汉”的背后包藏着安禄山的祸心，安禄山此举是要将他不信任的汉族将领全部换掉，取而代之的是他信得过的番人将领，这是为将来的起事作准备。

遗憾的是，七十岁的李隆基没能看透背后的玄机，他居然想也没想就同意了。

不是所有人都没有看透安禄山的祸心，新任宰相韦见素一眼识破。

韦见素对杨国忠说：“安禄山早有野心，今天又提出这样的要求，这说明他已经下定决心谋反了。明天面圣，我将向圣上指出这一点，如果圣上不认可，请您发言支持我!”

杨国忠诚恳地点了点头，放心，我一定会的。

第二天，韦见素与杨国忠一起来见李隆基。

没等韦见素开口，李隆基劈头就问：“卿等都怀疑安禄山要谋反吗?”

韦见素不疑有他，顺势接过话头：“圣上所言极是，臣等早已怀疑安禄山谋反，他所要求的以番将代汉将断断不能允许。”

韦见素自顾自地说了起来，却没有意识到李隆基的脸色越来越难看。

等韦见素说完，李隆基的脸色更加铁青。

善于察言观色的杨国忠见状，顿时失语，眼神上下翻飞，舌头却一动不动，急得韦见素恨不得挠墙，杨国忠依然如故，装哑依旧。

脸色铁青的李隆基最终没认可韦见素的说法，他坚持了昨天的决定，同意安禄山“以番易汉”。

韦见素和杨国忠灰溜溜地退了出来，直到这时杨国忠的舌头才恢复正常。

面对韦见素的抱怨，杨国忠一笑了之，他没有时间跟韦见素解释，当务之急，是要想出一个切实可行的遏制安禄山的办法。

功夫不负有心人，办法终于被杨国忠和韦见素想出来了。

几天后，杨国忠与韦见素又来见李隆基，杨国忠将自己的办法和盘托出：

臣有办法消除安禄山的祸患。如果将安禄山委任为宰相，召到长安任职，把范阳节度副使贾循、平卢节度副使吕知诲、河东节度副使杨光翙扶正，那么安禄山的势力就自然瓦解了。

平心而论，杨国忠的提议有一定道理，如果能把安禄山架空，把他手下的三个副手扶正，那么安禄山的势力就会被瓦解掉。即便安禄山抗命，拒不到长安任职，那么至多裹挟范阳战区叛乱，平卢、河东都不会参加，因为被扶正的节度使会火速地将大权抓在自己手中。

听完杨国忠的办法，李隆基觉得有些道理，便传令下去，即刻起草诏书。

诏书很快起草完毕，放到了李隆基的案头，只要李隆基点一下头，诏书就会下达。

如果诏书就此下达，中国大历史上或许就没有了安史之乱，即便还会有，祸害程度也会相对降低。

历史的机遇摆到了李隆基面前，就看他能不能抓住。

李隆基沉思良久，还是没有下定决心，他挥了挥手，让杨国忠、韦见素退了下去。

容朕再想想，再想想。

这一想，又是若干天。

在这些天中，李隆基没有闲着，他的脑海里一直在左右互搏，一个小人说下达诏书吧，一个小人说别下，安禄山值得信任。两个小人不停打架，李隆基迟迟拿不定主意。

想了半天，李隆基决定再考察一下安禄山，于是便派宦官辅璆琳以给安禄山送水果的名义去了范阳。

从长安往范阳送水果，看起来有些诡异，其实一点不诡异，这在李隆基和安禄山之间早已成为惯例。每逢李隆基吃到可口的东西，都会想起远在范阳的干儿子安禄山，便命令属下打包一份，快马加鞭送到范阳。

这次宦官辅璆琳从长安往范阳送水果，也是“父子”间惯例的延续。

这时的李隆基已经七十岁，老小孩进入自欺欺人的阶段，一方面他信任安禄山，一方面他也忌惮安禄山。他在信任和不信任之间摇摆，现在他想听听第三方的意见，这第三方就是他所信任的宦官。李隆基以为宦官靠得住，却没有意识到，一个拿了安禄山贿赂的宦官还靠得住吗?

很快水果特使辅璆琳回来了，他给李隆基带回了范阳水果之旅的心得体会：安禄山竭忠奉国，决无二心。

这个心得体会很致命，它直接左右了李隆基心中的天平。

李隆基很自然地进入自我安慰、自欺欺人的状态，他对杨国忠说：“安禄山，朕诚心待他，他必无二心。东北的奚、契丹还要靠他防范。朕可以替他担保，他绝没有问题，卿等就不用杞人忧天了!”

好大一只鸵鸟，头上面好大一堆沙。

人这一辈子，脚上的泡是自己走的，头上的包是自己磕的，所有的福是自己积的，所有的祸也都是自己惹的，总结陈词：人这一辈子，都是自己作的!

说你呢，李隆基!

相互试探

李隆基一拍胸脯替安禄山担保，胸脯拍得山响，但他的心里依然没有底。

读“安史之乱”这段历史的人不免有些疑惑，为什么李隆基对安禄山那么信任，即便已经出现了叛乱的苗头，他还是愿意相信安禄山不会谋反?

总结原因，不外乎以下几点。

一、李隆基过于自信，他过于相信自己的识人能力。公平地说，在开元年间，李隆基的眼光还是非常准的，无论是姚崇，还是宋璟，亦或张说、张九龄，李隆基看人看得非常准。即便是充满争议的李林甫，李隆基看得也非常准，尽管李林甫的口碑很差，但在他的带领下，国力蒸蒸日上，这也验证了李隆基眼光的独到。然而到了晚年，李隆基的眼神便不济了，杨国忠、安禄山都是他看好的人，但都看走了眼。

二、李隆基不愿意亲手毁掉自己树立的典型。同一些官员一样，如果在自己的任内树起了一个典型，就会千方百计维护这个典型。我把这种心理叫作“老母鸡”心理，李隆基和安禄山就是这样的关系。安禄山这个典型，李隆基已经树了近二十年，让他亲手毁掉，他舍不得。

三、步入老年的李隆基不想再折腾了。翻开李隆基的人生履历，可以发现，他的一生就是战斗的一生，最早跟韦后斗，接着跟太平公主斗，后来跟宰相斗，同时还得防范儿子的虎视眈眈。斗了一辈子，李隆基累了，他更愿意维持现状，多一事不如少一事。

综合以上三点，李隆基“顽强”地保住了安禄山这个典型，但他的心中依然在打鼓，那么多人说安禄山谋反，他还是惴惴不安。

天宝十四载三月二十二日，李隆基的特使又从长安出发了。这次的特使是给事中裴士淹，他奉命前往河北道慰问，而安禄山正担任河北道巡察特使，是重点慰问对象。

说是慰问，其实还是因为李隆基不放心，“送水果”名义已经用过一次不便再用，因此这一次便祭出了“慰问”的名目。

裴士淹如期抵达范阳，一张慰问的热脸贴到了安禄山的冷屁股上。

以往，每逢朝廷使节前往范阳，安禄山都会颠颠地出城迎接。然而自从天宝十三载从长安胜利大逃亡后，安禄山改了规矩，不再出城迎接，而只是在城中的总部接见。

当然，他也有冠冕堂皇的借口：有病，身体不好！

由于安禄山一直声称“有病”，慰问特使裴士淹就被冷处理了二十多天，直到二十多天后，安禄山终于“康复”了，在总部接见了裴士淹。

裴士淹发现，这次接见，安禄山有些漫不经心，眉宇之间带着一丝傲慢，裴士淹心中一冷，这个胡人不会真的有反心吧？

慰问草草收场，裴士淹忐忑不安回京复命，他把安禄山的态度既报告给了李隆基，也报告给了杨国忠。

李、杨二人听完报告后反应截然不同，李隆基似乎不太相信，杨国忠却大喜过望：“你看，我说吧，这个胡人想谋反！”

此时的杨国忠已经把扳倒安禄山上升为人生第一要务，他到处吵吵“安禄山要谋反”，却从来没有认真想过，一旦安禄山真的谋反，局面将如何收拾。

在这一点上，杨国忠与汉景帝时主张削藩的晁错有点类似。

晁错主张削藩，他对汉景帝说，“削之亦反，不削亦反”，意思是说，无论削不削藩，这些藩国早晚必反，既然这样，就不如早削，逼他们早点反，对国家的危害还小些。

晁错主张削藩的态度很坚决，但他从来没有想过，如果藩国真的反了，以后该怎么办。

等“七王之乱”发生后，晁错绞尽脑汁想出了一个主意：由他坐镇京师，由景帝御驾亲征。

这是一个馊得不能再馊的主意，把安全留给了自己，把危险留给了皇帝，等待他的只有悲惨的结局。

借着“七王之乱”喊出的口号：诛晁错，清君侧。汉景帝最终把晁错牺牲掉了。临刑那一天，不明就里的晁错还以为景帝召他进宫议事，兴冲冲穿着朝服上了车，不料走到半道，被一脚踢了下来，然后，咔嚓，一刀两断。

晁错的悲剧在于吵了半天，却没有善后的手段；杨国忠的悲剧在于，他以为善后的手段足够了，到头来才发现，还差那么一点点。

不知不觉间，杨国忠与晁错走上了同一条轨迹，他们都在大声呐喊，他们都想引起皇帝的高度关注，不同的是，晁错出于一片公心，而杨国忠，私心盖过公心。

巧合的是，当他们所期盼的结果出现时，历史竟然有惊人的巧合：

“七王之乱”喊出：诛晁错，清君侧；

“安史之乱”喊出：诛杨国忠，清君侧。

两相对比，前者是原版，后者是山寨版。

杨国忠还顾不上原版和山寨版的区别，当务之急，是继续寻找安禄山谋反的证据。

很快，杨国忠向安禄山狠狠地刺了一锥子：他居然派兵搜查了安禄山在长安的住宅。

安禄山在长安的住宅由李隆基特批，前前后后都是李隆基张罗，装修按照当时的一流标准，最扎眼的是里面有两张镶白玉的檀木床，檀木床的尺寸比较特别，长一丈，宽六尺，躺两个姚明绰绰有余。

杨国忠把安禄山的住宅仔仔细细地搜查了一遍，他想从这里找到安禄山谋反的证据，然而，搜查的结果令他很失望，证据没找到，证人或许有几个。

安禄山的宾客李超等人被当作证人抓进了御史台监狱，杨国忠渴望从他们的口中得到安禄山谋反的线索。这一次，杨国忠又失望了，他一无所获。

失望的杨国忠知道，请神容易送神难，当初把人家抓进来容易，要送出去就难了，至少得给一个合理解释吧。

杨国忠想了一下，那就不送了吧。

秘密处死！

这就是流氓和一般人的区别，一般人讲究，流氓不讲究，一般人按套路出牌，而流氓没有套路，不按常理出牌。

严格说起来，杨国忠这次突击搜查并非一无所获，还是取得了一个成果——打草惊蛇。

杨国忠以为自己所做的一切都是绝密，却没有意识到，安禄山在长安也有眼线，这个眼线探听到搜查的消息，便把消息迅速传递给了安禄山。

给安禄山传递消息的是安禄山的儿子安庆宗，当时他留在长安，准备自己与皇族女儿荣义郡主的婚礼，正巧发生了杨国忠突袭安禄山住宅事件。

得到儿子传来的消息，安禄山顿时紧张了起来，看来事情得抓紧了。

就在安禄山准备加快叛乱节奏时，李隆基的诏书到了。

李隆基在诏书中写道：“你的儿子就要举行婚礼了，作为父亲你得到长安观礼吧。”

李隆基说得合情合理，然而遭到了安禄山的拒绝——抱歉去不了。

理由呢?

有病!

病自然是装出来的，安禄山是不想到长安束手就擒。

几个月来，安禄山已经看出来了，无论是李隆基，还是杨国忠，他们都在试探自己，无论是送水果，还是慰问，都是对自己不放心，杨国忠突然搜查自己的住宅，那更是试探自己的底线。

好，既然你们试探，我也试探。

一个月后，自称有病的安禄山给李隆基上了一道奏疏，声称自己将前往长安贡献战马三千匹，贡献路上每匹马配备两个马夫，另外派遣二十二名番将护送。

接到安禄山的奏疏，李隆基有些疑惑，安禄山突然要献三千匹马，到底是什么意思呢?

不仅李隆基疑惑，得知这个消息的不少官员同样疑惑，河南尹达奚珣直接上疏李隆基，一针见血：

陛下应该指示安禄山将献马日期推迟到冬天，而且由朝廷直接押送，不需要范阳出兵。

李隆基阅罢，表示认可，从此时起，他终于对安禄山产生了怀疑。

这封奏疏，其实是安禄山投石问路的石子，他在试探李隆基对他的信任程度。

如果李隆基同意他七月献马，那么说明李隆基对他依然信任；

如果李隆基不同意，进而推迟他的献马日期，那么说明李隆基对他已经产生了怀疑。

现在李隆基下令推迟献马日期，双方的底牌即将揭开。

就在这时，曾经收受安禄山贿赂的辅璆琳案发了。

辅璆琳如何案发，史无明载，估计跑不出同行相互倾轧的圈，可能是他不小心泄露了范阳之行的秘密，结果被忌妒的同行告发。

相同的一幕曾经在开元年间出现，当时宦官牛仙童收受了范阳节度使张守珪的贿赂被同行告发。

时隔多年，这一幕再次上演。

辅璆琳的案发让李隆基心中的天平又开始摇摆，他对安禄山的不信任与日俱增。

这时李隆基未必相信安禄山会谋反，但为了以防万一，他准备调虎离山。

李隆基继续沿用了自己的感情攻势，他亲自给安禄山写了一封热情洋溢的邀请信，热情洋溢程度直逼《还珠格格2》里乾隆向紫薇和小燕子发出的回宫邀请。

李隆基饱含真情地写道："朕最近特意为卿新开凿了一个温泉池，今年十月朕会在华清宫等待你的到来。"

邀请信写得很感人，可惜已经打动不了安禄山的心。

当这封热情洋溢的邀请信送到安禄山面前时，安禄山没有像以往一样起身恭迎，而是大马金刀地坐在凳子上，无所谓地说了一句："圣人安康。"

安禄山接着说道："不让献马也无所谓，十月时我会大摇大摆去长安。"

安禄山的话惊出了传诏使节一身冷汗，他心中暗暗发抖，这个胡人看来反意已决。

数天后，传诏使节回到长安，一下子跪倒在李隆基面前哭喊道："臣差一点儿就再也见不到陛下了！"

经过双方的几次试探，安禄山的不臣之心已经昭然若揭。

然而尽信书则不如无书，我对这几次试探倒有几处存疑：

一、安禄山对朝廷使节的态度前后反差太大，以前安禄山毕恭毕敬，后来则爱答不理甚至不敬，如此大的反差，就存在疑点。以安禄山的智商，他应该知道伪装的重要性，难道他觉得自己胜券在握，已经无须顾忌长安的感受？正常情况下，一般不会。

二、既然安禄山能在朝廷使节身上做手脚，那么杨国忠会不会同样做手脚呢？朝廷使节向李隆基汇报的安禄山已经接近穷凶极恶，那么他们的汇报有没有水分呢？恐怕未必没有。

几番试探，长安与范阳的关系越来越紧张，双方都绷紧了神经。

不久，长安的一纸诏书，将安禄山逼进了死胡同，从此，他只能一条道跑到黑了。

引　爆

现有史书几乎众口一词地指出，在安禄山谋反之前，李隆基几乎毫无作为，这种说法其实不对。

李隆基是有作为的，他不仅有作为，而且做了一件大事，正是这件大事引爆了安禄山的火药桶。

天宝十四载秋，李隆基下达了一纸诏书：

将河东战区从安禄山的势力范围中剥离出来。

然而，诡异的是，这么重大的事情，在《旧唐书》、《新唐书》以及《资治通鉴》中并没有提及，实在令人匪夷所思。

出现这种情况只能有一个解释，那就是史官故意隐瞒了李隆基下诏的事实，这样一来就会营造一个错觉：

朝廷从来没有辜负你安禄山，是你安禄山人面兽心辜负了朝廷。

事实上，李隆基剥离河东战区的事实必定是存在的，只是被湮没在历史的红尘之中。

有人会说，既然你说李隆基剥离河东战区在先，那么你的证据呢？

容我细细道来。

天宝十四载十一月，安禄山起兵前对自己的势力范围作如下部署：

命范阳节度副使贾循守范阳，平卢节度副使吕知诲守平卢，别将高秀岩守大同。

需要特别注意的是，安禄山对河东战区没有安排。

不久，安禄山派奇兵突袭河东战区总部所在地太原，掳走太原副留守杨光翙，而杨光翙原来的身份正是河东节度副使。

安禄山与杨光翙见面之后，痛斥杨光翙依附杨国忠，一番痛斥之后，将杨光翙斩首示众。

几件事整合到一起，可以得出结论：安禄山起兵之前，河东战区已经被剥离，原河东节度副使杨光翙已经倒向了杨国忠。河东战区不再为安禄山所有，这一下把安禄山逼到了墙角，安禄山酝酿已久的叛乱被迫提前。

不出天大意外，剥离河东战区一定是杨国忠的主意，这是杨国忠对安禄山底线的试探。如果安禄山就此谋反，那么正中杨国忠下怀：陛下，你看，他还是反了。如果安禄山不反，那么杨国忠还会继续剥离战区，等三个战区剥离完毕，安禄山就成了一只年画老虎，只有拍的必要，没有打的价值。

事情发展到这一步，安禄山只能反了，在他看来，已别无选择。

世上从来没有无缘无故的爱，也没有无缘无故的恨，推而广之，世上从来也没有无缘无故的叛乱。

安禄山走到这一步，并非一朝一夕的事情。

中国历史总是喜欢脸谱化，把历史上的人物贴上好人、坏人的标签，其实好人、坏人没有那么泾渭分明，好人身上也有坏人的因素，坏人身上也不乏好人的优点，人注定是复杂的，很难定义为纯粹的好人或者坏人。

具体到安禄山，史家习惯性地指责他是胡人，所以人面兽心，其实这是不公允的。安禄山是胡人不假，但胡人不等于人面兽心，即使安禄山最终叛乱，那也不等于安禄山从一开始就人面兽心。

事实上，安禄山的欲望是被李隆基一点一点勾起，他的胃口随着位置的提升而不断扩大。

当安禄山刚刚升任平卢节度使时，他的内心之中，忠诚应该是主流；

当他同时兼任范阳、平卢节度使时，忠诚或许还是主流，但内心已经开始膨胀；

当他同时拥有范阳、平卢、河东时，他的所思所想，必定与初任节度使时有了很大不同。

不断提升，不断受宠，安禄山的眼界越来越宽，胃口越来越大，直到某一天他赫然发现，自己居然有了叛乱的资本。

很难说，从哪一天起，安禄山动了叛乱的心思，如果要划一个模糊的界限，或许就在他身兼三镇节度使之后。

即便身兼三镇节度使，安禄山也未必真的会反，但接下来，多种因素交织到一起，安禄山的叛乱思想便抬头了。

首先，他得罪过太子。

当年为了表示对李隆基的绝对忠诚，安禄山装疯卖傻，见了太子李亨故意不参拜，此举令李隆基喜上眉梢，但同时让太子李亨心中不悦，聪明人过招总是点到为止，李亨自然看得出安禄山的伎俩。这样安禄山取悦了皇帝，便得罪了太子。

不要小看“得罪太子”这几个字，这几个字足以让一个家族天翻地覆。最简单的例子是商鞅，在他推行改革时得罪过太子，等到太子登基，商鞅的悲剧就如约而至：五马分尸。

安禄山虽是胡人，但他同样知道一朝天子一朝臣的道理，这就注定，他很难在太子手下做一个忠臣。

其次，中原与边境军事部署的本末倒置勾起了安禄山蠢蠢欲动的心。

每次从范阳前往长安，安禄山都会见识到中原防守的松懈，李隆基将王朝的重兵都布置到边境上，中原腹地却空了。深谙军事的安禄山自然将这一切看在眼里，蠢蠢欲动的心便油然而生。这里面涉及一个犯罪门槛的问题，当犯罪的难度过低时，犯罪率就会相应提升，因为犯罪太简单了。

打一个最简单的比方，如果 ATM 机的外壳是一敲即碎的玻璃，那么针对 ATM 机的犯罪恐怕要比现在多得多，因为诱惑摆在那里，而犯罪的难度又那么低。

最后，当安禄山拥有了与朝廷对抗的资本时，他的周围也在不经意中多了一批想入非非的小人。即使安禄山想继续当忠臣良将，想入非非的小人也会给他营造叛乱的环境。

围绕在安禄山身边的小人主要有两个，一个是文书官、太仆丞严庄，一个是机要秘书、屯田员外郎高尚，正是这两个人的出现，把安禄山推进了遍布鳄鱼的鳄鱼池。

两人中，比较有故事的是高尚，这是一个不甘于平淡、一心想做大事的人。

高尚是幽州人，原本不叫高尚，而叫高不危。

高尚从小就怀揣远大理想，为了做大事，他离开家乡出外闯荡，他的母亲在家中无所依靠最后都到了靠乞讨度日的地步，而他依然不归，继续在外闯荡。

连老母的死活都不顾的人，注定是危险的。

高尚在前半生并不顺利，他虽有学问，同时不乏文采，但迟迟没有获得机会。命运不济的他有时会跟熟人感叹：“我宁可举大事不成而赴死，也不愿意终日咬着草根苟活。”

显然，这是一个极具投机心理、敢做大事的人，如果活在现代，有一项职业会很适合他——风险投资。

几番辗转，高尚来到安禄山身边，安禄山把他提拔为机要秘书。

安禄山本人肥胖，瞌睡说来就来，经常与高尚说着话便打起了瞌睡。在安禄山打瞌睡的同时，高尚则低头忙自己的事，等安禄山醒来，一切有条不紊。久而久之，高尚得到了安禄山的信任，可以随时进入安禄山的卧室。

后来，便出现了一道独特风景：

安禄山呼呼大睡，鼾声四起，高尚则在一旁从容不迫地办着公务，安禄山习以为常，高尚也习以为常。

宋太祖赵匡胤说，“卧榻之旁岂容他人酣睡”，相比之下，他不如安禄山，人家安禄山“卧榻之旁容许他人办公”。

渐渐地，高尚开始慢慢影响安禄山，他想做大事的心理也慢慢传递给了安禄山。

高尚知道，自己想做大事，可是没有资本。这没关系，安禄山有，只要把自己跟安禄山捆绑在一起，自己就能做成大事。

高尚很快找到了志同道合的战友，这个人就是文书官严庄，他也想做大事。

两个想做大事的人就此萦绕在安禄山的身边，他们要跟安禄山一起，做一件惊天动地的大事。

不久，高尚和严庄给安禄山拿来一件东西：神秘预言。

按照高尚和严庄的解释，安禄山与神秘预言非常符合，换言之，安禄山是有天命的人。安禄山被煽动得热血沸腾，他被高尚和严庄架上了高台，从此再也下不来了。

从此以后，安禄山开始有计划地准备。

首先，他从奚、同罗、契丹部落投降过来的士兵中挑选出八千人，给这八千人起了一个响亮的名字——“曳落河”。“曳落河”即胡语中的“壮士”。

八千“曳落河”之外，安禄山还豢养了一百余名家僮，这一百余人都有一个特点：骁勇善战。据说可以以一敌百，看这个描述，相当于现代的兰博。

接着，安禄山储备了数万匹战马，无数件兵器。

其次，安禄山还做了经济上的准备，他派出众多商人到全国各地经商，每年的经商所得都被他储存了起来，留着将来做大事。

人、财、物基本准备就绪，安禄山的官员梯队也基本就位，核心层以高尚、严庄、张通儒、孙孝哲等四人为主，紧挨核心层的是史思明、田承嗣这些跟随他征战多年的将军。

历时数年，安禄山在范阳打造了一只威力巨大的火药桶，只要一点火星，这只火药桶就会轰然爆炸。

从内心讲，安禄山并不想现在就让这只火药桶爆炸，因为扪心自问，李隆基对他不薄。指责安禄山人面兽心的史家自然不会承认安禄山有感情，事实上，安禄山有心有肝，也有感情。

他曾经的盟友吉温被杨国忠打落下马之后，他数次出手营救，最终没能营救成功，安禄山的内心非常不安。后来吉温被整死在狱中，安禄山痛心不已，几经周折，他找到了吉温的儿子，吉温的儿子当时只有六七岁，安禄山却给他大量金银，并且安排他当官，给予必要的照顾。

从这一点看，安禄山也有感情，并不是完全的人面兽心、纯粹的冷血动物。

安禄山对李隆基充满了复杂情感，他注定要背叛李隆基的王朝，但又想顾忌李隆基的感受，因此，《资治通鉴》记载：安禄山本想等到李隆基驾崩后发动叛乱。我认为也是相对可信的。

然而，现在安禄山等不及了，因为杨国忠已经举起了火把，一步一步逼近了他的火药桶。

剥离河东战区只是第一步，接下来会有第二步、第三步，等到第三步完成，安禄山的火药桶谁也炸不了，只会炸了他自己。

傻子才会等到第三步。

不想当傻子的安禄山自认别无选择。

既然别无选择，那就兵戎相见！

第四章　范阳鼓起

起　兵

天宝十四载十一月初，安禄山派往长安奏事的使节回到范阳，奏事使节的归来，让安禄山有了关键的道具——密旨。

密旨名义上是使节从长安带回，实际上是安禄山自己加工的山寨货。

安禄山拿出“密旨”对诸将说道：“圣上密旨，令我率兵入朝讨伐杨国忠，诸位将军跟我一同前往！”

“密旨”一出，诸将面面相觑，众人都非常惊愕，但谁也不敢多问一句，因为安禄山的脸上已经有了杀气。

李隆基的兵制改革在此时成了一把双刃剑，他让军队彻底职业化，节度使拥有至高无上的权威，军队成为对外战争的一把利剑，而现在，安禄山把利剑调转了方向。

十一月初九，安禄山集结所部兵马以及同罗、奚、契丹、室韦部落总计十五万人，对外号称二十万，正式在范阳起兵，“安史之乱”就此拉开了大幕。

第二天，蓟城城南，盛大的阅兵式正在进行，阅兵式上，安禄山将杨国忠提升到与晁错一样的高度——此次出兵只为讨伐杨国忠！

当年“七王之乱”以“诛晁错”为名，现在“安史之乱”以“诛杨国忠”为名，晁错与杨国忠，远隔数百年，同病相怜。

缘分！

阅兵完毕，安禄山再出一条禁令：胆敢妄加议论、影响军心者，灭三族。

这是一条愚民的禁令，目的是让士兵坚信：我们讨伐的就是杨国忠。

上坟烧报纸——糊弄鬼呗！

一切准备就绪，安禄山兵锋一指，十五万大军浩浩荡荡向长安方向扑去。

这一年是公元755年，距离大唐开国的公元618年已经过去了一百三十七年。

在这一百三十七年中，除了武德年间窦建德、刘黑闼曾经割据河北叛乱，其余大部分时间，全国一片安静祥和。唐太宗贞观年间开始，即便有战争也都是在边境，中原远离战火已经一百余年。

现在，好日子到头了，战火由范阳而起，烧到了中原。

范阳兵变的消息很快在老百姓中口口相传，河北顿时乱成了一锅粥，老百姓惊慌失措，纷纷加入逃难的行列，河北的官员则开始做起了选择题：

要么大开城门，热烈欢迎；要么脚底抹油，全家开溜；要么硬挺一下，等待处死。

无论是哪个答案，都不容易选择。

应　对

当范阳兵变的消息传到长安时，李隆基还在华清宫泡温泉。

原本李隆基邀请安禄山一起去华清宫泡温泉，不想，安禄山爽约了。

现在安禄山不请自来，而且不是一个人来，背后还跟着浩浩荡荡的十五万人。

起初，李隆基并不相信自己的眼睛，也不相信自己的耳朵，他坚信安禄山没有叛变，只是安禄山的仇家在造谣。

然而，告急奏疏累加到一起，李隆基终于相信了自己的眼睛和耳朵，那个号称大肚子里只装着忠心的胡人还是叛变了！

在那一瞬间，李隆基一定被巨大的挫败感包围，他不得不承认，在过去的几十年里，自己的耳朵聋了，眼睛也瞎了！

早知今日，何必当初。

心急火燎的李隆基赶紧召来宰相们商议，与会的宰相个个愁容满面，唯独一个人笑逐颜开，似乎打了鸡血外加各种兴奋剂。

亢奋的人正是杨国忠，别人还苦恼于如何消除国家祸患，杨国忠则得意于自己有一双看到未来的眼睛：“看，我说的没错吧，我早说安禄山要反，你们还不信。”

转过头，杨国忠斩钉截铁地对李隆基说：“现在一心想谋反的只有安禄山一个人，他手下的将士都不愿意。不出十天，安禄山的首级必然会被送到长安。”

无知者无畏，无耻者无敌。

在李隆基兵制改革之前，杨国忠描述的前景或许可以期待，因为那时军队是非职业化的，统帅无法做到一呼百应，即便叛乱，挺不了多久就会分崩离析。

现在则不同了，安禄山统领这批职业军人已经十几年了，早已是铁板一块，想要指望他们内讧，在短时间内根本不现实。

然而，小混混出身的杨国忠并不明白这一点，老眼昏花的李隆基同样不明白，他们都把安禄山想得太简单了。

轻敌的情绪在长安上空蔓延，不久，一个人的到来更加剧了轻敌情绪。

此人名叫封常清，时任安西节度使，范阳兵变发生时，他正好入朝汇报工作，于是便顺理成章地成为李隆基的一棵救命稻草。

封常清安慰李隆基说：“如今太平已久，所以百姓看着烽烟就被贼寇吓破了胆。然而事情有逆有顺，形势总有变化，臣恳请即日走马赴东都洛阳，打开府库，招募兵马，然后率军渡河，估计用不了几天就能取安禄山的首级回来，呈献给陛下。”

还有比这更好的安眠药吗？

李隆基闻言大喜，好，好，好！

几天后，李隆基任命封常清为范阳、平卢节度使，即日赴洛阳募兵迎敌。

李隆基这个任命非常值得玩味，这个任命恰恰验证了我之前的推测：起兵之前，安禄山已经被剥夺了河东节度使头衔。倘若没有剥夺，封常清的头衔会是范阳、平卢、河东三镇节度使，而不是现在的两镇。

同时，李隆基这个任命也非常有趣，这个任命相当于股票期权，是给封常清画的一张饼，只要你封常清灭了安禄山，那么他的地盘就是你的了！

有点意思！

对于封常清而言，这是人生中难得的一次机遇，如果把握住这次机遇，那么迎来的将是仕途上的飞跃，然而，如果把握不住呢？

或许结局便是，既闪了舌头，又闪了腰。

布　局

中原乱了，李隆基的心情也乱了。

他再也没有心情留在华清宫泡温泉，只好心事重重地回到皇宫。

回到皇宫，李隆基开始着手布局，他必须打起精神，应对那个叫作安禄山的叛贼。

布局第一步，李隆基在两个人的名字上打了红叉。

第一个被打红叉的是安禄山的儿子安庆宗，几个月前他与皇族女儿荣义郡主成婚，便留在京城出任太仆卿，太仆卿只是他的马甲，他的真实身份是人质。现在父亲安禄山叛乱，儿子安庆宗便成了乱臣贼子，也就没有存在的必要了，斩！

第二个被打红叉的人其实很冤，这个人就是安庆宗的新婚妻子荣义郡主，她被勒令自尽。

从始至终，荣义郡主都是被动的，她与安庆宗并非自由恋爱，而是由李隆基赐婚。如果说她嫁给安庆宗是一个错，那么作为赐婚人的李隆基该当何罪？

糊涂皇帝一箩筐！

把两个可怜的年轻人送上路，李隆基又发布了一系列任命：

朔方节度使安思顺（安禄山的堂弟）调任户部尚书；

安思顺之弟安元贞调任太仆卿；

朔方右厢兵马使郭子仪出任朔方节度使；

右羽林大将军王承业出任太原尹；

增设河南节度使，卫尉卿张介然出任首任河南节度使；

荣王李琬为元帅，右金吾大将军高仙芝（高丽人）为副帅，不日统军出征。

列完这个名单，我的第一个感觉是，人比人得死。

在这个名单中，总共涉及七个人，这七个人的命运分成了两种，一种叫喜剧，一种叫悲剧。

喜剧只有郭子仪一个，悲剧却是一下子六个，其中就包括荣王李琬。

由于荣王李琬的戏份不多，索性让他的悲剧提前登场。

荣王李琬是李隆基的第六个儿子，在开元天宝年间戏份不多，唯一一次闪亮登场就是这次出任挂名元帅。

皇子担任挂名元帅的传统，可以追溯到武则天时期，当时武则天讨伐契丹，大军设立的挂名元帅就是皇子李显。

挂名元帅，说是元帅，其实只是穿一件元帅马甲，并非真的率军出征，率军出征的是副元帅。

然而，就是这么一个挂名元帅，为荣王李琬带来了杀身之祸。

因为，他出任挂名元帅动了太子的奶酪。

按照常理，这个挂名元帅应该落在太子李亨头上，然而李隆基独辟蹊径，把元帅的马甲套到了李琬身上。

难道是李隆基疏忽？

不是疏忽，而是有意为之，因为他心中忌惮太子。

正是因为忌惮太子，李隆基把元帅的马甲转手给了李琬，因为按年龄排序，现存于世的皇子中，李亨最大，李琬第二。

最终，马甲害死了李琬。

一个月后，安史之乱如火如荼，而荣王李琬暴卒，死因不明。

荣王暴卒，只是短短四个字，一直以来都被史家一笔带过，但实际上，这里面隐藏着黑幕。

近年来，一位享誉华人世界的武侠小说大师提出一个新的观点：荣王李琬是被太子李亨害死的。

大师叫金庸，该观点出现在他撰写的牛津大学博士毕业论文上。

一语中的。

按照“谁受益、谁得利”推断，荣王李琬暴卒，得益最多的就是太子李亨，因此貌似忠厚的李亨，逃不脱干系。

荣王李琬的悲剧到此为止，其他五人的悲剧该陆续上演了。

洛阳陷落

战争使人疯狂，战争使人亢奋。

从范阳传来的战鼓声激起了长安、洛阳两地青年参军的热情，没有经历过战争的年轻人总以为战争是一件很让人兴奋的事。

十天之内，洛阳招募新兵六万，长安招募新兵十一万。

看着喜人的数字，李隆基欣喜不已，他赐给长安十一万新兵一个响亮的名字：天武军。从此以后，你们都是朕的勇士！

所谓勇士，绝大多数是长安农贸市场上的流氓和无赖。

然而，李隆基并没有意识到这一点，他看到的是喜人的数字，天武军十一万加洛阳六万就是十七万，比安禄山的部队还多两万呢！

战争如果仅仅是比数字大小的游戏，此时李隆基已经赢了。

可惜，不是。

不久，副元帅高仙芝率军东征，他率领的是五万大军。这五万大军的成分非常复杂，有飞骑，有彍骑，还有边防兵，还有滥竽充数的天武军兵。

带着这支鱼龙混杂的五万大军，高仙芝开拔到陕郡（今河南省三门峡市），他将在这里筑起一道防线。

与高仙芝一起出征的还有一名监军宦官，名叫边令诚，此人在潼关保卫战中将扮演重要角色。

对于韩信来说，他的一生，成也萧何败也萧何，对于高仙芝而言，边令诚就是他的萧何。当年高仙芝在边塞发迹，边令诚功劳不小，现在两人又一同驻防陕郡，能否涛声依旧呢？且观后效！

顺着高仙芝的防线往前推，在这道防线前面是封常清的洛阳防线，而在洛阳防线前面，理论上还有数道防线。

不过，仅仅是理论上。

从天宝十四载十一月九日起兵，仅仅二十四天后，安禄山便到了黄河边。

黄河自古便是天堑，短时间内很难越过，况且为了将安禄山挡在黄河边，封常清已经派人拆除了河阳桥，想从桥上过黄河，门都没有。

桥是没了，但安禄山还是过去了。

安禄山说，感谢风，感谢雨，感谢冰！

在灵昌渡口，安禄山命人收集了破船、野草、木材，然后把这些东西拴到绳子上，从北岸拉到南岸。

一夜之间，全部结冰，人工浮桥，巧夺天工。

踏着这座浮桥，安禄山的大军浩浩荡荡过了黄河，一下挺进了新成立的河南战区。

首任河南节度使张介然怎么也不会想到，自己竟会是唐朝历史上最短命的节度使，闪电上任，闪电告别，一切都那么闪，前后不到半个月。

要说张介然的运气也真够差的，他刚到总部陈留郡几天，安禄山就到了，他在城里，安禄山在城外。

张介然抖擞精神做了战前动员，然后给士兵发放守城武器。

发完武器，张介然心里说，完了！

拿到武器的士兵一个个战战兢兢、瑟瑟发抖，眼神里没有自信，只有恐惧。指望这些吓破了胆的士兵守城，比指望文盲拿诺贝尔文学奖更不靠谱。

张介然心中暗暗叫苦，这叫什么火线提拔啊，分明是火线送死。

几天后，张介然的叫苦变成了现实，陈留郡太守举城投降安禄山，包括张介然在内的近一万名士兵都被卖了。

如果没有陈留北城城门上的那张告示，或许张介然等人还有一条活路。

然而，一入城，安禄山的儿子安庆绪看到了那张告示。

告示上分明写着，某年某月的某一天，原太仆卿、安禄山的儿子安庆宗已被斩于长安。

告示本身只是一张纸，但这张纸却搭上了近一万条人命。

得知消息的安禄山放声大哭："我儿子有什么罪？你们就把他杀了！"

哽咽的安禄山一指投降的士兵，一个不留！

一万余人就这样逝去，火线提拔的张介然名列其中。

从陈留郡往西，就是荥阳郡（今河南省郑州市）。

在荥阳郡，安禄山大军没有遭遇多大的抵抗。

战鼓一响，号角一吹，荥阳城上便出现了奇特一幕：守城的士兵像瀑布一样哇哇往城下掉。

这不是因为地心引力，而是吓破了胆，于是鼓声一响，他们就成了惊弓之鸟。

没费多少劲，荥阳郡落到了安禄山的手中。

从荥阳郡再往西，便是武牢，过了武牢，洛阳就在眼前。

驻守武牢的，正是封常清和他新招募的六万大军。

这一战，安禄山的士兵算开了眼界。

打了那么多仗，什么凶神恶煞的兵都见过，可没经过训练就敢上战场的兵还真没见过。

这仗还用打吗?

武牢一战，封常清六万大军惨败；

退到葵园，封常清集合残兵再战，再败；

退到洛阳上东门，再战，再败!

三战连败后，安禄山大军已经兵临洛阳城下，连他们自己都没有想到，前后不到一个月，他们居然打到洛阳了。

太不禁打了。

四天后，洛阳城破，安禄山大军从四门如潮水般涌入。

三败将军封常清鼓足勇气，再战于都亭驿，再败；

退到洛阳皇城宣仁门，再战，再败!

封常清一看不是头，再败，恐怕连屡战屡败的机会都没有了。

趁敌军还没有包围上来，封常清率领士兵推倒了皇城西墙，向西落荒而逃。

屈指一算，此时距离他向李隆基拍胸脯承诺剿灭安禄山，还不到一个月的时间。

由此可见，话说大了，不仅容易闪了舌头，更容易闪了腰。

封常清和他的六万大军跑了，留给洛阳城官员们一个两难选择：投降，还是赴死?

河南尹达奚珣很快作出了选择：我投降!

难题留给了其他官员，你们怎么办?

东京留守李憕对御史中丞卢奕说："我等担负国家重任，虽明知不能敌，但也要抵抗到死！"

卢奕（前宰相卢怀慎的儿子）郑重地点了点："我愿意！"

李憕收拢来数百名残兵，准备进行最后一战，然而，人心已散，数百名残兵一哄而散，只剩下李憕一个光杆司令。

李憕叹了一口气，转身一个人走进了东京留守府，静静地坐在那里，等待自己的命运结局。

与此同时，卢奕打发老婆孩子怀揣官印从小道逃回长安，他自己则穿戴好上朝的官服，安坐在御史台。左右随从都跑了，偌大的御史台只有卢奕一个人。

卢奕淡然一笑，该来的，迟早都会来。

不久，李憕和卢奕被抓到了安禄山的面前，安禄山一看，不降？

好，那就成全你们。

斩首之前，卢奕大骂安禄山，一件一件历数安禄山的罪名。骂完安禄山，卢奕转过头来看着安禄山的乱兵说："做人应该知道什么是逆，什么是顺，我虽死，但没有失去我的气节，还有什么可遗憾的呢？"

说完，从容赴死。

有的人死了，但他还活着；

有的人活着，但他已经死了。

谨以这句话献给李憕、卢奕那些在国难时刻坚持职守的人们！

自毁长城

几乎与李憕、卢奕从容赴死的同时，封常清率领残兵败将退到了陕郡。

到了陕郡一看，已是兵荒马乱，陕郡太守早已闻风跑到了河东郡，其余官民能跑的都跑了，没跑的要么是腿脚不好，要么是脑袋长包。

封常清在陕郡防线上上下下一看，心里凉了半截，还得继续跑，这里的防线根本挡不住安禄山。

封常清对老领导、时任副元帅的高仙芝说："我连日与贼血战，发现贼寇兵锋真的不可阻挡，目前潼关没有军队驻防，如果贼军绕过我们突袭潼关，长安就危在旦夕。况且陕郡肯定守不住，不如引兵退到潼关，把贼兵挡在潼关之外。”

早在安西战区时，高仙芝和封常清就是老搭档，高仙芝做节度使，封常清做辅佐他的判官，一直以来，高仙芝很重视封常清的建议。

听封常清如此说，高仙芝便在心里盘算了一下自己手中的牌，那五万鱼龙混杂的士兵恐怕不是安禄山的对手。更要命的是，陕郡防线也靠不住，一旦敌人绕过这道防线，不仅自己将腹背受敌，长安也危在旦夕。

高仙芝下定了决心，撤！

撤退也是一个技术活，而高仙芝的五万大军干了这个技术活。

高仙芝一声令下，五万大军便乱哄哄往西跑，听说安禄山大军已经迫近，这五万大军跑得更快了。跑着跑着，队形便乱了，部队建制也不复存在，人挤人，人踩人，没见到安禄山，自己人倒踩死不少自己人，五万大军就这样乱哄哄地跑进了潼关。

高仙芝不敢大意，马上命令修筑城防工事。

城防工事刚修完，安禄山的侦察部队已经到了潼关城下，在潼关城下盘桓一会儿，又拍马离去。

高仙芝和封常清这才喘了一口气，接下来，潼关可少不了硬仗了。

先不管那么多，先休整几天再说。

高仙芝、封常清休整期间，李隆基也没有闲着，他在酝酿御驾亲征。

为了御驾亲征，李隆基连下几道诏书，征调河西、陇右、朔方三战区部队进京勤王，除留下少数士兵驻守边防外，其余部队一律由节度使率领，二十天内到长安报到。

病急乱投医，拆西墙补东墙。

李隆基这几道诏书非常致命，一下子动摇了王朝的国防体系，原本只是东北安禄山作乱，现在河西、陇右、朔方部队被调走，三个地区的边防已经脆弱成一张白纸。若干年后，吐蕃成为唐朝的心腹大患，与李隆基这次“拆西墙补东墙”有着莫大的关系。

然而李隆基已经顾不上了，他要不顾一切地掐死那个叫作安禄山的胡人。

遗憾的是，杨国忠没给他那个机会。

听说李隆基要御驾亲征，而且御驾亲征期间由太子监理国政，杨国忠一下便慌了。

一直以来，杨国忠在李隆基面前玩得转，在太子面前却玩不转，而且为了表明自己的忠心，杨国忠与太子很少走动，这就注定一旦太子监国，杨国忠处境将大不如前。

杨国忠思前想后，决定阻止李隆基御驾亲征。

杨国忠找到了三位堂妹，短暂寒暄之后，便给她们描绘了一个可怕的未来：太子素来厌恶我们杨家，嫌我们掌权太久了，一旦太子监国掌握大权，我们几个的命恐怕就到头了！

三位堂妹被杨国忠描述的未来吓住了，顿时哭出声来。这时杨国忠走上前，与三位堂妹一起抱头痛哭。

哭过之后，四人决定，一定要让杨贵妃说服李隆基取消御驾亲征。

自此，李隆基的“御驾亲征”无疾而终，再无人提及。

打消了御驾亲征的念头，李隆基把目光投向了潼关，这里是长安最后的防线，关系到王朝的安危。幸好，那里有高仙芝、封常清两员大将镇守，应该出不了大问题。

如果李隆基的这个想法能够持续下去，或许安史之乱的历史就会被改写，最起码，不会持续那么长的时间。

可惜，几天后，李隆基的思路被一个宦官左右了。

左右李隆基思路的宦官是边令诚，时任高仙芝大军的监军。

原本边令诚和高仙芝关系不错。

当年在安西战区时，高仙芝有一次出战立下大功，兴奋之余，高仙芝便自作主张向李隆基发出了得胜喜报。然而这封得胜喜报犯了上司的忌讳，恼怒的上司一见面就把高仙芝骂得狗血淋头，这一骂把高仙芝得胜的喜悦心情都骂没了，反而还得担心自己的人身安危，因为上司说了：“如果不是看在你立功的份上，就一刀斩了你这个高丽狗！”

这时，作为监军宦官的边令诚看不下去了，他上书李隆基为高仙芝鸣不平，他说：“高仙芝为国家立下汗马功劳，现在却要担心自己的生死！”

这封奏疏一上，高仙芝的人生际遇发生了巨变，李隆基索性将高仙芝的上司从安西战区调走，转而任命高仙芝接任安西节度使。

从这件事情来看，边令诚不啻于高仙芝的伯乐。

这一次担任高仙芝大军的监军，边令诚以为会跟以往一样，哥俩你好我好，大家好。

然而，这次不同，边令诚向高仙芝提出很多要求，高仙芝都没有满足，这让边令诚心中非常不爽。

可能是边令诚的胃口太大，也可能是高仙芝军务在身，没时间应付边令诚，总之高仙芝把边令诚得罪了，而且得罪得很深。

俗语说，宁得罪君子，不得罪小人。边令诚就是小人，而且是身体有残缺、心中有变态的小人。

这样的小人基本上等同于小鬼。

边令诚决定报复，往死里报复。

借着回长安奏事的机会，边令诚狠狠参了高仙芝、封常清一本：封常清夸大贼势、动摇军心，高仙芝没有诏命，擅自弃守陕郡以西数百里土地，还盗卖军粮和陛下给部队的赏赐。

无中生有，无风起浪。

边令诚所说的这些经不起调查，如果李隆基能耐着性子派人仔细调查一番，真相自然水落石出。然而，在最需要耐性的时候，李隆基失去了耐性。

一听奏报，李隆基火冒三丈，这样的人留他何用，斩！

悲剧向高仙芝和封常清迎面扑去，高仙芝毫无察觉，封常清已经隐隐有了不祥的预感。

洛阳兵败后，封常清曾经三次派人向李隆基汇报战局，然而，三次李隆基都没有给予接见。封常清意识到不妙，亲自去长安汇报。走到半路，关于他的处理决定已经出来了："免去所有官职和爵位，以平民身份回高仙芝军中效力。"

久在官场，封常清知道，自己的处境已经岌岌可危，他作好了最坏的打算，提前写好了给李隆基的遗书。遗书中，封常清写道：臣死以后，望陛下不要轻视此贼（安禄山），请陛下一定要记住臣这句话。

这句话与一个月前封常清的夸口形成巨大反差，这说明封常清已经意识到安禄山的可怕。然而，满朝上下，大难临头，还在不以为然。

乐观，可怕的乐观。

天宝十四载十二月十八日，集小人、小鬼于一身的边令诚回到潼关，封常清和高仙芝的悲剧即将达到高潮。

边令诚先捆住了封常清，宣读李隆基的诏书，封常清微微摇了摇头，这一天还是来了。

封常清拿出早已准备好的遗书，交给了边令诚："请帮我转交圣上。"

说完，封常清从容就死，完成了自己在安史之乱中的使命。

封常清被处斩时，高仙芝被迫在刑场监斩，眼看多年老友与自己生死离别，高仙芝心如刀绞，此时他没有意识到，他即将与封常清殊途同归。

斩完封常清，高仙芝步履沉重地回到办公室，刚在座位上坐稳，边令诚跟了进来，身后跟着一百余名刀手。

边令诚从嘴里挤出了几个字："皇上对将军也有诏书。"

高仙芝诚惶诚恐地走下座位接旨，随后听到了让他五雷轰顶的诏令。

高仙芝悲愤地说道："我遇敌而退，处死应该。然而，今日上顶青天，下踩大地，说我盗卖军粮和圣上的赏赐，纯粹是诬陷！"

然而，更多的话边令诚已经听不进去了，他把高仙芝押到了刑场。

刑场边围满了士兵，这些人中，很多人是高仙芝在长安招募的。

高仙芝对这些士兵说："我从长安把你们召到军中，招募时你们虽然得到一些朝廷的赏赐，但更多的还是想建功立业，我也想带你们一起建功立业。然而，没想到贼兵势大，只能先退到潼关，守住这道防线。现在我问你们，如果我真的盗卖过军粮和皇上赏赐，你们就说是，如果我没有，你们就说枉。我到底有没有盗卖军粮？"

"枉！枉！枉！"喊声震天。

高仙芝惨然一笑，冲着血泊中的封常清说道："封二（封常清在家中排名第二），你从微不足道到成就功名，一直跟着我，我先是提拔你当判官，后来你又接替我做节度使，今天咱俩又要死在一起，或许，这就是命吧！"

说完，高仙芝赴死，人生悲剧达到最高潮。

由于篇幅的原因，我无法将高仙芝、封常清之前的功绩一一列出，我只能说这是两个对帝国有巨大战功的将军，他们的人生顶峰在安西，他们的麦城在潼关。

高仙芝、封常清的无辜被斩，于我心中升腾起一腔悲愤：自毁长城。

可悲的是，中国人干的自毁长城的事太多了。

李隆基，朱由检，同意我的话，就请握一下手！

第五章　潼关内外

哥舒翰挂帅

冲动的李隆基将高仙芝、封常清问斩之后，潼关群龙无首。

李隆基临时将高仙芝的部将李承光推上前台，但这是权宜之计。李隆基知道，李承光无法服众，想要统御潼关守军，还需一个众望所归的人物。

李隆基思来想去，想到了一个人——哥舒翰。

原本，在杨国忠遏制安禄山的计划中，哥舒翰是重要一环，哥舒翰身兼河西、陇右两镇节度使，势力不在安禄山之下，以哥舒翰对安禄山，正是杨国忠的如意算盘。

然而，千算万算，杨国忠还是有一样漏算。

杨国忠漏算的是身体状况。

如果没有意外发生，哥舒翰的身体状况远在安禄山之上，因为安禄山的身体不是一般的差。

安禄山很胖，当年为张守珪效力时，因为张守珪嫌他胖，安禄山每顿饭都不敢多吃，只能吃个半饱，这样才能勉强达到张守珪的要求。张守珪倒台之后，安禄山渐渐发迹，这时再也没有人嫌安禄山胖了，安禄山终于能吃顿饱饭了。

这一吃，就吃成了重达三百多斤的胖子。

这一胖就给安禄山带来了很多烦恼，比如骑马，别人只需要一个马鞍，他却需要两个，两个马鞍一前一后，各有分工，后面的马鞍放屁股，前面的马鞍则放安禄山的肚子。久而久之，给安禄山买马成了一件极困难的事，因为要找到一匹能承受安禄山重量的马非常不容易。后来买马的人总结出经验，买马之前，先给马做压力测试，他们先在马身上码放几百斤的沙袋，如果马能承受得住，二话不说，立刻买下。如果承受不住，赶紧牵走，别瞎耽误工夫。然而，即便如此，安禄山的战马也需要及时更换，每到一个驿站必须换马，换晚了马就有危险，不是被压出腰椎间盘突出，就是被压成了骆驼。

人一胖，就容易多病，肥胖的安禄山也不例外，很快他就被糖尿病缠上了，虽然糖尿病不至于致命，但长期如影随形，容易引发多种并发症。从安禄山生命后期的症状来看，范阳起兵时，他的糖尿病已经接近晚期。

因此，正常情况下，哥舒翰的身体比安禄山好得多。

遗憾的是，哥舒翰出现了意外。

天宝十四载，哥舒翰从驻地前往长安觐见，去长安的路上，哥舒翰顺便视察了一处驻军，这次视察出现了意外。

在这次视察中，有些贪酒、有些好色的哥舒翰可能酒色都沾了，然后又带着浑身酒气进入了浴室。

现代人都知道，喝酒之后千万不能蒸桑拿，而那时的哥舒翰并不知道。

喝高了的哥舒翰进入热气腾腾的浴室，本来兴致很高，不一会儿便倒地不省人事。

许久之后，哥舒翰醒了过来，这时他才发现，身体不对劲了。

中风了！

回到长安，哥舒翰就开始了自己的养病生涯，从此，那个威风八面的哥舒翰已经不复存在，取而代之的是病快快连自己身体都无法征服的哥舒翰。

李隆基知道哥舒翰的病很重，他本想让哥舒翰安心养病，然而现在情况不允许了，潼关群龙无首，哥舒翰必须出山。

李隆基发布任命，任命哥舒翰为天下兵马副元帅，率军八万，讨伐安禄山。

这不是赶鸭子上架，而是赶病鸭子上架。

哥舒翰连忙辞让，然而始终辞让不掉，李隆基已经无米可炊，只能拿哥舒翰这匹病马当好马骑了。

君命难违，哥舒翰硬着头皮答应了。

考虑到哥舒翰身体欠佳，李隆基为哥舒翰配了两个副手，御史中丞田良丘出任行军司马（作战参谋长），起居郎萧昕任判官。

另外，骠骑大将军火拔归仁等率领各自部落的军队跟随哥舒翰出征，这样算下来，连同高仙芝旧部，潼关守军达到二十万。

乍看起来，潼关军事布局已接近完美，有哥舒翰挂帅，又有二十万大军保底，对付安禄山应该不难。

一切也仅仅是乍看起来。

仔细一看，危机重重。

中风的哥舒翰身体奇差，连自己的身体都无法理顺，更别提理顺二十万大军了。

无法正常工作的哥舒翰只能当名义上的领导，具体工作交给行军司马田良丘负责，要命的是，田良丘是文官出身，不懂军事，再加上本人性格懦弱，万事不敢负责，于是所有工作乱成一团麻。

雪上加霜的是，二十万大军也并非铁板一块，骑兵由兵马使王思礼指挥，步兵由高仙芝的部将李承光指挥，两人行政级别相同，谁也不买谁的账。

就是这样一个布局，承担了李隆基几乎全部的希望。

公平地讲，如果策略得当，潼关的军事布局也足以应付安禄山，只要把安禄山挡在潼关之外，长安便固若金汤，那么安禄山依然闹腾不了多久。

因为接下来，安禄山将面临前所未有的困局：

进退两难。

颜氏兄弟

进驻洛阳城的安禄山没有想到，他的幸福竟如此短暂。

就在他为攻下洛阳城欣喜不已时，他猛然发现，潼关防线已经固若金汤，想要越过潼关这条防线，短时间内已经没有可能，这样他的军队只能被挡在潼关之外，前进不得。

如果仅仅是前进不得也可以接受，毕竟洛阳已在手中。

然而，接下来的消息让安禄山大惊失色：有一对颜氏兄弟居然在河北大地举起了反正大旗。

颜氏兄弟共有两人，一个叫颜杲卿，一个叫颜真卿，两人是同一个祖父的堂兄弟，值得一提的是两人的五世祖叫颜之推，当过北齐的黄门侍郎，颜之推留给后人最津津乐道的是一本书——《颜氏家训》。

颜真卿不是别人，正是与柳公权、赵孟頫、欧阳询并称“楷书四大家”的著名书法家，他还与柳公权形成一个组合——颜筋柳骨，此组合与肉筋排骨无关，只与书法有关。

机缘巧合，安史之乱给颜真卿、颜杲卿兄弟一个前所未有的舞台。

安禄山范阳起兵时，颜杲卿时任常山（今河北省正定县）郡守。

面对安禄山来势汹汹的兵锋，颜杲卿知道死磕没有意义，于是跟长史袁履谦一起拜见了安禄山。

这次拜见，安禄山很是欢喜，当场便赏赐“乖巧”的颜杲卿紫袍和金鱼符，这表示安禄山将颜杲卿列入三品高官序列，算是不小的恩宠。

赏赐完毕，安禄山令颜杲卿继续镇守常山。

回常山的路上，颜杲卿指着身上的紫袍对袁履谦说：“我们穿这个玩意干什么?”袁履谦一看，顿时明白，两人相视一笑，反正的大旗从此刻便在心中举起。

相比颜杲卿，颜真卿早早便看出安禄山的不臣之心，时任平原郡守（今山东省陵县）的他早在心中盘算应对之策，事有凑巧，一场大雨帮了颜真卿的忙。

当时阴雨不止，颜真卿便以“城墙年久失修，需要维护”为名在平原郡大兴土木，他加高了城墙，挖宽了壕沟，充实了粮仓，清点了辖区内壮丁的数量，这一切都是为了备战。

颜真卿修城的消息很快传到了安禄山的耳朵里，安禄山却不以为然，在他眼中，颜真卿只是一个不懂军事的文官，哪里懂得行军打仗，修城就修吧！

这样，在安禄山的眼皮底下，颜真卿完成了备战，不久，范阳兵变。

兵变之后，安禄山给颜真卿发了一道指令，命他率领平原、博平两地总计七千士兵驻守黄河渡口，为大军渡河提供方便。

颜真卿接令，暗骂一句："我守你个头啊!"

颜真卿把安禄山的指令往废纸堆一扔，然后伏案写就一封奏疏，安排手下抄小路星夜送往长安。这封奏疏是范阳兵变后，李隆基接到的第一份正式报告安禄山兵变的奏疏。

奏疏到达长安之前，李隆基正被失望的情绪笼罩，几天来，他连续接到郡守投降安禄山的消息，他不禁感叹："河北道二十四郡的郡守，难道没有一个忠君爱国的义士吗?"

等颜真卿的奏疏到达长安，李隆基又是一声长叹："我连颜真卿长什么样都不知道，他却能做得这么好!"

李隆基没有想到，那个与他素未谋面的颜真卿还能做得更好。

在李隆基长叹时，颜真卿已经开始了自己的行动，他向河北各郡派出亲信，到处张贴讨伐安禄山的檄文，河北的星星之火，被颜真卿点燃。

颜真卿开始招兵买马，不到十天，就召集了一万多人。

对着这一万多人，颜真卿开始了自己的演讲，他是一个很有口才的人，同时懂得如何打动听众。

颜真卿的话不长，但每一句话都饱含着情感，演讲完毕，颜真卿泪流满面，在场的一万多人热血沸腾。

看着此情此景，颜真卿在心中告诉自己，民心可用。

颜真卿已经完成了战前动员，不久，安禄山派来的使节又帮颜真卿加了一把火。

使节名叫段子光，奉安禄山之命前往河北各郡展示军威，这一天段子光来到了颜真卿镇守的平原郡，想让颜真卿见识一下安禄山的军威。

段子光用来展示军威的不是军队，而是三颗人头，三颗人头的主人是洛阳沦陷时慷慨就义的李憕、卢奕、蒋清，段子光要用这三颗人头告诉河北各郡，跟安禄山对抗就是这个下场。

颜真卿一下认出了卢奕，因为他们有过交情，但颜真卿不动声色，反而跟属下说："别听他的，那三颗人头根本不是洛阳高官的，而是随便弄了三个充数的。"

颜真卿如此说，是为了安抚人心。

耀武扬威的段子光以为达到了目的，却没有注意到颜真卿已经目露凶光。

一声令下，段子光被捆了起来，颜真卿没跟他废话，直接拉出去，腰斩！

斩完段子光，颜真卿才对属下说了实话："那三颗人头是真的，我们应该给他们厚葬！"

颜真卿用蒲草扎成身子，给三颗人头一一续上，然后装入棺木安葬。

临入棺时，颜真卿看到卢奕的脸上还有血迹，他想把血迹擦干净，却又怕擦的过程中弄破卢奕的脸。

颜真卿俯身下去，用自己的舌头舔净了卢奕脸上的血迹，这时才在心里对卢奕说，兄弟，你可以安息了。

三人的安葬场面宏大，更激起了平原郡军民同仇敌忾之心，平原郡顿时被复仇的怒火笼罩。

怒火是可以传染的。

在颜真卿的带领下，附近各郡纷纷行动起来，斩杀安禄山派遣来的郡守，大家众志成城，保卫自己的家园。

为了协同作战，大家一起推选盟主，盟主正是众望所归的颜真卿。

颜真卿的举旗震动了安禄山，安禄山不敢怠慢，马上派出大将张献诚率军一万包围了饶阳郡。饶阳郡离平原郡不远，打下了饶阳郡，就该进攻颜真卿的平原郡了。

安禄山没有想到，一个颜真卿已经够他头疼了，紧接着，颜杲卿也发难了。

可能是兄弟间心有灵犀，在颜真卿大张旗鼓、招兵买马时，颜杲卿也没闲着，他不仅发展了一批起事的骨干，而且派人与太原尹王承业取得了联系，两人相约届时相互呼应，互为援军。

这时，颜杲卿接到了颜真卿的来信，看完来信，颜杲卿拍了一下大腿。

颜真卿在信中建议，由他们哥俩联手在河北发难，阻断安禄山的归路，这样就能延缓安禄山进军长安的步伐，减轻长安的压力。

谁说颜真卿不懂军事？安禄山你说的？

颜杲卿自语道，到底是哥俩，想到一块去了。

颜杲卿马上开始行动，他要在常山郡织一张网，把附近与安禄山有关的"虫子"一网打尽。

最先掉进颜杲卿网里的是李钦凑，事发前，他率军驻防井陉关。

井陉关，太行八陉之一，是出入太行山的重要通道，卡住井陉关，就能挡住太行山以西的唐朝军队，这样即使唐军想前往河北平叛，也只能舍近求远。

现在颜杲卿要打开井陉关，就需要把李钦凑装进网里。

颜杲卿一笑，这个不难！

很快，颜杲卿给李钦凑写了一封信，信的内容很诱人：

奉安禄山之命，常山郡特意为井陉关守将准备了一顿犒赏晚宴。

接到信的李钦凑兴奋不已，没等颜杲卿催第二遍，便带着部将到常山郡赴宴了。

晚宴果然很丰盛，有酒有肉有美女，李钦凑想要的这里都有。

肉吃够了，酒喝透了，李钦凑醉倒在宴席上。

这时，李钦凑脖子一凉，脑袋便跟朝夕相处的身子说再见了。

剩下的部将一个个目瞪口呆，呆若木鸡般地被颜杲卿的手下捆了起来，这时他们才明白，世上不仅没有免费的午餐，连晚餐也没有。

本以为是犒赏宴，闹了半天是鸿门宴。

第二天，颜杲卿的手下来到了井陉关，遣散了井陉关守军。从此，井陉关又回到政府控制，太行山东西一路畅通。

解决完井陉关，颜杲卿又将目光投到两个人身上，一个叫高邈，一个叫何千年，两个人都是安禄山的使节。

高邈奉安禄山之命回范阳办事，办完事回洛阳的路上被颜杲卿截住了："别回洛阳了，我免费送你去长安！"

刚拿下高邈，手下来报，何千年从洛阳而来，要去范阳办事，此时已到常山郡边境。

颜杲卿心中一乐，这么巧，一下子两个！

这样，高邈和何千年同时成了颜杲卿的俘虏，等待他们的是免费的长安之旅，不出天大的意外，这趟免费之旅是单程。

在常山郡守府，颜杲卿与高邈、何千年见了面，以前大家是同僚，现在则是各为其主。

令颜杲卿没有想到的是，甫一见面，何千年长叹一声。

颜杲卿有些疑惑，长叹从何而来呢？是为你自己，还是为我呢？

何千年说："太守想要效忠李唐皇室，既然已经开始，就应该考虑好的结束。你常山郡招募的人虽多，可都是乌合之众，难以应敌，你所要做的是深沟高垒，不与安禄山争锋。等朔方那边政府军出来，你再出兵，然后传檄赵魏之地，切断安禄山的归路，这样安禄山就得束手就擒了。现在你应该虚张声势，出去散布谣言，就说李光弼已经率领一万大军出井陉关了，同时派人游说围攻饶阳郡的张献诚，就告诉他，你所带的兵都是临时拼凑起来的民兵，没有坚固的铠甲也没有锋利的兵器，很难抵挡李光弼的精兵。这样张献诚必定解围而去，这就算我献给你的一条奇计吧！”

何千年在什么背景下说这番话，史无明载，按照我的推测，可能是为了自保，因此向颜杲卿呈献了这条妙计。

何千年的经历告诉我们，对一个团体破坏最大的，往往就是团体内部的人，所以说叛徒比敌人更可怕。

听完何千年的话，颜杲卿点了点头，这个何千年到底是当过安禄山的副将，军事上确实有一套。

颜杲卿照方抓药，效果立现：张献诚果然上当，一溜烟自己跑了，他所率领的一万多士兵也作鸟兽散，饶阳郡解围成功。

谣言的力量是无穷的。

颜杲卿趁热打铁，派人到各郡散布升级版谣言：

朝廷大军已经出了井陉关，一早一晚就会抵达，届时先平定河北诸郡。先行回归政府的一律有赏，回归晚的一律诛杀！

谣言再一次显示出其强大的威力，很快，河北诸郡纷纷响应，总计有十七个郡宣布回归政府，十七个郡兵力总数达到二十万。

这时，依旧顽固站在安禄山一边的只有范阳、卢龙等六郡，两相对比，安禄山已岌岌可危。

接下来，颜杲卿将目光投向了范阳郡，那里是安禄山的老巢，如果把老巢端了，安禄山就再无可以依赖的地盘，到那时，他只不过是一条旅居洛阳的流浪狗而已。

带着颜杲卿的重托，郏城（今河南省郏县）人马燧秘密潜入范阳郡，他此行的目的是游说范阳留守贾循。

马燧对贾循说：“安禄山负恩悖逆，虽然现在攻下洛阳，但终归还是会覆灭。您如果能诛杀那些不从命的将领，举范阳郡回归朝廷，倾覆安禄山的根基，这将是不世之功。”

马燧的话很有煽动力，一下子把贾循说得有些心动，便满口应承了下来。

然而，安禄山给贾循留下的阴影太大了，虽然贾循答应了反水，但他一直犹豫不决。这一犹豫，消息便飘飘悠悠传到了安禄山亲信的耳朵里，进而传到安禄山的耳朵里。

也怪贾循太犹豫了，他想反水的消息已经在范阳、洛阳之间往返了一圈，他依然没有动手。

先发制人，后发制于人。

犹豫的贾循一直没能下定决心，直到安禄山替他下了决心。

安禄山派使节回到范阳，于密室之中将贾循缢杀，这下不用犹豫了！

这样，颜杲卿的“覆巢”计划宣告失败，一度它曾无限接近成功。

解决了贾循，安禄山依然无法消除心中的怒气，此时颜杲卿已经成为他不共戴天的仇人，他要让这个仇人付出血的代价。

安禄山下令，命史思明、蔡希德率军攻打常山郡，对于颜杲卿，活要见人，死要见尸。

一场针对颜杲卿的重点打击即将开始。

重点打击开始之前，颜杲卿并没有意识到史无前例的危险正在降临，他还在忙着向长安呈送奏疏和押送俘虏。

经过一番忙碌，颜杲卿选定了去长安的使节，由他的儿子颜泉明带队，另外配几个助手。

选派完毕，有一个人却大哭起来。

大哭的人叫张通幽，时任内丘县丞。

颜杲卿一愣，张通幽所为何事啊？

张通幽说：“我的哥哥张通儒现在安禄山帐下，按照法律，我们张家算通敌。所以我想请求大人准许我一起去长安，向皇帝求情，以消除张家的灭族之灾！”

颜杲卿闻言，为张通幽的孝心打动，好吧，那你就去吧！

张通幽千恩万谢而去，不久，他与颜杲卿之间便上演了“农夫和蛇”的一幕。

颜泉明、张通幽一行走到了太原，准备在太原歇歇脚，然后继续赶路。

这时，张通幽与太原尹王承业接上了头，一笔肮脏的交易瞬间完成。

张通幽想投靠王承业，便给王承业送了一份见面礼：

扣押颜泉明，由王承业另派使节前往长安献俘，同时在奏疏上写明，李钦凑是王承业杀的，高邈、何千年是王承业抓的，而颜杲卿办事不力，需要加以惩处。

见面礼不薄，王承业照单全收。

此事虽隔千年，但请允许我向当事双方致以深深的“敬意”：呸！呸！

有道是，人在做，天在看，张通幽自以为他做得神不知鬼不觉，殊不知，天知道，地知道，颜杲卿的堂弟颜真卿也知道。

长安和洛阳光复后，颜真卿向李隆基、李亨控诉了张通幽的罪行，最后李隆基下令：将张通幽乱棍打死！

解气！

改头换面的使节团从太原启程向长安进发，等待王承业的是加官晋爵，等待颜杲卿的则是人生悲剧。

不久，颜杲卿等来了史思明、蔡希德，他们送给颜杲卿的礼物是“重重包围”。

如果此时王承业伸出援手，或许颜杲卿还有生还希望，然而王承业已经侵占了颜杲卿的功劳，巴不得借史思明、蔡希德之手杀颜杲卿灭口。

常山郡被团团围住，颜杲卿已凶多吉少。

一天过去了，两天过去了，颜杲卿的处境越来越糟，粮食吃完了，箭也射光了。

八天八夜之后，常山城陷落，一万余人被史思明无情屠杀，只留下颜杲卿和袁履谦等人被押往洛阳向安禄山献俘。

具有讽刺意味的是，几乎与此同时，王承业派出的使节抵达长安，王承业得到了期待已久的封赏：羽林大将军，其手下原本与献俘毫无关系却得到加官晋爵的有一百多人，真正的功臣颜杲卿只是被征召前往长安出任卫尉卿。

然而，颜杲卿去不了长安，他得到洛阳与安禄山面对面。

洛阳城内，安禄山看着这个差点儿端掉自己老巢的人，怒从心头起，骂道：“你本来只是范阳一个户曹官，我提拔你当了判官，没几年又破格提拔你当太守，我什么地方对不起你，你却要背叛我？”

此言一出，正中颜杲卿下怀，颜杲卿怒目圆睁回骂道：“你本来只是营州放羊的胡人奴隶，天子把你提拔成身兼三镇的节度使，恩宠无比，有什么对不起你的，你还要背叛？我家世代为唐臣，俸禄官位都是朝廷给的，虽然是经你提拔，但怎么能跟你谋反呢？我为国讨贼，只恨不能杀了你，算哪门子谋反呢？你这个臊羯狗，为什么不快点杀了我？”

颜杲卿点中安禄山的软肋，安禄山又羞又臊，恼羞之下，一挥手将颜杲卿拖了出去。

颜杲卿、袁履谦这对亲密战友被挂到洛阳桥的桥柱上，凌迟处死。

直到断气，颜杲卿、袁履谦骂不绝口，这一幕让无数人落泪，也让无数人自发传诵。多年之后，颜真卿依然以自己是颜杲卿之弟为荣，依然会向别人提起洛阳桥那悲壮的一幕。

颜杲卿的人生就此谢幕，伴随他一起谢幕的有袁履谦，还有袁氏一门三十余口。

几年后，两京收复，颜泉明来到洛阳寻找父亲的遗骨，他辗转找到了当时给颜杲卿行刑的人，行刑人指着一个土包说：“那个土包下面就是你的父亲。”

颜泉明问：“如何证明呢？”

行刑人说：“你父亲被害时先被砍掉了一只脚。”

颜泉明眼含热泪挖开土包，果然发现一具只有一只脚的尸骨，这就是那个曾经有血有肉、有肝有胆的颜杲卿。

颜泉明小心翼翼把父亲的遗骨放进灵柩，然后把父亲战友袁履谦的遗骨也放进灵柩，从洛阳起身，运回长安。

回到长安，袁履谦的妻子担心颜泉明厚此薄彼，亏待自己的丈夫，便打开棺木查看了一番，这时她发现，袁履谦的灵柩、入殓衣冠与颜杲卿完全一样。这下她放心了，颜泉明真是个有情有义的人。

安史之乱告一段落后，颜真卿出任蒲州刺史，这时他交给颜泉明一个任务，寻访流落各地的亲属。

颜泉明苦苦寻找，找到了自己一个女儿和姑姑一个女儿，两个女孩都被卖了，要想赎回，每人赎身钱三万。颜泉明左拼右凑，刚刚凑够三万，这时他面临一个选择，赎自己的女儿，还是赎姑姑的女儿。

颜泉明一狠心，把姑姑的女儿赎了回来。

等颜泉明凑够钱再回去赎自己的女儿时，女儿已经消失在茫茫人海，即使他想赎，此生再也没有机会了。

伤心不已的颜泉明擦干眼泪，继续寻找的脚步，这一次他不仅寻找自己的亲人，连同父亲的部属一同寻找。

最后，颜泉明找到了父亲的部属以及部属的妻子奴隶总共三百余人，他把这些无依无靠的人一起带到了蒲州，由叔叔颜真卿资助。许久以后，按照每个人的意愿，颜真卿给予盘缠，将他们送到各地安置。

颜杲卿就这样离开了人世，河北又进入多事之秋。

史思明、蔡希德率军各个击破，那些宣布回归政府的郡城一个接一个陷落，只剩下少数几个在孤零零地坚守。

原本，河北已被颜杲卿下成一盘好棋，原本，安禄山要成为丧家之犬。只可惜，贾循犹豫，张通幽负义，王承业无耻，最终毁了颜杲卿一盘好棋。

世事如棋，你左右得了自己，却很难左右棋局。

郭李组合

公元756年，这一年原本应该只有一个年号：天宝。

按照李隆基的排列顺序，这一年应该是天宝十五载，然而安禄山并不同意，因为他要有属于自己的年号。

正月初一，安禄山在洛阳称帝，自称大燕皇帝，年号：圣武。

伴随着安禄山称帝，权力蛋糕开始分割，后来向安禄山投降的原河南尹达奚珣出任侍中，安禄山死党之一张通儒出任中书令，另外两个死党高尚、严庄一起出任中书侍郎。

至此，高尚、严庄两个想做大事的人终于实现了自己的梦想。中书侍郎，那可是原本在“盗梦空间”里第N层才能实现的事，现在不用做梦，实现了。

安禄山等人的兴奋没有持续多久，很快他们发现，噩梦开始了。

让安禄山做噩梦的是郭子仪和李光弼，这两个人在平息安史之乱的过程中厥功至伟，对唐朝有再造之功。

郭子仪在历史上声名赫赫，李光弼则被埋没在历史的角落里。其实，若论安史之乱中的平叛战功，李光弼是货真价实的第一。

李光弼，名字看起来像汉人，其实是契丹人，他的祖上担任过契丹酋长，父亲李楷洛官至朔方节度副使，骁勇善战。

李光弼遗传了父亲的基因，从小爱读书，善骑射，长大后步入行伍，在军中逐步攀升。

天宝年间，李光弼成长为一员良将，与哥舒翰一起成为河西节度使王忠嗣的左膀右臂，王忠嗣对李光弼说："有一天你肯定会坐到我的位子上！"

公元756年正月初九，王忠嗣的预言成为现实，经朔方节度使郭子仪推荐，李光弼被李隆基委任为河东节度副使，从此一跃成为安史之乱中的平叛主角，而安禄山的噩梦也从此而来。

二月初，李光弼率步兵、骑兵一万余人，太原弓弩手三千人东出井陉关，拉开了政府正规军平定河北的序幕。

李光弼率军直扑常山郡，一到常山城下，便有了意外惊喜：

常山三千民兵发难，杀死安禄山派来的胡人士兵，并把安禄山委任的郡守安思义押送出城投降。

李光弼心中一喜，开局不错。

看着被捆成粽子的安思义，李光弼决定在这个人身上做一点文章。

李光弼问："你知道你自己犯了死罪吗？"

安思义硬挺着不吭声。

李光弼接着说道："我知道你久在行伍，懂得军事，你看看我这些兵，能挡住史思明吗？如果你是我，你怎么办？如果你出的计策可取，我保证不杀你！"

安思义点点头，成交！

安思义说："你们远道而来疲惫不堪，冷不丁遇到强敌，恐怕很难抵挡，不如先让军队驻扎到城里，提前做好防御，想出兵时，提前做好敌我对比，优势明显时再出兵。史思明如今在饶阳，距离此地不过二百里，昨晚已经给他报过信，估计明天一早前锋部队就会到，大部队会紧跟在后面，将军不可不防。"

李光弼点点头，说得不错。

李光弼也不食言，命人给安思义松绑，同时下令全军入城，严阵以待。

安思义说得果然不错，史思明果真来了。

第二天一早，史思明前锋部队抵达常山城下，后面紧跟着大部队，总计二万余骑。

眼看敌人上门，李光弼立刻迎战，派五千步兵出东门迎敌。

然而，东门根本出不去。

史思明的骑兵正堵在东门口。

李光弼微微一笑，好，我让你堵门。

一挥手，五百名弓弩手登城，再一挥手，万箭齐发。

箭雨下，史思明的骑兵往后退了退，但没有走远。

李光弼又一挥手，一千名弓弩手分成四队，四队各自瞄准，对着史思明的骑兵开始点射，一箭一个，两箭两个。

史思明受不了了，再这么下去，不用打，都成活靶子了。

史思明引军退到了大道以北，李光弼引着五千步兵列阵于大道以南，在阵脚四周，李光弼命士兵枪杆向内，枪尖向外，顿时形成寒光闪闪的枪阵，想要强行冲阵，除非你是少林铜人。

李光弼用枪阵把本方打造成无从下嘴的刺猬，同时让对方成了浑身是箭的刺猬，只要有骑兵出来挑战，李光弼没有二话，射！

不长时间，史思明的不少骑兵完成了从人到刺猬的转变。

战争陷入了僵局，史思明不敢造次，只能在原地等到本部步兵的增援。

史思明望眼欲穿的步兵到最后也没能出现，因为刚刚走到半路，他们就被李光弼包了饺子。

李光弼能包对方饺子，是因为他提前得到了消息，消息是心向政府的村民提供的。村民告诉李光弼，有五千步兵从饶阳出发，一日一夜急行军一百七十里增援史思明，现在正在一个叫逢壁的地方休整。

哦，来得还挺快。

李光弼马上拨出步兵两千、骑兵两千迎着史思明援兵的方向急行军，任务只有一个：全部消灭。

四千兵马一路偃旗息鼓摸到了逢壁，机缘巧合，他们赶到时，对方正在吃饭。

天赐良机，不用可惜。

五千名正在吃饭的士兵怎么也不会想到，这一顿居然是最后一顿。

五千名士兵就这样消失，一个不剩。

史思明几乎与李光弼同时得到消息，顿时大惊失色，这仗没法打了，撤！

从这时起，史思明和李光弼耗上了，一耗就是四十多天。

尽管史思明首战失利，但打起仗来一样不含糊，很快他发现了李光弼的软肋：粮道。

李光弼率军远道而来，军中所需粮食需要通过粮道运送供应，这个软肋被史思明抓住了，史思明一下子就把李光弼的粮道给断了。

粮道断了，即使人受得了，马也受不了，常山城里本来就缺乏马草，这一断更是雪上加霜，饿急了的马连草席坐垫都吃了，没用多长时间，常山城的草席、坐垫全吃光了，再没有粮草，马只能绝食了。

李光弼无奈，只好派出五百辆马车前往附近的石邑城取马草，这下正中史思明下怀。

等的就是你的马车。

史思明派出兵马准备半路拦截运草马车，一照面，史思明的兵倒吸一口凉气，这个李光弼太贼了，居然早有准备。

史思明的士兵看到，五百辆运草马车居然早有防备，马车上的车夫都穿着铠甲，而在五百辆马车周围还有一千名弓弩手护卫。整支运草队伍结成一个方阵向前推进，就像一只浑身带刺的刺猬，看上去很肥，就是无从下口。

在叛军士兵无可奈何的目光的注视下，运草马车平安进入常山城，马草危机暂时度过。

运草士兵松了一口气，李光弼却眉头紧锁。四十多天对阵下来，李光弼意识到，仅靠现有兵力只能跟史思明相持，根本无法将之击败，要想把他击败，还得指望援军。

李光弼火速给郭子仪写了一封信，请求郭子仪带兵增援。

不久，郭子仪来了，身后是浩浩荡荡的大军，两军会合到一起，人数达到了十余万，这下可以好好敲打史思明了。

天宝十五载四月十一日，郭子仪、李光弼率军打到了史思明驻军的九门城，人多了，就能干点霸道的事了，他不来，咱就上门打。

九门城南，双方开战。

这一战双方已经不在一个数量级上，郭李联军十余万人，史思明一方只有数万人，史思明一方明显不支。

这时，对史思明一方致命的打击出现了，唐军阵中一位中郎将居然一箭射死了叛军大将李立节，这一箭射破了整支叛军的胆。

叛军开始溃散，史思明收拢不住，只能落荒而逃，逃进赵郡暂时喘口气。

六天后，郭子仪和李光弼又来了，仅仅一天，赵郡城破。

遗憾的是，史思明于几天前已经离开了，并不在赵郡，而是逃到了博陵。

李光弼不作调整，直接率军攻打博陵，他要把史思明打残。

李光弼整整围攻了十天，还是没有攻下来，这时他又遇到了老问题——缺粮。

眼看博陵一时无法攻下，李光弼只好引军退到恒阳（今河北省曲阳县），就地筹集粮草，解决大军吃饭问题。

短暂休整完毕，郭子仪、李光弼准备再次出击，这一次他们故意卖了一个破绽给史思明：数万唐军从恒阳起程前往常山城，后卫部队防守很松懈。

史思明以为是天赐良机，便集合数万残兵在后尾随，准备趁唐军不备发动偷袭。

然而，三天过去了，史思明一点儿机会都没有。

他不仅没能偷袭成功，反而要经常接受唐军剽悍骑兵的骚扰，行军路上时不时就会蹿出一股骑兵骚扰一阵，然后扬长而去，只留下一群模糊的背影。

三天下来，史思明明白了，郭子仪、李光弼早有防备，算了，还是撤吧！

史思明率领部队后撤，却没有意识到郭子仪、李光弼等的就是这一天。

就在史思明后撤的路上，郭子仪、李光弼大军后队改前队，紧紧咬住了史思明的部队。

在沙河，郭李联军追上了史思明的部队，猝不及防的史思明又吃了一个大亏，再次溃败而去。

连续几仗，史思明都吃了大亏，心中只能暗暗叫苦，心想，这时如果天降神兵，该有多好啊。

神兵真的来了。

安禄山听说史思明在河北战事吃紧，便从洛阳派出了援军，援军与史思明的部队加到一起，总数达到五万，史思明又有了底气。

正巧，郭李联军回军前往恒阳：史思明便一路尾随，准备在恒阳寻找决战的机会。

俗话说，机会只留给有准备的人，这句话适合一般人，但不适合恒阳城下的史思明。

在恒阳城下，史思明做好了决战准备，可是他一直没有找到机会。

相反，郭子仪、李光弼一直在跟他做游戏，游戏的名字叫“逗你玩”。

依靠深沟高垒优势，郭李联军与史思明玩起了猫和老鼠的游戏：史思明进攻时，郭李联军便龟缩防守，反正墙高沟深，插了翅膀你也飞不进来；当史思明撤退时，郭李联军则出城尾随，能打就打，不能打就回。

另外，郭李联军还给史思明部队准备了特殊的礼物——白加黑，白天服白片不瞌睡，晚上服黑片睡不香。

所谓白片，就是白天在城墙上展示军威，不打你，先吓你；

所谓黑片，就是夜里派兵袭营，逢人就砍，连砍带吓，让你睡不着。

几天下来，郭子仪、李光弼相视一笑，该决战了！

天宝十五载五月二十九日，唐军与叛军决战于嘉山，战争从一开始就倒向了唐军一边，唐军兵多而且休整多日，叛军兵少而且夜不能寐，这样的仗没法打。

这一战，唐军斩首四万，生擒一千，叛军主将史思明失足坠马，头盔马靴不知去向，只能不顾风度，披头散发赤脚逃亡。

史思明大营留守的士兵不知消息，误以为史思明已经阵亡，正不知所措时，便看见史思明拄着断了一半的枪杆深一脚浅一脚地进了大营，留守士兵瞪大眼睛使劲看了看，没错，不是鬼，是人！

大军惨败，大营也待不下去了，史思明只好连夜集合残兵，逃亡博陵。

刚进博陵一会儿，就听士兵奏报：李光弼又来了。

史思明叹口气，这是前世冤家。

李光弼将博陵团团围住，与此同时，唐军大胜的消息传遍了河北大地，这时又出现了令人振奋的一幕：河北十余郡百姓纷纷诛杀安禄山任命的太守，十余郡再次回归政府怀抱。

到此时，安禄山的南北通道又断了，想指望范阳根据地给洛阳供血，门都没有，即便有叛军单枪匹马想从政府军防区通过，多数也被擒获。

这是河北第二次出现有利于朝廷的棋局，第一次棋局由颜杲卿、颜真卿兄弟执子，这一次则是由郭子仪、李光弼联手打造。

（曲昌春注：在写郭李联军攻打史思明时，我一边写，一边乐，怎么越写越像中国电影里八路军打日本鬼子呢？八路军英勇无比、无所不能，日本鬼子萎缩到家、智商极低，这样的对比在我们小时候看着很过瘾，长大后才知道，原来电影有一种手法叫艺术夸张。郭李联军与史思明的过招必定也经过了艺术夸张，我权且一写，你权且一看，就当是个乐。）

安禄山的烦恼

河北战报传到洛阳，安禄山的郁闷达到了顶点。

一直以来，他的梦想就是称帝，以为称帝之后就能过上美好生活。然而，事与愿违，称帝不到半年，烦心事一桩接着一桩，现在河北全境已经多数归顺政府，只剩下范阳几个郡苦苦支撑，这就是自己追求半天得到的结果吗？

我们说好的幸福呢？

郁闷的安禄山招来“中书侍郎”高尚、严庄，他要发泄一下自己心中的郁闷。

安禄山指着高尚、严庄骂道：“你们俩数年来都在鼓动我谋反，还说什么万无一失。现在怎么样，前面挡着潼关，几个月都打不过去，北面的道路也断了，唐军正从四面向我们包围。我现在有的不过汴、郑等几个州，你们说的万无一失又在哪里呢？你俩现在就从我眼前消失，以后也别来见我！”

高尚、严庄大气不敢出，只得灰溜溜退下。

几天过去了，高尚、严庄果真没敢出现在安禄山面前，他们怕安禄山急了，当场斩立决。

这时，安禄山的部将田乾真从潼关回洛阳奏事，顺便替严庄、高尚求情：“自古帝王开创大业，都是有胜有败，哪有一下子就成功的？如今我们四周政府军队虽多，但都是新招募的乌合之众，没有经过训练，怎能抵挡我们多年训练出的蓟北精兵，所以不足为虑。高尚、严庄都是辅佐陛下开国的元勋，一旦陛下连他们都抛弃了，那么诸将听了，还不个个寒心？如果上下离心，臣就替陛下感到危险了。”

田乾真一席话打开了安禄山的心结，是啊，政府军虽多，可都是乌合之众，哪里挡得住我的范阳精兵。

安禄山转忧为喜，说道："阿浩（田乾真小名），你还真懂我的心思！"

经过田乾真开导，安禄山的好心情持续了一段时间，然而每当夜深人静时，安禄山的忧虑又爬上心头，如今河北形势不妙，范阳危在旦夕，该不该放弃洛阳归保范阳呢？毕竟那里是自己的家啊！

安禄山犹豫再三，左右为难，就这么放弃洛阳，他舍不得，而不放弃洛阳，范阳形势又吃紧，如同鱼和熊掌，两个他都想要，但两个似乎又不能同时要。

人生怎么这么多选择题啊？

向左走？向右走？

几米，你能告诉安禄山吗？

第六章　自作孽，不可活

哥舒翰的报复

金无足赤，人无完人，这句话用在哥舒翰身上同样适合。

自从出任天下兵马副元帅以来，哥舒翰的心头一直有个结，结的名字叫安氏兄弟。

安氏兄弟指的是安禄山和安思顺，当年他俩与哥舒翰一直不和，而且在高力士召集的酒宴上，安禄山曾经大骂哥舒翰是“突厥狗”。

想起这一幕，哥舒翰心里便不是滋味，明明自己已经想和解，偏偏安禄山没文化听不懂自己的话，反而骂自己是“突厥狗”，实在是欺人太甚。

想想这潼关真有意思，一道关把安禄山兄弟从中间隔开，安禄山在外面造反，安思顺在里面当官，有点意思。

往日恩怨是不是就这么算了？哥舒翰问自己。

几次自问自答后，哥舒翰心绪难平，不行，不能就这么算了，就算现在收拾不了安禄山，也要把安思顺收拾了。

哥舒翰开始在心中谋划，一场阴谋正在针对安思顺展开。

安思顺没有意识到哥舒翰要报复，他正处于劫后余生的庆幸之中，暂时顾不上哥舒翰。

原本，以他与安禄山的堂兄弟关系，安禄山起兵叛变，他是脱不了干系的，毕竟一笔写不出两个安字，虽然他是原装，安禄山是山寨。

幸好，七十岁的李隆基并不糊涂，他清楚记得安思顺数年前曾经向他汇报过安禄山可能叛变，这次汇报成了安思顺的护身符。

范阳兵变后，安思顺被调离敏感的朔方节度使职位，到长安出任户部尚书，这说明李隆基恩怨分明。

安思顺没有想到，恩怨分明的不仅有李隆基，也有哥舒翰。

不久，潼关关卡上，哥舒翰的部下抓住一个人，从这个人身上搜出了一封信，是安禄山写给安思顺的。

“如获至宝”的哥舒翰马上给李隆基写了一封奏疏，指控安思顺犯有七大罪状，建议李隆基将之处死。

人证、物证俱在，安思顺，你如何抵赖!

不久，户部尚书安思顺以及安思顺的兄弟、太仆卿安元贞被李隆基诛杀，家属全部流放岭南。

这时，哥舒翰长出了一口气，舒坦。

从始至终，整件事都是哥舒翰导演的，信是伪造的，人是指使的，扣是给安思顺做好的，刀是借李隆基的。哥舒翰行云流水，一气呵成，他自以为做得天衣无缝。

然而，朝廷上下逐渐都知道了，这次是哥舒翰故意栽赃陷害，而李隆基睁一只眼闭一只眼，装糊涂而已。

试想，安思顺真想叛乱，早跟安禄山一块起兵了，何必等到今天。

哥舒翰的报复被很多人看在了眼里，也被杨国忠看在眼里，杨国忠心里一惊，原来哥舒翰下手这么狠呢!

看来以前看走眼了。

相互猜忌

从相爱到分手，需要多久?

或许数年，或许一天。

从推心置腹到相互猜忌，需要多久?

或许天长日久，或许一天足够。

某种程度而言，官场如同情场，有亲密无间时，也有分崩离析日。

现在，杨国忠和哥舒翰便走到了翻脸的十字路口，究其主要原因，是身边传话的人太多了。

众所周知，杨国忠与安禄山一直不和，安禄山起兵打出的口号就是“诛杀杨国忠”。本来“诛杀杨国忠”只是安禄山拉大旗扯虎皮，没想到杨国忠的人缘太差了，这句口号居然得到了多数人的响应，其中便包括哥舒翰的手下、兵马使王思礼。

王思礼是懂历史典故的人，他知道汉朝“七王之乱”时，汉景帝杀掉晁错让“七王之乱”失去了冠冕堂皇的理由。既然汉景帝能杀晁错解围，那么本朝为什么不能杀杨国忠呢？况且那个杨国忠确实该杀。杀了杨国忠，安禄山一伙不就没有冠冕堂皇的借口了吗？

王思礼在心中起了杀机。

为了杀掉杨国忠，王思礼制定了两套方案，一套文杀，一套武杀。

文杀，必须通过哥舒翰，他现在说话最有分量。

王思礼找到哥舒翰，给哥舒翰提了一个建议：上疏李隆基，恳请李隆基诛杀杨国忠。

哥舒翰听完，使劲摇了摇头，诛杀杨国忠？还让我上疏？怎么可能！

文杀方案被哥舒翰否决，王思礼马上启动第二套方案：武杀。

王思礼说：“你不上疏也行，那就给我三十名骑兵，我去长安把他劫到潼关，就在潼关把他杀了！”

如果这个方案得以执行，该多好！

决定权交到哥舒翰手中，如果他同意，杨国忠的命挺不过当晚。

哥舒翰摇摇头，说：“如果这样做的话，那就是哥舒翰造反，不是安禄山造反了！”

文杀、武杀两套方案就这样无疾而终，哥舒翰以为这事就这么过去了，没想到居然过不去。

不久，就有人到杨国忠的耳边传话了，传话人没在历史上留下名字，姑且就叫无名氏吧。

无名氏对杨国忠说：“如今朝廷重兵都在哥舒翰手中，如果哥舒翰挥旗西指，宰相大人您不就危险了吗?”

杨国忠顿时出了一身冷汗，哥舒翰算计安思顺的手法他已经见识过了，他知道这个人的手有多黑。

如果那样，恐怕……

杨国忠感觉身上有些发冷。

以杨国忠与哥舒翰的关系，原本不至于到翻脸的地步，只是两人身边传话的人太多了，传着传着便走样了。

同样一句话，经过瞎传，可能完全变样，这一点在冯巩、郭冬临的小品《得寸进尺》中有过一针见血的体现：

冯：郭大腕儿，您可千万别着急。有什么事儿您跟我说，我给您转达。要不然非打起来不可呀。

郭：其实咱不想走，咱想演戏。咱是演员呀！

冯（传话给导演）：他说了，要演戏，得加钱呀。

导演：加钱？你问问他，加多少？

冯（传话给郭冬临）：她说了，你不演，就拉倒。

郭：我不演……我不跟她一般见识。这个导演太年轻。

冯（传话给导演）：他说你是狐狸精。

导演：这种演员，这种演员太猖狂。

冯（传话给郭冬临）：她说你是黄鼠狼。

郭：这个女人招人烦。

冯（传话给导演）：他说你吃了摇头丸。

导演：这种男人真要命。

冯（传话给郭冬临）：她说你得了疯牛病啊！

郭：我不演了，我。

看看，好好的话，一搅和，全变味了。

现在杨国忠和哥舒翰的关系就被搅和紧张了，杨国忠意识到，必须行动起来，给自己装一道防火墙。

杨国忠对李隆基说：“潼关大军虽然军力强盛，但在其背后却没有常规军做后援，万一失利，京城就危险了。不如从皇宫所属士兵中挑选出三千人，就在宫中训练，以保安全。”

李隆基一想，不无道理，重兵都在潼关，长安却空了，充实一下长安防务实在是应该。

三千士兵就这样被抽调了出来，杨国忠任命自己的亲信李福德等人率领，这是杨国忠为自己装的第一道防火墙。

有了第一道防火墙，杨国忠觉得还是不踏实，有必要再装第二道。

不久，杨国忠又招募了一万人，他把这一万人交给亲信杜乾运率领，这一万人驻扎灞上，名义上防贼，实际上却是防火防盗防哥舒翰。

杨国忠完成两道防火墙的安装，以为这下安全了，没想到，安全没有随之而来，哥舒翰的猜忌却加深了。

两道防火墙扎眼地矗立在那里，哥舒翰如鲠在喉，他知道，这是杨国忠用来对付自己的，看来这个人想要对自己不利。

哥舒翰决定行动，动手拆防火墙。

拆除灞上防火墙，哥舒翰用了两步。

第一步，哥舒翰给李隆基上了一道奏疏，建议统一潼关和灞上军队的指挥权，灞上军队交由他统一指挥。

李隆基表示同意。

第二步，哥舒翰给灞上守将杜乾运发了一个通知：到潼关议事。

这次议事，杜乾运有去无回。

哥舒翰随便找了一个借口，将杜乾运斩首。

灞上防火墙拆除完毕。

这时，杨国忠彻底怕了，再这么下去，哥舒翰对自己下死手只是时间问题。

潼关陷落

杨国忠在算计哥舒翰，哥舒翰也在提防杨国忠，潼关仗还没打，便陷入两大高官的相互倾轧之中。

杨国忠夜不能寐，他在苦思自保方略，他必须找到一条万全之策，才能保证自己全家无忧。

功夫不负有心人，杨国忠找到了。

杨国忠的万全之策与两个地方有关，一个是剑南战区，一个是潼关关卡，两者结合到一起，就是杨国忠的理想算盘：

先通知剑南战区做好接驾准备，后逼迫哥舒翰出潼关决战。

一先一后，背后隐藏着玄机。

让剑南战区做好接驾准备，这是杨国忠提前给自己准备好后路，即使潼关失守，自己也能跑到剑南战区享福，那里是自己的地盘，我的地盘我做主；

让哥舒翰出潼关决战，有两种可能，一种可能，哥舒翰打胜了，那么好，功高震主，该卸磨杀驴了；一种可能，哥舒翰打败了，那更好，正好借安禄山的刀。

算盘打到这一步，潼关之战在杨国忠看来就必须打了，无论哥舒翰打赢打输，对哥舒翰都没有好处，而对杨国忠有百利而无一害。

从这个算盘来看，杨国忠就是一个彻头彻尾的小人，而他的如意算盘也把伟人和小人的区别诠释得淋漓尽致。

伟人宁可牺牲小我，成全大局；小人宁可牺牲大局，成全小我。

小人杨国忠把整个王朝绑架了，他要拿整个王朝的安危做赌注，去换取自己一家的安全。

造化弄人，就在这时，难得的“战机”出现了。

探马奏报，叛军将领崔乾祐驻防陕郡，据说只有不到四千兵马，而且都是老弱残兵。

杨国忠眼前一片阳光灿烂，真是想什么来什么。

同样被奏报鼓舞的还有李隆基，他同样认为这是千载难逢的决战良机，于是李隆基派出使节催促哥舒翰出兵。

哥舒翰没有遵旨，而是给李隆基上了一道奏疏：

> 安禄山叛乱蓄谋已久，现在他刚刚开始叛乱，怎么可能在陕郡毫无准备？陕郡的老弱残兵一定是诱饵，引诱我们上当，如果出兵，就中了他的计。叛军远道而来，寻求的是速战；政府军扼守险要，最有利的方法还是坚守。况且叛军残害百姓，兵锋必定日渐衰落，将来一定会有内讧。届时利用他们的内讧，可以不战而胜，而且我们追求的是最终的成功，何必苛求成功的速度。况且现在向各地征集的兵还没有集结完毕，

请陛下再等一些日子。

无独有偶，在哥舒翰上疏时，郭子仪、李光弼也给李隆基上了奏疏：

> 恳请陛下允许我们向北出兵，直取安禄山的老巢，届时把叛军将士的妻子、孩子作为人质，然后向叛军招降，那时叛军必将溃散。潼关大军务必继续坚守以削弱叛军兵锋，切不可轻易出击！

两封奏疏，字字珠玑，但凡一封奏疏被采纳，唐朝历史就会被改写。

李隆基犹豫了，他知道上疏的三位都是久经沙场的老将，他们的经验是从血与火中得来的，不可不听。

李隆基还在犹豫，杨国忠来了，他已经看到了难得的“战机”，就绝不会让大好的机会从自己的手边溜走。

杨国忠对李隆基说：“叛军此时防备松懈，正是我军出兵的好时机，哥舒翰却逗留不进，这将白白浪费大好时机。”

说这话时，杨国忠一脸诚恳，一脸正气凛然、忠君爱国，李隆基以为杨国忠是为自己的王朝着想，却没有想到，他的王朝在杨国忠的算盘里，只是一个小小的筹码。

李隆基下定决心，不等了，决战！

从长安到潼关，皇宫中派出传旨的宦官络绎不绝，人数之密，项背相望，通俗地说，后面的宦官能看到前面宦官的背影。

要我说，李隆基不如再加大力度，增派一些人手，这样后面的宦官一伸手就能搭到前面宦官的肩膀上，大家嘴里喊着“突突突”，就能一起做开火车游戏了。

试想一下，如果派出这样一列传旨“火车”，那将是多么壮观的场面。

接二连三的传旨让哥舒翰满腔悲愤，却无处申诉，他拍打着自己的胸脯，痛哭失声。他的心中充满了愤怒，嘴里却不能喊出来，他只能在心底呐喊，这是什么旨意啊？这是让大唐王朝在悬崖上走钢丝，自寻死路啊！

哥舒翰别无选择，君命难违。

天宝十五载六月四日，无奈的哥舒翰引兵出关，踏上凶多吉少的征途。

三天后，主动出击的唐军与叛军将领崔乾祐的部队在灵宝西原遭遇，唐军惨败的伏笔早已埋好了。

崔乾祐选择在这里与哥舒翰遭遇，是他蓄谋已久的计划，这里南面是崤山的悬崖峭壁，北面是黄河的滔滔河水，沿山傍河的狭长地带长达七十里，正好是用兵的绝佳地形。

六月八日，决战打响。

哥舒翰将大军指挥部设在沿黄河而下的船上，先锋官王思礼则率领五万精兵沿河岸向前寻找战机，在五万精兵后面是十万大部队。

远远望去，崔乾祐的兵并不多，哥舒翰便挥旗命令先锋部队向前挺进，他自己则率领三万大军登黄河北岸，为王思礼擂鼓助威。

王思礼率军继续前行，映入他眼帘的是松松垮垮的叛军，看上去人数不过一万，而且五个一伙，十个一拨，零零散散，完全没有列阵打仗的样子。王思礼的将士们不由得笑了，就这样还敢出来叛乱！

将士们没有意识到，他们看到的只是表面。

王思礼率军追了上去，两军接上了火，一万多叛军“惊慌失措”，纷纷溃散。

就在这时，意想不到的事情发生了，在崤山悬崖峭壁上突然出现大批叛军士兵，王思礼一愣神的工夫，滚木礌石从山上滚落，连蹦带跳砸向唐军士兵。

五万大军被砸得七零八落，毫无还手之力，人家居高临下用石头当武器，唐军手拿刀枪只能徒呼奈何，形势岌岌可危。

必须尽快突围，不然全得砸死在这里。

黄河北岸的哥舒翰见状，连忙挥旗，命令王思礼用毡篷马车开道，毡篷马车在这里，相当于重型坦克。

毡篷马车很快冲出了一条道路，然而，路又断了。

在毡篷马车的前方停放着数十辆装满草的大车，毡篷马车跑到这里时，草全烧着了，顿时形成一道火墙，浓烟滚滚，遮天蔽日。

唐军士兵在浓烟中伸手不见自己的五指，一听到响声便以为敌人杀了过来，便下意识拿起刀枪刺杀，这一下，就开始自己人打自己人了，而他们自己并不知道。

混乱过后，终于平静下来，大家将矛头指向了火墙，火墙后面，可能就隐藏着叛军。

箭纷纷向火墙后面射了过去。

太阳西下，浓烟散去，这时再看火墙后边，什么都没有，但此时发现已经晚了，箭都射光了。

大家正不知所措时，就听到背后乱作一团，崔乾祐率领同罗部落骑兵抄了唐军后路，正从背后掩杀过来。

局面至此不可收拾，五万大军顿时溃散，各奔东西，有的上山藏身，有的下河逃命，如同被水灌了洞穴的蚂蚁，只知逃命，不知其他。

恐慌的情绪达到了极点，开始急速传染，从前锋部队的五万败兵传染到了十万原本毫发未伤的大部队。

可怕的事情发生了，十万大部队听说前锋部队惨败，顿时不战自溃，十万大军土崩瓦解。

紧接着，黄河北岸三万大军崩溃，一哄而散。

哥舒翰傻眼了，仅仅一天工夫，他输光了全部筹码。

黄河两岸的唐军逃之夭夭，哥舒翰也只好放下身段，带着麾下一百来个骑兵开始逃命。

哥舒翰一行逃回了潼关，本来还准备通过吊桥进城，现在一看不需要了，哪里都是平地。

潼关城下挖有三条壕沟，同一尺寸，宽两丈，深一丈，没有吊桥，插翅难过。现在逃兵蜂拥进城，人马掉进壕沟无数，最后，三条壕沟都填平了，抬脚就进。

逃进潼关，哥舒翰一清点，十八万大军，只逃回八千。

一天后，崔乾祐来了，八千残兵没能挡住崔乾祐的进攻。

潼关失守，长安门户大开！

早知今日，何必当初。

回想唐军这次主动出击，完全是蠢猪式自杀行为，放着潼关这道防盗门不用，偏偏出门自寻死路，到头来连自己家的防盗门都弄丢了。

丢失防盗门的哥舒翰一路逃到了关西驿站（今陕西省华阴县东），在这里他稍作喘息，便派人四处张贴告示，收拢残兵，准备反攻潼关，夺回防盗门。

正张罗着，番将火拔归仁带着一百余名骑兵包围了驿站。

火拔归仁走进驿站对哥舒翰说：“叛军到了，请大人赶紧上马！”

哥舒翰不敢怠慢，走出驿站，这时火拔归仁带领骑兵都跪了下来，说道：

“大人率二十万大军，一战便全军覆没，还有何面目回京面圣？况且您没看见高仙芝、封常清的下场吗？长安，大人不要去了，还是去洛阳吧！”

哥舒翰心中一惊，坏了，火拔归仁这是要挟持我投降安禄山！

哥舒翰自然不能答应，他挪动病体，准备下马。

然而，英雄末路时一切都不如愿，英雄末路的哥舒翰连马都下不了。

火拔归仁用绳子将哥舒翰的双脚捆到马肚子上，然后押着哥舒翰和他的手下一起往洛阳方向进发。

火拔归仁满心以为，哥舒翰就是自己的投名状，有这样的投名状在手，安禄山自然会对自己刮目相看。

一行人在叛军的引领下来到洛阳，哥舒翰与安禄山再次面对面。

这是两人翻脸后的第一次见面，没想到却是以这样的方式，安禄山得意地坐着，哥舒翰则被人押着站在安禄山的面前。

安禄山不无得意地说道：“以前你经常小看我，今天你又怎么说呢？”

令安禄山意想不到的事情发生了，哥舒翰一下子跪倒在地，说道：“臣肉眼凡胎，不识圣人。如今天下还没有平定，李光弼在常山，李祗在东平，鲁炅在南阳，他们都是陛下平定天下的障碍。陛下只要留下臣，容臣写信招降他们，用不了几天他们都会来投降。”

还有比这更大的惊喜吗？

安禄山顿时大喜，哥舒翰真是识时务，不仅向我表示臣服，还想帮我招降纳叛，好，好！

大喜的安禄山随即委任哥舒翰为司空、同平章事（宰相）。

一旁的火拔归仁看着哥舒翰受封，心里火急火燎，这个安禄山，什么时候封我啊？怎么说，哥舒翰也是我送来的啊！

火拔归仁眼巴巴地看着安禄山，这时安禄山似乎刚发现火拔归仁，便使劲看了火拔归仁几眼。

火拔归仁一看有戏，便睁大眼睛，竖起耳朵，等待自己的封赏。

安禄山大喝一声说道：“你，背叛主人，不忠不义，推出去，斩了！”

火拔归仁傻眼了，闹了半天，居然是这样的封赏。

原来，不忠不义不仅让忠诚之士唾弃，连安禄山这样的人都看不起。

斩完火拔归仁，哥舒翰开始给李光弼等人写信，原本以为，以自己的现身说法足以召唤李光弼等人投降，没想到，他收到的是一封封绝交信。绝交信中，他们不仅拒绝投降，而且言语犀利，对哥舒翰责备不已。

哥舒翰连叹数声，早知如此，何必自取其辱呢。

眼看哥舒翰连连碰壁，安禄山对哥舒翰失去了耐心，他知道眼前这个哥舒翰已经失去了利用价值，司空、宰相的头衔对哥舒翰而言有些奢侈了。

还是把他打回原形吧！

押下去，关起来！

从此，哥舒翰的人生不见天日。

一年后，安禄山的儿子安庆绪放弃长安，临走时，将监狱中的哥舒翰杀害，一代名将落得如此结局，令人唏嘘。

原本，他可以颐养天年，原本，他可以有尊严地活着，原本，他可以从容走完自己的人生路，只可惜，潼关之战改变了原有的生命轨迹。

第七章　马嵬坡

长安乱

潼关失守，连锁反应随之发生。

河东、华阴、冯翊、上洛四郡防御使（警备司令）不约而同地选择弃城逃跑，他们一跑，士兵立刻作鸟兽散。在他们身后，留下四座空空荡荡的城池。

恐慌情绪迅速蔓延到长安，蔓延进李隆基的皇宫之中。

李隆基依然不相信潼关已经陷落，他还在等消息，他相信会有将领把好消息带给他。

然而，好消息一直没来。

直到傍晚，到了该举平安烽火的时间，潼关方向毫无反应，这时李隆基终于相信，潼关失守了。

因为按照约定，如果潼关一切正常，那么傍晚时分就应该点起烽火向长安报平安，现在平安烽火没有如约点起，说明潼关已经沦陷于敌人之手。

前所未有的恐惧感从李隆基的心底升起，这是他七十年人生中从来没有过的事情，然而这一刻却真实发生了。更令他难堪的是，潼关失守，便意味着长安保不住了，开国一百三十八年的大唐王朝居然连自己的国都都保不住了。

这一夜，李隆基一夜未眠，他不知道他的王朝该往何处去。

第二天（天宝十五载六月十日），李隆基召来宰相开会，想听一听宰相们的建议。

这次会议对于别人而言纯属意外，对于杨国忠而言早在意料之中，他等这一天已经好久了。

看别的宰相无言，杨国忠给出了自己的建议：请陛下前往剑南战区总部——蜀郡（今四川省成都市）。

李隆基思考片刻，便同意了，毕竟蜀郡易守难攻，看起来是个不错的容身之地。

前往蜀郡的动议便这么定了下来，李隆基一脸惆怅，杨国忠脸上不动声色，心里却乐开了花：一切尽在掌握。

天宝十五载六月十二日，恐慌的情绪在长安愈演愈烈，百姓手足无措，百官人心惶惶，这一天百官上朝的出勤率创下历史新低：不到百分之二十。

看着明显空了的朝堂，李隆基的心更凉了，人心散了。

叹息之后，李隆基高调宣布，朕将御驾亲征，讨伐安禄山。

在场官员面面相觑，你看着我，我看着你，虽然没有言语，但眼神里都暗含着潜台词：陛下说梦话吧！

官员们早把李隆基看透了，那个曾经英明果断的皇帝早就消失了，现在这个皇帝只不过是过去那个皇帝的肉身而已。

李隆基继续自说自话，作出自己的部署：

京兆尹魏方进为御史大夫兼置顿使（善后处理总监）；

京兆少尹崔光远升任京兆尹、西京留守；

宦官将军边令诚（诬杀高仙芝、封常清那位）掌管皇宫所有钥匙。

以上部署是公开的，接下来的部署都是秘密的，一般人不知道：

龙武大将军陈玄礼集结禁卫六军，不分青红皂白地赏赐一番，同时精选九百余匹战马，集结待命。

到这时，绝大多数人依然被蒙在鼓里，知道内情的人寥寥无几。

天宝十五载六月十三日注定将载入史册。这一天，开国一百三十八年的大唐王朝皇帝李隆基偷偷放弃国都，前往蜀郡。

天刚蒙蒙亮，李隆基携杨贵妃姐妹、皇子、嫔妃、公主、皇孙、杨国忠以及亲近宦官、宫女出延秋门，一路向西开始逃难。

李隆基所做的这一切，保密等级甚高，皇宫中知道内情的人很少，而那些不在皇宫的嫔妃、公主、皇孙也被排除在外，一切都是为了高度保密。

接近上朝的时间，还有官员在宫门外等待上朝，宫中仪仗队也已经就位，用于计时的滴漏声依然清晰可闻，一切看上去、听上去都很正常。

突然，宫门打开，宫女和宦官争先恐后往外冲，皇宫内外顿时乱作一团。

皇帝已经跑路了！

没有比这更恐怖的消息了。

李隆基跑路的消息迅速传播，长安城的王公贵族纷纷四散逃命，那些昔日气派无比的豪宅顿时成了一座座空宅。

能跑的人纷纷往城外跑，不能跑的人也想方设法往城外挪。

不过，有一群人却反其道而行之，别人往城外跑，他们往城里跑。

这是一群有贼心、有贼胆的人，他们的目标是皇宫和那些已经成为空宅的豪宅。

他们冲进了豪宅，冲进了皇宫，目标很明确：抢一把。抢完之后，挥挥手，放把火。

从表现来看，这是一群没有脱离低级趣味的人。

混乱中，也有几个脱离低级趣味的人，这几个人骑着毛驴进了李隆基的金銮殿，指指点点后，扬长而去。

长安的混乱达到了顶点。

这时，西京留守崔光远和宦官边令诚站了出来，他们组织人扑灭了大火，杀了十几个趁火打劫的人给猴看，长安的秩序这才安定了下来。

然而，安定下来的长安已不再属于李隆基，它已经属于安禄山了。

西京留守崔光远派自己的儿子前往洛阳会晤安禄山，与此同时，边令诚也把皇宫内的所有钥匙献给了安禄山，这一刻，长安向安禄山敞开了大门。

天尽头

在家千日好，出门一时难，原本这句话与李隆基无缘，现在李隆基深刻体会到这句话的真谛。

离开长安仅仅二十里，李隆基就成了狗不理。

逃难之前，李隆基派宦官王洛卿提前出发，到沿途经过的郡县通知官员做好接驾准备，李隆基满心以为这样就可以一路顺风，没想到，事与愿违。

到了望贤宫，李隆基一看，别说接驾了，连条狗都没有。

再一打听，李隆基呆住了，负责通知官员接驾的宦官王洛卿居然跟咸阳县令一起玩起了失踪，活不见人，死不见尸。

既然这两人指望不上了，那就找别人吧。

宦官奉李隆基之命再去召唤别的官员，结果别的官员也藏起了猫猫，一个来接驾的也没有。

狗不理的李隆基挨到了中午，以为情况会有好转，不想，没有更好，只有更糟。

到了饭点，连饭也没有。

无奈之下，杨国忠只好亲自出马，到街上给李隆基买了几个烧饼，本来还想多买几个，不巧，卖烧饼的没剩下几个，想多买，没了。

还好，天无绝人之路，附近百姓得知李隆基驾到的消息，便自发出来贡献食物，这下正合了嗷嗷待哺的皇孙们心意。

皇孙们顾不上体面了，直接用手抓着粗米饭吃，一会儿工夫，全吃光了，再摸摸肚子，还没吃饱。

含着金钥匙出生，何时有过这样的日子。

看着皇孙们狼狈不堪，李隆基悲从中来，不禁掩面而泣。

这时，一位老者走到李隆基的面前，说道："安禄山包藏祸心已经不是一天两天了，以前有人到皇宫告发安禄山谋反，陛下往往诛杀了之，结果安禄山阴谋得逞，陛下流落在外。许久以来，朝中大臣不敢直言，只知阿谀奉承，所以皇宫以外的事情陛下都不知道。而我，草野小民，早知道会有这么一天，但可惜皇宫森严，我等小民的心，注定无法上达陛下。话又说回来了，如果不发生这些事，小民哪有这样的机会与陛下面对面谈话呢?"

老者的话一句句刺到了李隆基的心里，李隆基叹息一声："这都是因为我糊涂，悔之晚矣!"

老者感叹数声后转身离去，留下李隆基在内心叹息不已。

在望贤宫停留数小时后，李隆基一行继续赶路，子夜时分到了金城（今陕西省兴平市）。

同望贤宫的遭遇一样，金城县令也消失了，李隆基还是狗不理。

不幸中也有万幸，由于金城县令和金城的富户们走得急，连储备好的酒肉都没有拿，这下李隆基一行伙食有着落了，再也不用像中午那样要么饿着肚子硬挺，要么厚着脸皮到民间乞讨。

金城一夜很快过去，第二天，李隆基一行来到了马嵬坡（今陕西省兴平市西马嵬镇）。

如果杨国忠有一双看到未来的眼睛，他一定会想方设法绕开这个地方，可惜他没有，于是他毫无知觉地踏进了自己的葬身之地。

此时，一场针对杨国忠的阴谋正在酝酿。

酝酿阴谋的主角叫陈玄礼。

陈玄礼是龙武大将军，李隆基此行带领的禁军由他主管，现在陈玄礼将矛头指向了杨国忠，他想除掉这个祸国殃民的家伙。

陈玄礼不是一个人在战斗，他还有同伴。

究竟谁是他的同伴，史家一直争论不休，有人说太子李亨的宦官李辅国是他的同伴，也有人说高力士是他的同伴，总而言之，陈玄礼的背后有人指使，指使他的人要么是太子李亨，要么是高力士。

无论是李亨，还是高力士，他们对杨国忠都恨到了极点，正是这个瞎折腾的小人弄得皇帝连国都都丢了，此人不除，留之何用？

杨国忠的命到头了。

天宝十五载六月十四日中午，杨国忠人生中的最后一个中午。

当时，一群吐蕃使者正围着杨国忠的马头诉苦，他们告诉杨国忠，他们找不到食物，请杨国忠帮忙解决一下。

杨国忠还没回答，一群士兵便冲了上来："杨国忠与胡人一起谋反！"

这句话吹响了发难的号角，一名士兵张弓搭箭，一箭射在杨国忠的马鞍上。杨国忠眼见不好，拨马就跑，一直跑到了驿站的西门内。

杨国忠以为就此躲过一劫，没想到，一回头，一群士兵挥刀冲了上来，此时再想跑已经来不及了。

乱刀齐下！

阴阳两隔。

打了一辈子精明算盘的杨国忠就这样毫无先兆地死于乱刀之下，而且死后也不消停，他的头被割了下来，挂在驿站门外。

与杨国忠一起被乱刀砍死的还有他的儿子、户部侍郎杨暄以及杨贵妃的两个姐姐韩国夫人、秦国夫人，他们都是给杨国忠陪读的。

不一会儿，有一个人自动加入了陪读行列。

这个人叫魏方进，李隆基刚刚委任的御史大夫。

魏方进千不该万不该在那么敏感的时候说了一句话，他冲着发难的士兵喊道："你们怎么敢谋害宰相!"

一句话送了一条命。

士兵们一拥而上，乱刀再次砍下。

魏方进就这样成了杨国忠的陪读。

这时，宰相韦见素听说杨国忠被杀的消息，便出来查看，没想到一下子成为众矢之的。

士兵们拿着铁器往韦见素的头上抡，韦见素的头顿时鲜血直流，不出意外的话，一会儿他就会成为杨国忠的陪读。

幸好，韦见素平常为人不错，千钧一发之际，还有人救他。

只听有人喊道："别伤害韦大人。"抡铁器的士兵终于停了手。

经过紧急抢救，韦见素又活了过来，总算没成为杨国忠的陪读。

放过了韦见素，发难的士兵并没有就此罢手，相反，他们的发难升级了，一下子把李隆基入住的马嵬坡驿站团团包围了。

李隆基被外面的嘈杂声惊动了，他知道一定有事情发生。

左右告诉李隆基，没什么事，只是杨国忠谋反，被士兵们诛杀了。

李隆基的血一下涌到了头顶，怕什么，偏偏来什么，这不就是兵变吗？太可怕了。

经历过大场面的李隆基知道，越是这个时候越要保持冷静，既然杨国忠已然被诛杀，那就顺水推舟，先把士兵的怒气安抚下去再说。

李隆基拄着拐杖出了驿站门口，亲自向士兵们表示慰问，慰问之后，李隆基下令士兵收队回营，然而令他意想不到的事情发生了，士兵们居然对他的命令置若罔闻!

前所未有的恐惧占据了李隆基的内心，这是以前从来没有过的，士兵居然对皇帝的命令置之不理，他们到底想干什么？

李隆基命高力士前去询问士兵的要求。

陈玄礼代表士兵对高力士说："杨国忠谋反，杨贵妃不应该再陪伴在陛下身边，愿陛下割舍恩爱，维护法律尊严。"

李隆基惊呆了，他简直不相信自己的耳朵。

他们居然要求朕赐死杨贵妃？

李隆基被惊愕包围了。

李隆基缓缓说道："我自有处置。"

说完，李隆基坐到座位上，双手拄着拐杖，深深低下了头。

这是他一生中最艰难的时刻，也是最难熬的时刻，他知道士兵们已经杀红了眼，但要让他赐死杨贵妃，他狠不下心。

许久之后，韦见素的儿子、京兆司录韦谔跪到李隆基的面前说道："如今众怒难犯，安危就在一瞬间，请陛下赶紧作出决定。"

李隆基回应说："贵妃一直身处后宫之中，她哪里知道杨国忠要谋反啊？"李隆基如此说，是为杨贵妃开脱，他不知道这么说能不能救杨贵妃，但他必须试一下。

一旁的高力士叹了一口气说道："贵妃确实没有罪，然而将士们已经杀了杨国忠，如果贵妃还留在陛下身边，将士们怎么会安心呢？愿陛下好好考虑一下，只有将士们安心了，陛下才能平安。"

高力士的话已经很直白了，要么杨贵妃一个人死，要么你陪她一块死，李隆基，你选吧！

李隆基别无选择，他只能让杨贵妃死。

身为皇帝，国都丢了，心爱的贵妃也保不住了，李隆基的痛苦无以复加。

李隆基决绝地一挥手，杨贵妃的人生戛然落幕。

在马嵬驿的佛堂上，高力士缢死了风华绝代的杨贵妃，从此世上再无云想衣裳花想容的杨贵妃，只有永不落幕的杨贵妃传奇。

伴随着杨贵妃的香消玉殒，马嵬坡兵变宣告结束，这场以杨国忠为目标的兵变，历时数小时，一举覆灭了曾经红极一时的杨氏家族。

原本，马嵬坡兵变，杨氏家族还有漏网之鱼，杨国忠的妻子裴柔、幼子杨晞、虢国夫人以及虢国夫人的儿子裴徽都跑掉了。

可惜，丧家之犬注定跑不远。

不一会儿的工夫，四条漏网之鱼就被追上，一网打尽。

屈指一算，从公元745年进长安，到757年马嵬坡兵变，杨国忠的人生在这十二年中跌宕起伏，他曾经如丧家之犬处处碰壁，也曾经红极一时位极人臣，然而最后却没有逃脱盛极而衰的结局，十二年，终究成了代价惨重的黄粱一梦。

如果让杨国忠重新选择，他会选择十二年如梦如幻的巅峰体验，还是会选择平平淡淡过一生呢？

至于杨贵妃，由于篇幅的原因，我没有过多涉及杨贵妃的受宠以及她所谓的“祸国殃民”，在我看来，把杨贵妃归为“红颜祸水”系列是不公平的，因为大唐王朝衰落的责任在李隆基，而不在杨贵妃。

遗憾的是，不少史家还是将亡国的责任推到女人身上，比如人妖合体的苏妲己，比如陈叔宝的后庭花，再比如导致晋王朝八王之乱的贾南风，似乎每一个覆灭王朝的背后，总是站着一个红颜祸水的女人。

其实，女人的肩膀很稚嫩，她们扛不起覆灭一个王朝的重任。

兵变终于平息，马嵬坡被沉沉夜色笼罩。

我们不知道李隆基是如何挨过了马嵬坡那长长的一夜，没有杨贵妃的夜晚，他寂寞吗？

第二天一早，又到了出发的时候，李隆基身边的高级官员只剩下韦见素一人，其他人要么给杨国忠陪读去了，要么脚底抹油溜了。就这个韦见素，还是虎口拔牙抢回来的，不然李隆基就成了光杆司令了。

李隆基又在内心叹息了一声，只能用火线提干的方式来充实官员队伍。

韦见素的儿子韦谔成为火线提干的受益者，他被直接任命为御史中丞、善后事宜总监，这样他们爷儿俩成为逃亡路上李隆基最信任的人。

解决了官员的问题，李隆基以为可以出发了，没想到，士兵们又有了新想法。

士兵们说道：“杨国忠谋反，我们把他杀了，现在却要去杨国忠的地盘——蜀郡，他的旧将故都在那里，肯定会对我们不利，所以蜀郡不能去。”

不去蜀郡？还能去哪里呢？

众人开始七嘴八舌。

有人建议去河西、陇右，有人建议去灵武，有人建议去太原，有人的建议很有才——回长安!

听着众人七嘴八舌的建议，李隆基心中暗暗叫苦，此时此刻他只想直奔蜀郡，其他地方都不是他的理想之地，至于回长安，那更不可能了，刚从长安逃亡出来，怎么可能再回去呢?

放在以往，李隆基必定会大喝一声，表明自己的态度，然而现在他不敢了，昨天刚发生一场兵变，他依然心有余悸。

刚刚火线提拔的韦谔看懂了李隆基的心思，便提出一个折中建议:“返回长安，需要有抵御叛军的准备。如今兵力太少，所以不能再回长安了。不如暂且前往扶风，再慢慢商量去处。”

折中的建议得到了大家的认可，一行人便准备往扶风郡进发。

就在这时，附近的百姓挡住了去路，他们拦住了李隆基的马头，说道:“皇宫，陛下的家;陵寝，陛下的百年之所，如今陛下舍弃这些，又将去哪里呢?”

李隆基哑口无言，他不知道该如何回答，索性将难题留给太子，让太子李亨断后，安抚群情激昂的百姓。

百姓拦住太子李亨的马头说道:“皇上既然不肯留下来，我等愿意带领子弟跟随殿下一起破贼，收复长安。倘若殿下和皇上都到了蜀郡，谁来给中原百姓做主呢?”

说话间，人越聚越多，转眼已经有数千人的规模。

接下来的描述，来自《资治通鉴》:

> 太子李亨摇了摇头，没有答应百姓的请求。李亨说:“皇上远赴蜀郡，我怎么忍心不陪伴在左右?况且现在我还没有跟皇上当面告辞，总得跟皇上见一面，然后再定去向。”

李亨拨马欲走，他的儿子建宁王李倓和宦官李辅国拦住了马头，说道:“安禄山作乱，四海分崩离析，不收拾人心，如何恢复山河?如果殿下跟随皇上入蜀，叛军烧断进出蜀郡的栈道，那么中原之地就等于拱手让给叛军了。人心一旦涣散，就无法收复，再想有今天的局面，也办不到了。如今之计，不如集结西北守卫边防的士兵，同时召回正在河北讨贼的郭子仪、李光弼，然后联合进军，向东讨伐安禄山，收复长安、洛阳，使社稷转危为安，宗庙得以重建，到那时打扫干净皇宫，迎接皇帝归来，岂不是人间最大的孝?何必拘泥于日常的嘘寒问暖，像小孩子一样呢！”

李辅国和李倓说完，李亨的长子、广平王李俶也加入了游说行列，李亨犹豫了。

这时百姓上来，抱住了李亨的马，李亨彻底走不动了。

李亨无奈，只好命李俶飞马报告李隆基：百姓热情高涨，不肯放李亨走！

李隆基闻言，说了一声：“天意啊！”

随后李隆基分出两千士兵以及飞龙厩的御马交给李亨，同时宣布要传位给李亨，然而李亨坚决拒绝了。

谢天谢地，这段描述终于写完了。

不知道大家看完什么感觉，我看完的第一感觉是呕吐，因为这段描述水分太大。

仅从描述来看，李隆基、李亨父子绝对是古今父子关系的典范——父慈子孝。然而，真实的史实却并非如此，李隆基与李亨之间一直藏着深深的芥蒂，父子俩一直处于相互猜疑、相互戒备的状态，从来没有真正的父慈子孝。

之前马嵬坡兵变，背后便有李亨的影子，倘若没有李亨背后支持，陈玄礼绝对没有胆量诛杀杨国忠一族。

现在马嵬坡百姓挡路，正好给了李亨与父亲分道扬镳的借口，他不想再活在父亲的阴影之下，他想开辟一片属于自己的天地。

试想，如果李亨跟着李隆基去蜀郡，那么他将依然生活在李隆基的阴影下，当了二十年太子的他，不想再重复以前的生活了。

于是，李亨决定与父亲分道扬镳，走一条与父亲不同的路。

李亨的想法并没有错，只是他一味强调自己的仁孝就让人作呕了，想当皇帝就说想当皇帝呗，何必遮遮掩掩，何必给自己找那么多理由？

古代的皇帝，就是做作！

李隆基向左，李亨向右

与李亨分别后，李隆基一行来到了岐山，这时军中传起了谣言：安禄山的前锋部队已经尾随而来。

谣言让刚刚平复的军心再次动摇，李隆基看在眼里，心急如焚。

夜晚，李隆基入住扶风郡，这时士兵们已经心猿意马，心思全不在守卫上，言谈之中，对李隆基的不敬脱口而出，即便龙武将军陈玄礼想制止都制止不住。

李隆基皱起了眉头，照这么发展下去，还能走到蜀郡吗？

就在李隆基发愁时，从蜀郡运来的十万匹彩绸抵达了扶风郡。这些彩绸激发了李隆基的灵感，他要用这些彩绸化解目前的困局。

李隆基命人将彩绸堆到院子里，然后把禁卫士兵都召了进来。

靠着二楼的栏杆，李隆基开始了一生中最重要的一次演讲：

> 朕近些年老了，所托非人，以至于安禄山作乱，朕还得远远躲避他的兵锋。朕知道你等都是仓促出行，没来得及与父母妻子告别，便跟朕跋山涉水来到这里，一路劳累到了极点，朕对此深感惭愧。此去蜀郡道路险长，而且蜀郡偏小，人马众多，或许那里供应不上，因此今天允许大家各自回家，朕自己与皇子、皇孙、宦官一起入蜀，想必也能走得到。今天就在这里与大家诀别，诸位可以把这些彩绸分了，作为回家的路费。回到家里，见到父母以及长安父老，替朕问好，请他们各自好好珍惜自己！

李隆基说完，老泪纵横，泪水沾湿了衣襟。

李隆基的话推心置腹，一下子打动了禁卫士兵，在场的士兵都哭了，说道：“臣等生生死死都跟随陛下，不敢有二心。”

良久，李隆基回应说：“是去是留，全由你们自己决定！”

无疑，这次演讲是成功的。从此，军心稳定了下来，一个多月后，李隆基平安入蜀。

李隆基那边解决了路线问题，李亨这边却还不知道往何处去，天下之大，哪里是他的龙兴之地呢？

广平王李俶打破了沉默：“天色渐晚，此地不可久留，大家说说咱们该往何处去？”

众人一片沉默。

这时建宁王李倓提出了自己的建议：“昔日殿下曾经当过朔方节度大使，每年过年时将帅们都会递上拜年的帖子，我依稀记得他们的名字。况且朔方离这里比较近，兵马也非常鼎盛。现在安禄山叛军刚进入长安，一定忙于抢掠，无暇他顾，我们就趁这个机会前往朔方，到那里之后，再图谋大局。”

李倓说完，看着父亲李亨，等他作最后决定。

李亨心里何尝有谱，二十年来他只是做一个挂名太子而已，并没有得到真正的历练，现在听儿子如此建议，那就不妨试上一试。

前往朔方的动议就这么定了下来，李亨一行人开始赶路。

刚走出不远，险情发生了，前面居然出现了叛军。

李亨不敢怠慢，急忙命令士兵迎战。

敌我双方打成了一团，许久之后，只听一声大喊：“都别打了，自己人!”

这时，大家停下手，仔细一看，确实是自己人，对方不是叛军，而是从潼关撤下来的败兵。

李亨擦了擦头上的冷汗，既然是自己人那就合兵一处吧，前往朔方。

两军瞬间合并，一起开拔。

行不多远，又遇到了一道坎。

这道坎是一条河，名字叫渭河，李亨一行人就被渭河拦住了去路。

渭河上没有桥，要想过河只能蹚水。

然而，河水很深，不会游泳的人根本过不去，如果强行过河，后果跟秤砣一样——沉底。

李亨无奈，只能把人马分成两拨，有马的一拨，没有马的一拨，有马的由马驮着过河，没马的，原路返回，该干吗干吗。

仅此一分，李亨的筹码少了一大半。

过了渭河，李亨的筹码继续减少，由于担心安禄山追击，李亨采取了一路狂奔的方式，一日一夜急行三百余里，等到宿营地一看，跟上来的士兵只剩下几百人。

就拿这么点人开始创业？真把自己当努尔哈赤了（自吹靠十三副铠甲起兵）。

还好，接下来的日子好过了一些。

李亨一行辗转来到了平凉郡（今宁夏固原县），这里有皇家马场，在这里李亨挑选了数万匹战马，同时招募了五百士兵，有这些人马打底，李亨的军事力量有了一点模样。

与此同时，朔方的官员也没有闲着，他们积极行动了起来，要给李亨一个大大的惊喜。

第八章　李亨当政

灵武登基

李亨还在平凉逗留，朔方的官员们却再也坐不住了，因为他们看到了一个天大机会：拥立新君。

古往今来，拥立新君都是一件让人梦寐以求的事情，朔方的官员同样不能免俗。

朔方留后杜鸿渐与六城水运使魏少游等人一起开了一个会，会上得出一个结论：平凉地势开阔，不易屯兵，灵武（朔方战区总部所在地）士兵粮食都非常充足。如果迎接太子到此，向北召回正在作战的士兵，向西征发河西、陇右劲旅，向南平定中原，这可是万世难得的机会。

杜鸿渐等人的结论还比较公允，只是这样的结论一半为公，一半为私，在一切为公的旗号下，杜鸿渐他们公私兼顾，打一点自己的小算盘。

严格来说，杜鸿渐的做法是越权的，因为此时朔方节度大使是郭子仪，而杜鸿渐只是在郭子仪外出期间临时主持工作，现在杜鸿渐拍板迎接李亨，这就是慷郭子仪之慨，抢了郭子仪的功。

只是拥立新君的机会太诱人了，他已经战胜不了自己的心魔。

杜鸿渐火速派使者到了平凉，与使者一起到达的还有邀请李亨到朔方的奏疏以及朔方战区士兵、马匹、兵器、粮食、军用物资名册，这一切都是杜鸿渐用来表示诚意的道具。

看到奏疏和名册，李亨一直忐忑不安的心终于放下了，朔方战区还真是识时务，想什么就来什么。

这时，河西战区司马裴冕正好路过平凉，正赶上这个千载难逢的机会。

原本，裴冕要到长安出任御史中丞，现在安禄山叛乱，李隆基入蜀，裴冕当机立断，不再抱李隆基的粗腿，他要改换门庭，投到李亨名下。

裴冕对李亨说："殿下，别犹豫了，去朔方吧!"

李亨就此坚定了决心。

李亨还没出发，朔方留后杜鸿渐已经迎到了平凉北境，同他的奏疏一个口吻：殿下，去朔方吧!

几股力量交集到一起，李亨索性顺水推舟，他知道轿子已经被抬起来了，此去朔方，他注定要由"殿下"升级为"陛下"了，不然群众都不答应。

七月九日，李亨抵达灵武郡，他的登基大典同时进入倒计时。

一进入灵武，裴冕和杜鸿渐便忙碌起来，他们已经把李亨的轿子抬了起来，便计划着再进一步：劝说李亨称帝。

劝说李亨称帝，是一件既简单又困难的事情，简单是因为李亨早想称帝，不用劝都想；困难是因为李亨明明想称帝，却要装出一副不想称帝的样子，旁边的人还要表示理解，跟着演戏，"求您了，配合一下吧，您就委屈一下自己吧!"

做作程度，直逼赵匡胤的黄袍加身。

裴冕、杜鸿渐对李亨说："将士们都是关中人士，日夜思念家乡，他们之所以不远万里跟随殿下来到边塞，就是想立下尺寸之功。倘若陛下寒了他们的心，以后再想收拢人心就难了。请陛下就勉强满足众人的心愿吧，这也是为江山社稷着想!"

李亨摇摇头，不，我不能答应你们!（好演员）

裴冕、杜鸿渐马上入戏，既然李亨不答应，我们接着请愿。

请愿书一上再上，总共上了五回!

第五回请愿书终于起到了效果，李亨终于有了回复：我愿意!（自己绷不住了吧!）

中国历史就是这样，有时做作得令人发指。最让人啼笑皆非的是权臣篡位，明明要篡前朝的位了，还装作一副忠君爱国、至死不渝的样子，面对前朝皇帝的禅让诏书，还得连续推辞三回，三回推辞完了，再装出一副不情不愿的样子：讨厌死了，我就勉为其难吧。

做作也好，演戏也罢，李亨终于迈出了登基的关键一步。

七月十二日，李亨在灵武城南楼登基称帝，尊父皇李隆基为上皇天帝，赦免天下，改年号为至德。

至此，李隆基的天宝过时了，从七月十二日开始，年号：至德！

此时中国大地上有三个皇帝，一个叫李隆基，一个叫李亨，一个叫安禄山。

李隆基、李亨都是李唐王朝的皇帝，安禄山则是山寨版的大燕皇帝。

严格意义上说，李亨这个皇帝并不合法，因为他在自说自话，连传国玉玺都没有，你见过没有传国玉玺的皇帝吗?

只是，李亨已经被架上去了，有没有传国玉玺，他都必须当这个皇帝。因为他的皇帝头衔对属下而言就是一道黏合剂，失去这道黏合剂，等待他的必将是分崩离析。

永王搅局

李亨在灵武不声不响称帝，远在蜀郡的李隆基浑然不觉，他一如既往地行使着皇帝的权力，却不知道自己已经成了儿子口中的“太上皇”。

拿过全国地图，李隆基开始切帝国的蛋糕，他要把全国分成 N 块，让多个儿子利益均沾。在李隆基看来，把鸡蛋放在几个篮子里，要比放在一个篮子里保险得多。

李隆基的分割如下：

太子李亨任天下兵马元帅，同时兼任朔方、河东、河北、平卢节度使，南取长安、洛阳。

永王李璘出任山南东道、岭南、黔中、江南西道节度使。

盛王李琦出任广陵大都督，同时兼任江南东路及淮南、河南等路节度使。

丰王李珙出任武威都督，兼任河西、陇右、安西、北庭等路节度使。

在李隆基的布局中，太子李亨只是领到了最大的一块蛋糕而已，与他一起领蛋糕的还有三个弟弟，李璘、李琦、李珙。

所不同的是，李琦、李珙的头衔都是虚的，他们并不实际到任，只是穿一个节度使的马甲而已，李璘的头衔却是实打实的，他不仅穿上了四道节度使马甲，还亲自到总部赴任。

不经意间，李隆基成为李亨新政权的搅局者，因为他的权力分割，为李亨培养出另外一个搅局者——永王李璘。

李璘是李隆基的第十六个儿子，自幼聪敏好学，不过也有明显的缺点：长得不是一般的丑，而且视物不正，可能是斗鸡眼！

从个人情感而言，李亨和李璘的关系原本不错。李璘几岁时，生母去世，李亨便担负起照顾李璘的任务，在李璘小的时候，李亨夜里还抱着他睡觉，哥俩的感情基础相当深厚。

如果没有安史之乱，李亨和李璘还会继续着“兄友弟恭”的佳话，可惜安史之乱横空出世，刺破了他们的“兄友弟恭”。

李亨趁乱自说自话地在灵武称帝，大唐王朝的皇权遭遇了非典型更迭。对于这个结果，李璘原本是欣慰的，毕竟大哥李亨多年媳妇熬成婆，作为关系甚笃的弟弟，他替李亨感到高兴。

可能是上天觉得李亨继位太顺利了，于是故意给他制造一点难题，造化弄人，这个难题居然由与李亨关系最好的李璘完成。

生活是最好的编剧，生活让李璘在不经意中有了对抗李亨的资本。

李璘管辖的四道总部位于江陵（今湖北省荆州市），安史之乱后，江淮各地运往朝廷的贡品以及田赋全部经江陵中转，这样李璘轻而易举地取得了对贡品和田赋的控制权，手中有了钱。

如果说有了钱还不可怕，不久，李璘手中又有了兵。

当初为了平定叛乱，李隆基允许李璘在江陵招募兵马，这样经过招募，李璘手里已经有了相当规模的兵马，这时再让李璘乖乖地对李亨俯首称臣，就有点难度了。

毕竟大家都是皇子，谁不对扎眼的皇位心驰神往呢？

李璘从此动了心思，不过心中还在犹豫，毕竟皇位看上去尊贵，坐上去却难，这里面隐藏着巨大的风险。

李璘本人还在犹豫，他的儿子襄城王李玚却按捺不住蠢蠢欲动的心，既然太子李亨能自说自话地在灵武继位，同是皇子，父亲李璘为什么不能继位呢?

襄城王李玚心里充满了不平衡。

同有人抬李亨上轿一样，在李玚身边，同样有一批人想抬李璘李玚父子上轿，毕竟拥立新君可是千载难逢的奇功。

这些人替李玚作了规划：

安史之乱后，北方烽烟四起，南方大体平静，此时永王手握四道兵权，控制的疆域有数千里，如果顺势占领金陵（今江苏省南京市），自立政府，正是比拟东晋王朝的基业。

所谓规划，就是远期目标，目标宏大得足以让人热血沸腾，李玚就被所谓的规划迷住了双眼，他想把规划变成现实。

经过李玚的游说，岁数很大、阅历很浅的李璘同意了，常年长在后宫的他并不知道人世间的艰苦，他以为开创帝业只是“洒洒水”的事情，或许在他看来，把规划变成现实，只是“Ctrl + C”加“Ctrl + V”，却不知道，规划和现实之间，有着巨大的差距。

一边是“想到”，一边是“得到”，中间还差一个：做到！

无知无畏的永王李璘开始大规模招兵买马，同时延揽社会名士为己所用。这时，一张熟悉的面孔出现在李璘的面前，李璘一看，连他都来了，事情成功了一半。

来者不善，正是大名鼎鼎如假包换的大诗人李白。

后来的历史教科书说，“李白参与永王李璘叛乱”，其实这是诬蔑，以当时的情况看，李白参与的不是叛乱，而是创业，如果李璘功成，李白就是开国元勋。

只可惜，如果仅仅是如果。

论起来，李亨称帝与李璘叛乱，只是五十步与一百步的关系，他们同为皇子，都有称帝之心，彼此谁也不用说谁，只是成王败寇，李璘最终兵败，因此创业便成了谋反，李白也成了参与谋反的人。

一开始，李璘的创业还是有几分模样，李白跟随李璘一起见证了初始的火红场面。

李白从隐居的庐山出发，进入李璘的幕府，得到了高级别礼遇，在李璘东巡长江的楼船上，大诗人李白参与了只有高层才能参与的军事会议。

沿途，李白看到了民众对永王李璘的欢迎，这让他诗兴大发：

二帝巡游俱未回，
五陵松柏使人哀。
诸侯不救河南地，
更喜贤王远道来。

二帝指的就是“唐明皇李隆基、唐肃宗李亨”，既然二帝巡游不回，不救河南之地，那么贤王李璘远道而来收拾残局有何不可呢？

诗人总是浪漫的，他没有意识到，自己已经踩上了高压线。

在李璘擅自巡游长江不久，远在灵武的李亨便得到了消息，他意识到自己最亲的弟弟已经成为搅局者，必须让他停止搅局。

李亨随即发布诏书，命令李璘返回蜀郡，回到老爹李隆基的身边当乖孩子。然而，李璘的心已经燃烧了起来，炙热的温度让他欲罢不能，他不再听从李亨的命令，他要前往金陵开创属于自己的基业。

然而开创基业并不是说说而已，常年身居宫城，未曾经历风霜的李璘并不是一个适合创业的人，他就是一盆常年开在温室大棚里的花，冷不丁想冒充参天大树，那是痴人说梦。

雪上加霜的是，他的儿子李玚也是一盆温室的花，同样眼高手低、纸上谈兵。

爷儿俩凑在一起就想开创王朝基业，打网游呢！

公元757年二月，北方安史之乱烽烟正盛，南方一场皇族的内战也在同步进行。永王李璘在丹阳郡（今江苏省镇江市）与李亨的部队遭遇，从未有过沙场经验的李璘一看对方的阵势，顿时慌乱了起来，而此时，他手下的将领们也动了心思。

在将领们看来，李璘和李亨的较量是皇族内战，没有绝对的对错可言，然而相比之下，李亨的势力更大，底气更足，看起来李亨的胜算更大，而李璘凶多吉少。

一旦李璘失败，将领们就将变成乱臣贼子，与其这样，还不如趁没打开溜，省得将来跳进黄河也洗不清！

就这样，仗还没打，手下将领已经有很多人开了小差，李璘在气势上先输一招。

随后，李璘在胆量上又输了一招。

李亨的队伍在夜间对阵时燃起大量火炬，以壮军威，李璘的队伍不甘示弱，也在军营中点起了火炬，以示对抗。

本来是势均力敌的火炬对抗，没想到素无作战经验的李璘却理解反了，他看到军营中的火炬，居然以为李亨的部队已经打进了自己的军营！

就这素质！

李璘马上带着家属紧急撤离，连夜逃出了丹阳郡。

天亮后一打听，自己的军营还在，原来是昨晚看错了，李璘这才又带着家属回了丹阳郡。

此时丹阳郡已经守不住了，由于昨夜李璘连夜逃跑，动摇了军心，属下士兵大量开了小差，剩下的只是一帮残兵，用这些残兵守城，那是天方夜谭。

三十六计，走为上计，李璘带着残兵逃出了丹阳郡，沿江东下，没想到还是被追上了。李璘的儿子李玚率军抵抗，被一箭射落马下，死于乱军之中，他的皇太子梦想也于乱军之中湮灭。

李璘收拾残兵，准备南下岭南，然而来不及了，江西采访使皇甫侁派兵搜捕，将李璘捉获，随即在驿站之中将他诛杀！

不过皇甫侁的马屁拍到了马腿上，得到奏报的李亨反而认定皇甫侁私自诛杀永王，陷自己于“杀弟”的不义之中，将之免职，永不录用！

这就是永王李璘的搅局，只开了个头，都没来得及收尾，他曾经有一个割据江东的梦，只可惜梦很快碎了。

顺着李璘的话题，说一下李白的结局。

李璘兵败后，李白被扔进大狱，一度难逃一死。

后来经过多人求情，李白被释放出狱，不过死罪可免，活罪难逃，他被流放到夜郎故国之地——今贵州省桐梓县。

幸运的是，流放途中，李亨大赦天下，这样李白不需要再去体会“夜郎自大”的味道了。

李白掉转船头，顺江而下，一日千里，欣喜之余还写下了千古名篇——《早发白帝城》：

朝辞白帝彩云间，
千里江陵一日还。
两岸猿声啼不住，
轻舟已过万重山。

既写实，又写意，既写的是沿江美景，又写的是看风景的心情，其实风景一切如故，变化的只是看风景的心情。

数年后，李白前往当涂（今安徽省当涂县）投奔族叔、当涂县令李阳冰，他兴冲冲而去，没想到，当涂成为他人生最后的落脚点。

在当涂，李白病了，病得很严重，终于一病不起。

在李白人生的最后时光里，有一个朋友始终惦记着他，这个朋友几次在梦中梦到他过世了，醒来发现自己已泪流满面，于是就写下了诗篇《梦李白》。

这位朋友先后写了两首《梦李白》，其中一首的最后几句为李白的一生定了调：

冠盖满京华，斯人独憔悴。
孰云网恢恢？将老身反累！
千秋万岁名，寂寞身后事。

朋友的名字叫杜甫。

关于李白的人生最后结局，不同的书籍有着不同的记载：

《新唐书》：李阳冰为当涂令，白依之。代宗立，以左拾遗召，而白已卒，年六十余。

《旧唐书》：永王谋乱，兵败，白坐长流夜郎。后遇赦得还，竟以饮酒过度，醉死于宣城。

《唐才子传》：白晚节好黄、老，度牛渚矶，乘酒捉月，遂沉水中。

《新唐书》的说法是病逝，《旧唐书》的说法是醉死，《唐才子传》的结局最浪漫，酒醉后入水捉月，沉于水中。

第一种结局最平实，第二种结局符合人物性格，第三种结局最是浪漫，这便是大诗人李白，单单一个人生结局，竟然让后人有着三种猜测的选择。

至于哪种结局最真实，已经不重要了，总之那个冠盖满京华的诗人已经去了，后世留下的是他那九百多首诗篇。

时至今日，四川省江油市和湖北省安陆市展开了“李白故里”之争，如果李白地下有知，该作何感慨呢?

借坡下驴

同永王李璘的不识时务相比，李隆基的见机行事能力强上百倍。

公元756年八月十二日，李亨派出的使者辗转来到蜀郡，他们给李隆基带来了一个消息：太子李亨已于一月前在灵武登基。

这个消息原本足以石破天惊，因为李亨是先斩后奏，不经父皇同意就擅自登基，严格说起来就是篡位。

使者小心翼翼地奏报完毕，便屏住了呼吸，他们不知道李隆基会作出何等反应。

李隆基面露喜色，说道：“吾儿应天顺人，我还有什么可担忧的!”

什么是好演员，这就是好演员，明明心里气得吐血，表现出来却是无比喜悦，天才，一等一的天才。

以当时的处境论，乍听到李亨自行登基，李隆基心中一定是不爽的，在皇权终身制的背景下，没有一个皇帝会容忍儿子不打招呼自行登基，这是对自己的最大蔑视。

然而，李隆基却忍了，而且做出一副欢天喜地的样子。

究其原因，可能有以下五点：

一、公元756年，李隆基已经七十一岁了，人生七十古来稀，该是平心静气的时候了；

二、到公元756年，李隆基已经当了近五十年皇帝，当多少年是多啊!(要什么自行车啊!)

三、安史之乱摧毁了李隆基多年的自信心，身为皇帝，连国都都丢了，还有什么心气呢?

四、马嵬坡兵变，杨贵妃罹难，身为皇帝，连最心爱的女人都保护不了，这样的皇帝含金量几何?

五、太子不辞而别，分道扬镳，又在灵武先斩后奏，自行登基，身为皇帝，鞭长莫及，颜面何在？

综合以上五点，李隆基心灰意冷，他不想再做无谓之争，既然儿子想要那就拿去吧，毕竟早晚都是他的。

回望自己的皇帝生涯，李隆基感慨万千，当年自己设计将父亲逼成太上皇，现在风水轮流转，自己被儿子逼成了太上皇，或许这就是报应吧！

八月十六日，李隆基下诏：

自今日起，朕的“制”（诏书）、“敕”（敕令）改称“诰”，官员给朕上疏一律称“太上皇”。四海之内军国大事，皆由皇帝先行裁决，然后报给朕知；等到收复长安，朕将不再管事。

八月十八日，李隆基登上高台，举行仪式，命侍中韦见素，宰相房琯、崔涣（后两位皆是李隆基入蜀途中火线提拔）携带传国玉玺以及册封李亨为皇帝的诏书前往灵武传位。

事情发展到这一步，李亨的“先上车后买票”接近成功，他的父亲李隆基不再纠缠于皇帝头衔，而是大度地将传国玉玺拱手相让，这是李亨之前所没有想到的。

一个月后，韦见素等人将传国玉玺、传位诏书奉到了李亨面前，李亨却连连摆手拒绝。

李亨说：“现在只因中原大地还不平静，我暂且管理百官，怎敢趁着危乱，要求继承皇位呢！”

群臣一再请求李亨接受传国玉玺和诏书，李亨却没有答应，他把传国玉玺和传位诏书放置到另外一间大殿，然后每天早晚前去致敬，就像以前向李隆基早晚问安一样。

活得真累！

左膀右臂

虽然李亨没有接受李隆基的传国玉玺和传位诏书，但这两样东西已经成为他的囊中之物，反正已经到手，何必急于一时？

李亨不去想传国玉玺和诏书，他把关注的焦点投向了自己的龙兴大业，而在成就龙兴大业的过程中，他需要给自己物色一些人选，让这些人成为自己的左膀右臂。

郭子仪、李光弼首先进入了李亨的视野，他们将是李亨将来最为倚重的力量。

李亨登基不久，郭子仪便率领五万大军从河北返回了灵武，这五万大军顿时让李亨有了鸟枪换炮的感觉，李亨的军事力量瞬间提升了几个档次，龙兴之心油然而生。

八月一日，李亨开始布局，他把郭子仪、李光弼都安排到关键的位置上：

郭子仪出任兵部尚书、灵武长史，同时兼任宰相；李光弼出任户部尚书、北都（太原）留守，同时兼任宰相；两人过去所有官职保持不变。

从这个任命开始，郭子仪、李光弼成为当仁不让的平叛主角。

不久，李光弼声名大振。

李光弼声名大振是因为他杀了一个人——侍御史崔众。

自八月一日接受任命后，李光弼便带领五千士兵来到了太原，正式接手太原防务。

说起来，李光弼这五千士兵有些寒酸，他们并非正规军，只是景城郡、河间郡的民兵。

可能就是因为李光弼带的是五千民兵，原先主管太原防务的侍御史崔众便没把李光弼放在眼里，他不仅对李光弼爱答不理，也不按照约定时间交接防务，他以为李光弼不敢把他怎么样。

崔众在错误的时间、错误的地点做了一系列错误的举动，等待他的只能是悲惨的结局。

他不知道，李光弼看他不顺眼已经不是一天两天了。

崔众不是太原防务的最初负责人，他的前任是河东节度使王承业（将颜杲卿功劳据为己有的那位）。

王承业因为任职期间军纪败坏，被朝廷免去官职，侍御史崔众受命接管了太原防务。两人交接不久，朝廷对王承业痛下杀手，派出宦官到太原诛杀王承业。

到了这个地步，王承业已经够惨了，崔众却当众落井下石，对临刑前的王承业百般侮辱。

侮辱王承业时，崔众心安理得、不以为然，他不知道背后有一双眼睛正在愤怒地盯着他：士可杀不可辱，都要行刑了，何必再妄加羞辱。

愤怒的人正是李光弼。

现在新账、旧账叠加到一起，崔众的路到头了。

就在这时，传旨宦官来到了太原城中，他此行的目的是传达李亨旨意，将崔众调回灵武，出任御史中丞。

李光弼看了传旨宦官一眼，说道："崔众有罪，已经被我关了起来。现在我就要斩了他这个侍御史，如果你拿出圣旨升他的官，我就斩他这个御史中丞！"

李光弼的意思很明显，这个人我杀定了，无论他是侍御史，还是御史中丞。

传旨宦官被李光弼决绝的语气吓住了，他没敢坚持，擢升崔众为御史中丞的圣旨也没敢出示。

李光弼一声令下，于军中将崔众斩首示众，这一下便让全军不寒而栗。

李光弼首秀成功。

郭子仪、李光弼先说到这里，接下来该说说文官了。

李亨最为倚重的文官有两位，一位叫房琯，另一位名字暂时保密，他在随后的章节中即将隆重登场。

房琯成为李亨的左膀右臂，要从李隆基逃出长安说起。

李隆基从长安逃亡，群臣多数不知道，到了咸阳后，李隆基跟高力士议论了起来："朝臣中谁会跟来，谁不会来，你能猜测一下吗？"

高力士回应说："张均、张垍父子深受陛下恩宠，张垍还是驸马，他们兄弟俩可能会先来。至于刑部侍郎房琯，恐怕不会来。当年大家都说房琯有宰相之才，陛下却没有用他，况且安禄山又推荐过他，可见二人关系不错，那他更不会来了！"

李隆基淡淡地说："世事难料啊！"

几天后，张氏兄弟没来，房琯来了。

李隆基看着房琯问道："张均兄弟俩呢？"

房琯说："臣临出发时，曾经叫过他俩，可他们逗留不前，看他俩的样子，似乎已经作出了决定，但嘴上却不说。"

李隆基听完，回头对高力士说："朕早知会如此!"

当场，李隆基作出决定，任命房琯为吏部侍郎，同时兼任宰相。

几乎与此同时，原宰相陈希烈，张均、张垍兄弟向安禄山投降，成为安禄山的宰相。

两相对比，房琯的品格要比陈希烈、张氏兄弟高得多。

房琯出任宰相一个月后，便接到了重大任务：与韦见素一起携带传国玉玺、诏书前往灵武郡传位。

执行这次任务，让房琯进入李亨的视野。

李亨早就听说过房琯的声名，这次相见，更是诚心相待。房琯也不含糊，一副当仁不让的架势，每次与李亨讨论时事，表情甚是慷慨激昂，他投入的表情让李亨也不禁动容，两人关系迅速升温。

皇帝如此器重，房琯便以天下为己任，知无不言，言无不尽，能不能插手的事情他都插手。别的宰相一看房琯如此热衷，又深受皇帝赏识，索性拱手相让，惹不起，躲得起。

时间一长，以天下为己任的房琯几乎把人都得罪遍了，他自己浑然不觉。

房琯被皇帝所谓的恩宠蒙住了双眼，他以为皇帝的恩宠都是真的，却没有想到，所谓恩宠，不过是逢场作戏，脆弱到只需一个小报告就能把所有的恩宠戳破。

打房琯小报告的人叫贺兰进明，时任北海郡太守。

贺兰进明特意从自己的辖区前往李亨所在地拜见，这次拜见让李亨非常高兴，这说明贺兰进明很有心，眼中有李亨这个新科皇帝。

李亨高兴之余，便任命贺兰进明为南海郡太守，同时兼任御史大夫。

几天后，贺兰进明进宫谢恩，李亨发现了蹊跷：

明明自己任命贺兰进明为御史大夫，怎么最后居然成了代理御史大夫。

代理二字从何而来?

一定是宰相房琯搞的鬼。

眼见李亨疑惑，贺兰进明知道机会来了。

贺兰进明对李亨说："陛下不必疑惑，这都是因为臣往日与房琯有些私人恩怨，想不到今天他挟私报复。"

这句话并不致命，致命的是下面一席话。

贺兰进明接着说道："晋朝用王衍做三公，成天清谈浮夸，最终导致国家大乱。现在房琯同样喜欢说大话，追求虚名，所任用的都是一些浮夸之徒，与王衍有得一比。陛下任用他当宰相，恐怕不是社稷之福。况且房琯在蜀郡辅佐太上皇时，建议把陛下和诸王派到各地担任节度使，他特别主张把陛下安置到边塞苦寒之地，与此同时，他又把自己的党羽安排到各地，掌握大权。房琯的用意很明显，他是想，太上皇任何一个皇子当皇帝，他都富贵无忧。陛下，您看，这哪里是忠臣的做派？"

贺兰进明把话说到这个份上，房琯的恩宠便到头了。

一直以来，李亨对李隆基的那次权力分割都耿耿于怀，因为按照李隆基的权力分割，李亨不是天下之主，而只是较大一块蛋糕的持有者而已。现在经贺兰进明提醒，李亨意识到，权力分割的主意正是房琯出的，看来这个人是个投机分子，并不可靠。

从此，李亨对房琯改变了看法，不再对他恩宠有加，而是戴上了不信任的有色眼镜。

房琯很快感觉到了李亨的变化，他意识到自己失宠了。为了挽回曾经的恩宠，房琯向李亨提出了一个要求：给我一支队伍，我要收复长安！

说大话说惯了，既不怕闪了舌头，也不怕闪了腰。

可能是李亨太想收复长安了，他居然同意了房琯的要求。

李亨的智商是？

存疑，存疑！

充满期望的李亨委任房琯为首都长安征剿司令兼蒲关、潼关警备司令，同时允许房琯自行选择将领。

房琯自行选择了四个人，御史中丞邓景山出任副帅，户部侍郎李揖出任行军司马，给事中刘秩出任参谋，临出发前，又补选兵部尚书王思礼出任副帅。

四人之中，房琯最看重的是李揖和刘秩，军中事务全部委托给这两个人。

要说这两个人确实也是饱读诗书，兵书也看了不少，只是两人都有一个软肋：不仅从没有上过战场，连军队都没待过。

指望这么两个人打胜仗？

一需要勇气，二需要联想，三需要对方低能。

房琯却不这么看，他对李揖和刘秩充满了信心，他逢人就说："叛军勇士虽多，可他们肯定挡不住我的刘秩！”

如果打仗仅仅用嘴，该有多好啊！

大话说完，房琯将全军分为三军，分别是南军、中军、北军。

公元756年十月二十一日，房琯率领中军、北军在咸阳陈涛斜地区与安禄山叛军遭遇。

大战开始前，房琯胸有成竹，因为他有秘密武器：牛车！

房琯从古代兵书中汲取了精华，采用了车战之法，在他的阵中有两千辆牛车，在牛车的周围，夹杂着骑兵和步兵。

房琯清晰记得，古兵书中提到，战争开始后，驱赶牛车进攻，就能冲破敌军的阵脚，给敌军造成混乱。

房琯的记忆并没有错，只是他不知道，那是在理想情况下，一旦对方有了防备，牛车对于本方的作用恐怕就要打折了，有时甚至是副作用。

房琯正准备驱动牛车参战，叛军阵营中却响起了震天鼓声，巧合的是，房琯逆风，叛军顺风，震天鼓声顺风飘到了牛的耳朵里，所有的牛一下子全惊了，顿时焦躁起来。

这时，早有准备的叛军顺风放起了火，房琯的牛彻底崩溃了。

两千辆牛车没有冲向敌军，反而在本方横冲直撞起来，叛军趁机吹响进攻号角，房琯的中军、北军无力抵挡，如潮水败退。

战后一盘点，死伤四万，生还不过几千。

两天后，不甘心失败的房琯再次指挥南军迎战，结果还是惨败。

这次败得更彻底，不仅损兵，而且折将，南军主帅、中军主帅一起向叛军投降。

还有比这更惨的失败吗?

房琯战败的消息传回，李亨气得几乎吐血，唉，这个只会说大话的家伙。

按照李亨本意，他想狠狠处分房琯，然而经过一个人的劝说后，李亨便高抬贵手，放过了房琯。

李亨转头对那个人说：“看来谁都指望不上了，只能指望你了！”

山人李泌

李亨要指望的那个人叫李泌，这是一个有故事的人。从李亨开始，他先后陪伴了唐朝三任皇帝，接下来两位是李亨的儿子——唐代宗，李亨的孙子——唐德宗。

李泌，京兆（长安）人，自幼以才思敏捷、精明干练著称于世，他的祖上更是赫赫有名，他的六世祖是北周八柱国之一李弼，他的曾祖一辈也有一位名人——隋末农民起义领袖李密。

不过祖上的荣光到李泌这一代时已经烟消云散，李泌登上历史舞台靠的还是自己。

由于自幼名声在外，李隆基召见了李泌。这次召见，李隆基对李泌印象非常好，便把李泌介绍给了当时还是忠王的李亨，李泌与李亨的交情从这时便开始了。

等李亨出任太子时，李泌也长大了，开始给李隆基上疏言事，这时，李隆基意识到，该给李泌一个官职了。

出乎李隆基意料的是，李泌居然拒绝当官。

李泌态度坚决，李隆基也不再勉强，便让李泌与李亨结成布衣之交。从此，李亨称呼李泌为“先生”，大事小情都喜欢听一听李泌的建议。

李泌、李亨的布衣之交渐入佳境，不料碍了杨国忠的眼。

杨国忠看李亨不顺眼，也看李泌不顺眼，找了个机会，杨国忠把李泌贬到了蕲春郡（今湖北省蕲春县），许久之后，李泌才被赦免。

这次被贬，让李泌心灰意冷，他索性玩起了归隐，到颍阳当起了隐士。

如果没有安史之乱，或许李泌的隐士生涯还会继续下去，然而安史之乱改变了李泌的生活轨迹。

李亨与李隆基在马嵬坡分道扬镳之后，便想起了李泌，他想要成就龙兴大业，此人绝不可少。

就这样，李泌被李亨召唤到了灵武郡，多年老友，异地重逢。

李亨握住李泌的手久久不愿松开，此时的李泌，对于李亨而言就是一棵救命稻草。

李亨把自己的恩宠一股脑地加到了李泌的头上，出门时两人并辔同行，就寝时两人对床而眠，《三国演义》中说刘、关、张“食则同桌，寝则同床”，李亨和李泌，也差不了多少。

不过，仔细分析，这里面不免有夸张的成分，刘、关、张“食则同桌，寝则同床”，那么他们的太太在哪里？

同理，如果李亨、李泌对床而眠，他们的夫人情何以堪？

所以说，史书中难免有夸张的成分，需要挤挤水分再看。

不过，李泌深得李亨赏识却是不争的事实，李亨想任命李泌当中书令。

李泌又拒绝了。

李泌说：“陛下待我以宾客之礼，这要比宰相尊贵得多，陛下又何必委屈我当宰相呢！”

李亨无奈，只能认可李泌的说法。

然而，李亨的心里始终不踏实，他还是想给李泌盖上一个属于自己的戳。

蓄谋已久的李亨终于找到了机会。

有一天，李亨与李泌一起视察军营，士兵们暗中对两人指指点点：“穿黄衣服的，是圣人（皇帝），穿白衣服的，是山人。”

士兵们一边指点，一边疑惑，白衣服山人是干吗的？既不是官员，为什么跟皇上关系那么亲近？既然那么亲近，为什么不当官呢？

士兵的窃窃私语很快传到了李亨耳朵里，李亨意识到，这里面有文章可做。

李亨对李泌说：“你看，你不穿官服，士兵们都疑惑了。如今艰难之际，朕不敢委屈你做官，你就暂且穿上三品紫袍以消除众人的疑惑吧！”

李泌不得已，只能接受三品紫袍。

穿上紫袍，李泌按照常规进宫谢恩，这时李亨又说话了：“既然穿上了紫袍，怎能没有官职呢！”

李泌还没有反应过来，李亨已经从怀中掏出了诏书：

任命李泌为侍谋军国（皇家资政）、元帅府行军长史（元帅府秘书长）。

李泌这才意识到，自己掉李亨的“陷阱”里了。

李泌坚决辞让，李亨接着游说道：“朕不是逼你当朕的臣属，只是想让你帮我渡过难关。平定叛乱之后，朕任由你当隐士，绝不阻拦。”

皇帝推心置腹到了这个地步，李泌不好再推辞，从此便转换身份，当起了李亨的下属。

李泌没有让李亨失望，他不仅有才气，而且目光长远，能言别人不能言之事，比如皇子的长幼之序。

李亨年长的皇子有两位，一位是广平王李俶，一位是建宁王李倓，李俶为长，李倓年龄略小。

相比之下，李倓的才气、谋略更胜一筹，这一点在马嵬坡前后表现无遗。

当时，正是李倓建议从马嵬坡前往灵武郡，而在前往灵武郡的途中，又是李倓组织敢死队，保护李亨一行的安全。

时间一长，李倓在军中的地位越来越高，李亨便动了让李倓挂帅东征的念头。

李亨的想法刚一表露，便遭到了李泌的反对："建宁王确实是元帅之才，然而，广平王却是建宁王的兄长。如果建宁王东征成功，岂不是要逼广平王做吴太伯（自己身为太子，为了将王位让给弟弟，主动离家出走）吗？"

李亨回应说："广平王是嫡长子，不需要用元帅来提高身价！"

李泌说："广平王毕竟还没有正式被封为太子。如今天下艰难，大家看重的还是元帅。如果建宁王大功告成，陛下不封建宁王当太子，他手下的将士们也不会答应！本朝太宗、太上皇，不就是最好的例证吗？"

李泌的眼光的确比一般人长远，别人只看到眼前，他已经看到了若干年之后。现在他把若干年后可能出现的恶果摆在李亨面前，李亨便不得不重新考虑。

经过重新考虑，李亨改弦易辙，封广平王李俶为天下兵马元帅，李俶、李倓的长幼之序便这样稳定下来。

挂帅出征，不看能力，只看长幼，以今天眼光看，简直不可理喻，然而，放在当时的背景下，就是铁律，谁破坏这个铁律，就有可能后患无穷，夺嫡，多数就是因为破坏了长幼有序的铁律。

李泌如此做，是未雨绸缪。

解决了长幼之序，李泌马上投入到繁忙的工作中去。

此时安史之乱如火如荼，紧急战报此起彼伏，从早到晚，没有一刻停歇。李亨命使臣将这些战报都送到元帅府，由李泌先审阅，如有十万火急军务，则重新封口，紧急递送李亨，其余事务则留到第二天再议。

除此之外，皇宫中所有钥匙、印信由李俶与李泌共同掌管。

李亨对李泌推心置腹到了如此程度，李亨相信，李泌不会让他失望。

李泌确实没让李亨失望，不久，他带给李亨一个巨大的惊喜。

彭原对策

登基后的李亨一直酝酿着收复长安，然而兵力不足，冥思苦想之后，李亨想到了一招——借兵！

这是李亨打出的一记七伤拳，在伤害对方的同时，也伤害自己。

李亨借兵，标志着曾经鼎盛的大唐王朝走上了下坡路，因为，原本唐朝是不需要借兵的，有的只是征兵。

在太宗李世民、高宗李治东征高句丽时，回纥等胡人部落、国家也曾经跟随出征，那时不是借兵，而是征兵。天可汗一声令下，胡人军队便应声出征，没有半点条件可讲。

即使在李隆基鼎盛时期，征调胡人军队也是轻而易举的事情，只有命令，没有条件。

现在，李亨不是征兵，而是借兵。

征兵，没有条件，借兵，则是有条件的。

李亨派出使节，向北往回纥借兵，向西往拔那汗国（中亚纳曼干市）、大食（阿拉伯帝国）等国借兵，他要打造一支多国部队，对付安禄山的叛军。

眼看李亨如此布局，李泌提出建议：

> 陛下不如移驾到彭原（今甘肃省宁县），等安西以及拔那汗国兵马到来后，再进驻扶风郡。到那时，江南税赋正好运到，也可以供应大军。

李泌的建议正中李亨下怀，移驾彭原，那就意味着龙兴大业迈出关键一步，等大军到齐，反攻长安指日可待。

李亨一行就这样从灵武郡到了彭原。

抵达彭原，李亨与李泌进行了一番对话，在这次对话中，李泌拿出了自己酝酿已久的策略，如果这个策略得以贯彻，安史之乱的持续时间将大大缩短。

李亨问李泌："如今叛军兵锋如此强劲，天下何时才能平定？"

李泌说："据臣观察，叛军把掠夺的金银财宝以及美女都运回了范阳，从这个表现看，他们哪有什么一统天下的大志啊！如今安禄山所依仗的多数是胡人将领，汉人肯为他效劳的只有严庄等少数人，其他人都是被胁迫的。据我推测，不出两年，天下无贼！”

李亨来了兴致：“哦，为什么？”

李泌说：

> 叛军中骁勇善战的，不过史思明、安守忠、田乾真、安忠志、阿史那承庆等几人而已。如果令李光弼从太原出井陉关，郭子仪自冯翊进入河东，那么史思明、安忠志不敢离范阳、常山，安守忠、田乾真不敢离长安，我们用两支军队就牵制了他们四员大将，安禄山手边能用的就只剩阿史那承庆了。这时命令郭子仪不打华阴，只需要保持长安洛阳道路畅通。
>
> 陛下命令各地征调来的部队在扶风郡集结，跟郭子仪、李光弼的部队轮流出兵发起进攻，安禄山如果救头，我们就攻击他的尾，如果救尾，我们就攻击他的头，让叛军在数千里的战线上疲于奔命，我军以逸待劳，叛军来则避其锋芒，叛军去则尾随出击。总的原则，不攻城，不断路，让叛军来回奔波。等耗到明年春天，命建宁王李倓出任范阳节度使，沿边塞从北进攻，李光弼从南进攻，两军成犄角之势直取安禄山范阳老巢。到那时，叛军退无可退，守无可守，我军从四面八方一起进攻，叛军只能束手就擒了！

李泌说完，李亨大喜，不禁对李泌竖起了大拇指，高，实在是高！

从战略意义而言，李泌的彭原对策，不亚于诸葛亮的隆中对。

隆中对，其实存在致命缺陷，缺陷就在荆州，因为荆州的存在就是一个矛盾。一方面，刘备要取得天下就必须占据荆州，而另一方面，刘备又需要联合孙吴，矛盾的症结在于，取了荆州，就必定无法与孙吴友好相处，这一点在三国后期已经得到证明，所以说，诸葛亮的隆中对就是自相矛盾。

两相对比，李泌的彭原对策接近完美。

不久，安禄山出事了，彭原对策又多了一分实现的可能。

第九章　快乐的猪

短暂幸福

在李隆基、李亨父子仓皇逃亡的同时，安禄山迎来了短暂的幸福。

不知基于什么心理，攻破潼关之后，安禄山并没有命令军队快速挺进长安，居然在潼关足足逗留了十天。

安禄山在想什么呢？

是他对李隆基抱有愧疚之心？是在给李隆基留出逃跑时间？还是担心长安有埋伏？

我们无从知道安禄山的真实心情，我们只知道，在逗留潼关十天后，安禄山才命令部队进入了长安。

安禄山的心情好到了极点，此时距离范阳起兵不过七个月，而他已经占领了两京，所建立的大燕帝国向西威胁到汧、陇（今甘肃东部及陕西西部），向南压迫江汉（华中地区），向北已控制河东一半区域（今山西省），整个帝国在唐朝版图上中心开花，假以时日，不可估量。

大好形势冲昏了安禄山的头脑，他居然对李隆基、李亨父子的去向漠不关心。

如果安禄山能保持头脑清醒，派出部队连夜追击，那么无论是李隆基还是李亨，恐怕都凶多吉少，到那时，何谈收复两京。

遗憾的是，安禄山什么都没有做，他任由李隆基逃亡蜀郡，任由李亨逃亡灵武，然后站稳脚跟，向他反扑。

这是安禄山的失算，也是整个安禄山集团的失算，他们都被长安的花花世界迷住了双眼。

进入长安，安禄山的部将们只集中精力做了一件事：享受。于是在长安的温柔乡里，安禄山的部将们再也没有向西继续进攻的意愿，他们更愿意留在长安享受幸福生活。

曾经的勇猛，迅速腐化。

部将们在腐化，安禄山却在不懈追求。

他在追求当李隆基的感觉。

当年，到长安觐见李隆基时，安禄山见识了李隆基的排场。

每逢宴席，李隆基就会把太常（祭祀部）演奏雅乐的乐团分成两部分，一部分为坐部，坐在堂上演奏，另一部分为立部，站在堂下演奏。雅乐演奏完毕，鼓吹、胡乐、教坊、府县散乐、杂技依次登场；在这之后是“山车”“旱船”表演；接着是大型团体舞《霓裳羽衣曲》。

安禄山最感兴趣的是接下来的表演：

一百匹经过训练的马匹踏着鼓点，踩着舞步出场，嘴里衔着酒杯给李隆基祝寿；数只驯熟的犀牛、大象一一登场，对着李隆基一会儿叩拜，一会儿起舞。

现场的一切深深震撼了安禄山，从那时起，他也想拥有这样的排场。

如今，梦想照进现实，安禄山终于有机会实现自己的家庭梦想了。

在洛阳，“大燕皇帝”安禄山照猫画虎，他要过一把李隆基的瘾。

大殿之上，一切看上去与过去一样，只不过主人由李隆基换成了安禄山。

安禄山对这场大型文艺会演充满了期待，尤其是大象表演。

看大象表演，安禄山一是为了实现多年的夙愿，二是在那些没见过世面的部将面前显示：看，朕是真命天子，大象都向我叩拜。

安禄山兴致勃勃地等来了会演，不久，他的好心情就被大象破坏了。

按照流程，大象应该在驯象师的引导下向安禄山叩拜，然而，任由驯象师百般引导，大象就是不拜。

安禄山的脸上挂不住了，这个不识相的大象，往常不是叩拜得很溜吗？

难道它也知道我是山寨皇帝?

安禄山怒从心头起，拉下去，让这个象眼看人低的家伙从我眼前消失。

象眼看人低的大象付出了惨重代价，被安禄山的手下以极其残忍的方式杀害。

不识相的大象被拉走之后，安禄山强撑着继续看文艺会演，不一会儿，又有人砸场子。

这会儿砸场子的不再是大象，而是一名乐师，名叫雷海清。

雷海清是皇家乐队的乐师，也是梨园子弟学校的老师，李隆基既是他的听众，也是他的领导（李隆基是学校校长)，对于李隆基，雷海清充满感激之情，他始终忘不了李隆基的知遇之恩。

如今，他们一行人被押到洛阳，被迫给伪皇帝安禄山演奏，雷海清心里充满了悲愤。更让他悲愤的是，在他们演奏的同时，居然有叛军士兵拿着已经出鞘的剑在一旁监视。

对牛弹琴，对牛弹琴!

雷海清止住了演奏，“腾”地一下站了起来，拿起手中的乐器狠狠地砸在地上，面向西方大声痛哭起来。

西方，是李隆基待的地方。

安禄山彻底恼了，象不给面子也就算了，连人也不给面子，拉下去!

雷海清被绑到了试马殿前的大柱子上，他为他的“冲动”付出了代价：大卸八块而死!

雷海清死了，安禄山的郁闷却升级了，演出阵容明明跟几年前一样，为什么找不到以前的感觉呢?

难道李隆基的感觉是不可复制的?

排场或许可以复制，品位却不能拷贝。

内忧外患

短暂幸福过后，安禄山又陷入内忧外患之中。

如果说外患（唐军反扑）始终存在，那么内忧完全是安禄山自己作的。

安禄山大军挺进长安后，有人向安禄山报告了一个消息：

李隆基逃出长安时，很多长安市民曾经趁乱抢劫过皇宫和国库。

这个消息成为考验安禄山执政能力的一道试题，就看他怎么解答。

如果是一个有眼光的行政者，此时最有可能做的选择是首恶严惩、其余不问，这样既能起到震慑作用，又能稳定人心。

安禄山如何做的呢？

他把全长安的百姓都当成了盗贼！

在安禄山的指示下，叛军在长安整整搜查了三天，挨家挨户，翻箱倒柜，掘地三尺，顺手将老百姓的私财一并没收。

这还不算完，安禄山又严令各县加大搜查力度，凡是与皇宫、国库有关的东西，哪怕只是一文钱，哪怕只是一两重的东西，都必须严查到底，而且顺藤摸瓜，没有止境。

长安沸腾了！

安禄山将全长安的百姓都推到了自己的对立面。

这时，长安街面上开始流传谣言：太子李亨带兵即将攻取长安。

谣言从李亨离开马嵬坡北上灵武郡时就开始发芽，现在越传越凶，时间一长就成了连锁反应，有时百姓会带有幻想色彩地在大街上喊一句：“太子大军到了！”

瞬间，街面全空，大家都躲到家里等着看打仗了。

谣言不仅影响了长安百姓，也影响了驻扎长安的叛军。心中没底的叛军士兵每逢看到北方有尘土飞扬，便惊慌失措，急着逃跑。

长安一片乱世景象，乱世中，豪杰有了久违的舞台。

不久，恐怖消息在叛军士兵中传播：近期有一伙武林豪杰专对叛军下手，已经有不少士兵遭了他们的毒手。

惊恐的叛军士兵开始四处搜查，并由此诛杀了不少疑似豪杰。

然而，豪杰就如同韭菜一般，割了一茬，又发一茬，叛军士兵把“豪杰”杀了不少，但本方士兵还是接二连三地遭遇袭击。

双方陷入“猫和老鼠”的游戏对抗之中。

在一轮轮对抗中，叛军士兵战战兢兢度过每一天，不久，他们悲哀地发现，他们手中所拥有的，不过是长安一座孤城。一出长安西门，他们便陷入人民战争的汪洋大海之中。

不经意间，叛军的生存空间被极大压缩，他们的军事力量往西不超过武功（今陕西省武功县），往南不超过武关（今陕西省商南县西北），往北不超过云阳（今陕西省泾阳县北云阳镇）。

与此同时，江南各地的税赋源源不断汇集到襄阳，然后由襄阳转运到蜀郡或者灵武郡。

此消彼长，叛军与唐军的军事力量对比到了临界点。

枭雄末路

内忧外患之下，安禄山彻底与幸福绝缘，他开始被重重苦恼困扰，困扰到他再也无法化解。

安禄山最大的苦恼，来自糟糕的身体。

自从范阳起兵后，安禄山的身体就走上了下坡路，身体每况愈下。起兵之初，他眼中的世界便开始模糊，随着时间的推移，他眼中的世界越来越模糊，直到再也不能用黑色的眼睛寻找光明。（注：安禄山的眼睛可能不是黑色。）

他的眼睛全瞎了，身体还生了大疮。

史书上说，安禄山得的是眼疾，其实从症状来看，应该是糖尿病晚期引发的多种并发症。试想，一个三百多斤的胖子，肚子几乎过膝，走路需要晃动肩膀前行，不得糖尿病那是天方夜谭。起兵之后，一路操劳，安禄山的糖尿病必然不断加重，到后来，便到了晚期，引发了多种并发症。

人一有病，便容易烦躁，安禄山也不例外。在病魔的折磨下，安禄山的烦躁达到了顶点，他动不动就发脾气，一发脾气就抬手乱打，不长的时间内，他的内侍以及近臣都遭过他的毒打，而且不止一次两次。

被毒打的人中，“中书侍郎”严庄赫然在列。

严庄本来是近臣，深得安禄山赏识，安禄山洛阳称帝之后便过上了深居简出的生活，内外消息传达的重任都落到了严庄肩上。

严庄本来还以为这是一个美差，到头来才发现，这简直不是人干的活。虽然安禄山对他比较宠幸，但脾气上来，照打不误，于是洛阳皇宫中，有个人经常顶着熊猫眼办公，这个人就是严庄。

第一次被打，严庄忍了；

第二次被打，严庄忍了；

第三次被打，严庄又忍了。

被打次数多了，严庄忍不下去了，这种倒霉的日子什么时候是个头呢？

严庄开始寻找出路，然而找了半天，出路都被堵死了，他死活绕不过安禄山这一关，只要他在安禄山手下当一天差，就逃不了被打的厄运。

如果安禄山不在了呢？

一开始，严庄被自己的念头吓坏了，转念一想，一切皆有可能。

严庄决定从安禄山的儿子安庆绪身上做文章，他知道，安庆绪对安禄山很不满。

安庆绪的不满源自安禄山的厚此薄彼。

安庆绪是安禄山的第一个妻子康氏所生，在他后面还有好几个弟弟，其中一个叫安庆恩，是安禄山最宠爱的段氏所生。安禄山洛阳称帝后，段氏水涨船高成为皇后，这样一来，矛盾就来了。

安庆绪虽然是最年长的儿子，但安禄山不喜欢他，爱屋及乌的安禄山喜欢段氏生的安庆恩，于是便有了将安庆恩立为太子的念头，只是战争一直不断，太子之位一直悬而未决。

安禄山的念头很快被安庆绪知晓，从此安庆绪生活在恐惧之中，他担心有朝一日被父亲莫名其妙地处死，毕竟这种事在历史上层出不穷。

挨打的严庄，恐惧的安庆绪，命运的安排让两个人走到了一起。

严庄极其严肃地对安庆绪说："现在有件大事不得不做，机不可失！"

安庆绪一看严庄的表情，顿时全明白了，他虽然性格懦弱，但也不想将来莫名其妙被处死，他不想再活在终日恐惧中了。

安庆绪对严庄说："兄长不管做什么，我都听你的！"

针对安禄山的杀机就这样发了芽，这一切都是他自作自受。

安禄山集诸多恩宠于一身，却造了李隆基的反，他率先颠覆了"君君臣臣"的纲常，当他已经颠覆了"君臣"这一天下最大的纲常，又怎么可能要求儿子继续遵守纲常呢？

如同一个牵着孩子的手闯红灯的父亲，你已经闯了红灯，怎么可能要求孩子尊重你重新设置的红灯呢?

任何破坏规则的人，都将受到规则的惩罚，安禄山，史思明，概莫能外。

杀机已起，剩下的就是寻找执行计划的人选。

安禄山最宠爱的内侍李猪儿成了严庄眼中的最佳人选。

李猪儿，契丹人，为人机警，聪明伶俐，从十几岁起就服侍安禄山，深得安禄山赏识。

可能是对李猪儿太欣赏了，安禄山决定将他和李猪儿的关系再进一步，他狠了狠心，给了李猪儿一刀，李猪儿当场疼得昏死了过去。

一天一夜之后，李猪儿从昏迷中醒来，这时他才发现自己的身体不对劲了。

他被安禄山阉割了。

从此，李猪儿成为安禄山的贴身宦官。

别无选择的李猪儿只能一条道跑到黑，在服侍安禄山的道路上尽职尽责。

每天早上，李猪儿跟另外几个内侍一起伺候安禄山更衣，别的都好办，最难办的是系腰带。这时李猪儿就和其他内侍通力配合，李猪儿唱主角，其他人打下手。

流程如下：

其他内侍奋力抬起安禄山的肚子，李猪儿则迅速下蹲，用头顶住安禄山的肚子，双手迅速为安禄山系腰带，整个过程必须一气呵成，稍有耽误，李猪儿就可能被安禄山的肚子压倒在地。

随着安禄山登基称帝，李猪儿成为越来越红的内侍。

好景不长，烦躁的安禄山开始打人，李猪儿近水楼台先得月，他离安禄山最近，挨的打最多。

挨打次数多了，李猪儿与安禄山原本就很复杂的情感更加扭曲，渐渐地李猪儿的体内隐藏了一只火药桶，只要一点火星，就会剧烈爆炸。

火星很快就来了。

严庄对李猪儿说：“你前后挨的打，恐怕连你自己都数不清了吧！不行大事的话，你离死也不远了！”

李猪儿的火药桶即将爆炸。

公元757年正月初五深夜，安禄山的生命进入倒计时，以秒计！

严庄和安庆绪手拿兵器站立在安禄山的寝宫外，李猪儿则手提大刀进入安禄山的寝宫，安禄山曾经施加于他的，他要一刀一刀还回去。

值班内侍看李猪儿提刀进来，心知不好，然而看李猪儿一脸凶神恶煞，一个个都不敢动，他们不想卷入这场是非。

李猪儿对准安禄山高高隆起的肚子狠狠地砍了下去，一刀，两刀……

安禄山在梦中疼醒，下意识去摸枕头旁边的刀，按照他的习惯，那里通常会放一把刀。

安禄山没有摸到，因为刀早被李猪儿提前拿走了。

安禄山发狂一般摇着寝帐竿子喊道："这一定是家贼干的！这一定是家贼干的！"

血从安禄山的肚子里汩汩流出，安禄山的生命到了尽头。

至死，他没有看到杀手的脸，其实也不需要看，想要他命的人太多了。

从范阳起兵到此时，前后不到两年。

如果两年前没有起兵，或许他还可以在范阳当一头快乐的猪，然而，他偏偏想当一个痛苦的苏格拉底……

早知道是这样，如梦一场，又何必当年那般痴狂！

安禄山的路走完了，安庆绪接过了安禄山的衣钵，他以为自己接过了一个宝贝，却没有意识到，所谓宝贝，只是一只装着灾难的盒子而已。

从安禄山开始，这只灾难盒子开始如击鼓传花般地传递，从安禄山到安庆绪，从安庆绪到史思明，从史思明再到史朝义，碰过盒子的四人，都遭遇殊途同归的结局。

大事告成的安庆绪没有时间想太多，他与严庄开始了紧急的善后工作。

搬开安禄山的床，严庄命人掘地数尺，眼看深度差不多了，便把安禄山的尸体用毡毛毯裹住，然后推进数尺深的坑中。

掩埋完毕，大床挪回原位，一切看上去都跟从前一样。

严庄和安庆绪一对视，然后看着在场的内侍："你们看到了什么？"

内侍们异口同声地说道："我们什么都没看到！"

安禄山就这样"悄无声息"地消失在历史之中。

第二天，严庄对外发布消息：

"皇帝"安禄山病重，封晋王安庆绪为太子。

不久，安庆绪在洛阳登基，尊安禄山为太上皇，然后用“痛不欲生”的声调告诉文武官员：太上皇已经驾崩了！

至此，安禄山这一页翻过去了，接下来到了安庆绪这一页。

安庆绪，安禄山的儿子之一，按说安禄山一代狼王，他的儿子应该差不到哪里去，实际情况却恰恰相反。安庆绪不仅昏庸懦弱，而且说话言语无序，怎么看都没有一代帝王的风范，这样的“皇帝”如何服众？

唉，怎么扶了这么个阿斗，严庄在心中忍不住叹息。

当初只为逃避安禄山的殴打，只为拉一个同盟军，没想到拉了这么一个同盟军。

无奈，严庄只好藏拙，索性让安庆绪装神秘，躲在皇宫深居简出。严庄开始还担心安庆绪闹情绪，不想，如此安排正中安庆绪下怀。

从此，安庆绪整日饮酒作乐，把所有事情都交给他的“兄长”严庄打理，安庆绪封严庄为御史大夫、冯翊王，无论大事小情都由严庄裁决。同时，为了笼络诸将，安庆绪主动为他们加官晋爵，以讨他们的欢心。

经过一番上下其手，严庄和安庆绪以为危机已经过去，乐观的他们并没有察觉到，他们已经不可救药地走上了下坡路。

下滑速度由慢到快，渐渐加速。

太原保卫战

洛阳城中，大燕皇帝安禄山惨死，数百里外，太原城内外也在进行一场惨烈的拉锯战。

拉锯战双方是一对老冤家，李光弼和史思明。

这场拉锯战由史思明发起，他在听说郭子仪率领五万大军返回朔方后，便打起了太原城的主意。

史思明推算，郭子仪带走的五万大军是太原城的全部正规军，五万大军一走，太原城内只剩下一群民兵，这群民兵能守住太原城？开什么玩笑！

史思明一声令下，联合蔡希德等人率军十万直扑太原城。

此时太原城内，兵不足一万，而且都是民兵。

看到史思明大兵压境，太原诸将紧张了起来，众人商议，要不先把城墙加固一下吧，这样有利于坚守。

太原留守李光弼摇了摇头：“太原城周围长达四十里，现在叛军马上要来，我们却大兴工程，这样还没看到叛军，我们就先把自己累倒了。”

不修城，拿什么抵挡叛军？

李光弼自有办法。

李光弼率领士兵和老百姓出城，在城外挖起了深壕，这些深壕就是李光弼为太原城加修的防线。与此同时，李光弼下令制造十万块土砖，至于什么用途，暂时保密。

史思明的进攻开始了，太原城城墙时而被打开缺口，这时李光弼的土砖就派上了用场，缺口刚一出现，土砖便增补了上去，不一会儿的工夫，缺口便堵上了，想打开缺口，重新再来！

折腾了几个回合，史思明认栽了，他打开的缺口再多，也没有李光弼的土砖多。

史思明收兵退去，酝酿下一拨进攻。

对于下一拨进攻，史思明心中有数，只要太行山以东的攻城工具运抵太原城下，太原城必破无疑。

然而，等了许久，攻城工具始终没有来，连同运送工具的三千胡兵也消失了。

史思明仔细一打听才知道，三千胡兵运送攻城工具已经走到半路，不料落入李光弼部队的包围，全军覆没，一个没活。

攻城工具指望不上了，史思明只能在太原城下跟李光弼耗，这一耗就是一个多月。

史思明渐渐失去了耐心，他要跟李光弼硬碰硬。

硬碰硬之前，史思明挑选出一部分骑兵作为机动部队，交代道：“我率军攻城北时，你们就到城南游弋，我率军攻城东，你们就到城西游弋，总之，一有机会就趁势攻打！”

史思明率军开始跟李光弼死磕，同时指望机动部队给自己一个惊喜。

史思明又失望了，治军甚严的李光弼根本不给他突袭的机会。

无论史思明的机动部队游弋到哪里，都会发现守军严阵以待，从早到晚，没有任何松懈空隙，突袭机会始终没有出现。

史思明的如意算盘落空了，这时轮到李光弼算计史思明了。

李光弼在太原城中开始悬赏招募，他要成立一支特种部队，只要有一技之长，能派上用场，李光弼立刻赏以重金。

经过招募，三个工人进入李光弼的视野，这三人职业是造币工人，他们有一项特长：挖地道。

史思明的噩梦开始了。

每逢史思明一方士兵开始骂战，三位工人便开始行动，一会儿工夫，地道便掘出城外，掘到了骂战士兵的脚下，三位工人一伸手，拽着骂战士兵的脚脖子就拖进了地道，然后拉回城中斩首示众。

一次成功。

两次成功。

三次成功。

屡试不爽。

时间长了，史思明的士兵都养成了低头走路的习惯，生怕从地底下莫名其妙伸出一只手，不知道那段时间，史思明军营中拾金不昧的情况是不是时有发生。

骂战停了，史思明的攻城死磕又开始了。

史思明不含糊，他双管齐下，攻城云梯和土山一起派上了用场，他不信，用这两样东西，攻不下太原城。

还真攻不下。

无论是云梯还是土山，它们都遭遇了克星：地道。

最后，云梯掉进地道——毁了，土山遭遇地道——塌了。

史思明出离了愤怒，他下令强攻，不惜任何代价，一定要拿下太原城。

这一次他又遇到了新难题——大砲。

砲，石字旁的砲，炮弹是石头，纯的！

李光弼的特种部队新研发了一种巨型大砲，砲弹是一等一的巨石，巨型大砲打出的巨石，呼啸着向史思明的攻城部队砸去，一石头下去，至少砸死二十多个。

几发巨石砸完，史思明的部队安静了，齐刷刷退到数十步外，先躲出石头射程再说。

史思明没了招数，只能继续围，继续困。

围困很快起到了效果，城内的李光弼挺不住了，派人出城跟史思明商谈投降，史思明求之不得，马上答应。

到了约定投降的时间，李光弼的一员裨将率领数千人出城投降，史思明不禁笑逐颜开。然而，几分钟后，史思明觉得有点不太对劲，既然约定投降，李光弼为什么不来？

史思明抬头往太原城城墙一看，李光弼正笑眯眯地看着自己，嘴里似乎还在说着什么。

史思明竖起耳朵正准备仔细听，只听得轰隆一声响，史思明下意识往后一闪，定睛一看，自己的大营塌了一大片，士兵一下死了一千多个。

史思明正准备善后，李光弼大开城门率军冲进了史思明大营，史思明又是一场大败。

到这时，史思明才知道，弄了半天李光弼是诈降。

大营坍塌又是怎么回事？

那是李光弼的特意安排，他让三个工人在史思明大营下挖了地道，然后用木头顶住了已经掏空的地面，到了约定时间，绳子一拽，地面准时开裂，张开血盆大口。

前前后后打了一个多月，史思明损兵折将，始终无法拿下太原城。

就在史思明决定与太原城死磕到底时，安禄山“驾崩”的消息从洛阳传来，史思明脑海中瞬间闪过一个想法，他决定暂时放下太原城，他要回范阳做更大的事。

史思明将蔡希德留在了太原城下，自己引军回到了范阳。

史思明回到范阳不久，太原城内的李光弼主动出击，大破蔡希德部队，彻底解了太原之围，战后打扫战场，据称毙敌七万。

仔细分析一下，李光弼可能是在谎报战功，毕竟史思明已经将主力带走，哪来七万部队供李光弼杀？因此，七万肯定是有水分的，属于夸大宣传。

不过，适当的夸大宣传也是可以理解的，毕竟可以提升士气。

太原城保卫战就这样结束，李光弼和史思明又回到了原来的生活轨迹。

对于李光弼而言，生活与以前没有太大不同；对于史思明而言，他的生活将发生变化。

“既然一号狼王已经死了，我这个二号狼王是不是该做点什么呢？”史思明在心中自言自语道。

第十章　两京光复

自欺欺人

公元757年二月十日，李亨抵达凤翔郡，他将在这里吹响收复长安的号角。

十天后，陇右、河西、安西、西域征调的士兵齐聚凤翔郡，与此同时，江南各地租赋也陆续运抵，人、财、物全齐了。

长安百姓听说李亨已经驾临凤翔郡，纷纷从长安城中逃出前往凤翔郡，从长安到凤翔的路上，络绎不绝。

天时，地利，人和，李亨全占了。

李亨兴奋不已，李泌同样兴奋，兴奋之余，李泌提醒李亨，尽快按照去年的彭原对策，命安西、西域兵团向北沿边塞出兵，直取范阳。

李泌满心以为李亨会欣然接受，没想到李亨态度发生了游移。

李亨说："如今大军集结完毕，租赋也已经运抵，应当趁士气正盛直取长安、洛阳，而你却要行军数千里，往东北边塞进军，是不是有点过于绕远了。"

李泌回应说："如今以集结凤翔的军队直取两京，肯定会取得成功。然而，叛军退出两京后会赢得喘息机会，届时会更加强盛，而我军必定受困，因此直接往长安进军，绝非久安之策！"

李亨不解，问道："为什么？"

李泌说："如今我们所倚仗的是西北边塞以及西域的胡人士兵，他们耐寒而怕热，如今趁他们士气正盛，攻击安禄山已经疲惫的部队，势必可以攻克。然而，到两京攻克时，春天即将过去，叛军收拾残兵正好返回范阳老巢休养，而我军即将面对潼关以东的酷暑。那时，我军必定困乏，渴望班师，想留都留不下。叛军回老巢厉兵秣马，等我军退去之后，必定卷土重来，那么征战就无休无止了。所以不如先往叛军范阳老巢用兵，把巢穴端掉，叛军失去根据地，就可以从根铲除。"

李泌说完，看着李亨，希望眼前这个皇帝能够作出一个正确选择。

李亨说话了："朕想早日在长安皇宫内给太上皇早晚请安，绝不能实施你的计划！"

李泌，李亨，一个军事天才，一个军事白痴。

如果采用李泌的策略，用不了几年，全国就可以全部平定，藩镇之祸也可以从根本上避免，可惜李亨鼠目寸光，他居然放弃了李泌的完美策略。

范阳与两京的关系，如同放风筝的人与风筝的关系，两京是风筝，范阳是放风筝的人，李泌主张铲除放风筝的人，李亨却直接去抓风筝，前者是釜底抽薪，后者是扬汤止沸，这就是天才与白痴的区别。

严格说来，李亨并非真正的军事白痴，他只是一叶障目，被耀眼的皇位迷住了双眼，因此不惜采用饮鸩止渴的方式来收复两京。

毕竟自己的皇位来路不正，毕竟皇子皇孙众多，而且已经有了永王李璘的前车之鉴，当务之急，还是收复两京，让自己的屁股稳稳当当、踏踏实实地坐在皇位上。

"我死以后，哪管洪水滔天"，这是法国国王路易十五的情妇说的混账话，李亨尽管没有这么说，但他却是这么做的：

只要坐上皇位，哪管以后洪水滔天！

看着态度决绝的李亨，李泌的心凉透了。

多年以来，李泌以为自己了解李亨，今天看来，自己还是不了解这个人。这个人成天口口声声以江山社稷为重，到最后，还是以自己的皇位为重，而且为了皇位，不择手段，不问将来，这样的皇帝还值得辅佐吗？

李泌暗自在心里摇了摇头，他告诉自己，两京收复之日，便是自己归隐之时。

一攻长安

急于反攻长安的李亨开始布局，在他的布局中，郭子仪是最重要的一枚棋子。

李亨任命郭子仪为司空、天下兵马副元帅，这个任命意味着郭子仪将是反攻长安的主帅。

接到任命，郭子仪马不停蹄地从河东郡奔赴凤翔郡，不料，就在大军开拔途中，与叛军遭遇。叛军李归仁部在三原（今陕西省三原县）北部对郭子仪进行阻止，郭子仪猝不及防，仓促应战。

过了一段时间，郭子仪发现，李归仁的兵力并不多，只有五千骑兵，而且没有后援。

郭子仪决定将计就计，让李归仁有来无回。

经过侦察，郭子仪将一支伏兵埋伏在白渠留运桥，那里是李归仁退兵的必经之路。口袋已经为李归仁扎好，就等李归仁一头扎进来。

果然不出郭子仪所料，李归仁眼看五千骑兵无法在郭子仪身上占到便宜，便引军缓缓退去，一步一步退到了留运桥。

这回轮到李归仁傻眼了，他没有想到郭子仪的报复如此之快。留运桥上下伏兵四起，李归仁部队猝不及防，顿时崩溃，李归仁一看不好，索性弃马跳入河中，凭借深厚的游泳功底，从水中顺利逃生。

李归仁的部下可就没有那么幸运了，他们多数被歼灭，李归仁兵团几乎全军覆没。

趁着歼灭李归仁部的好彩头，郭子仪与王思礼会师于西渭桥（今陕西省咸阳市西南），两军一起进驻潏水西。与此同时，叛军将领安守忠与败军之将李归仁一起率军驻扎在长安西郊清渠，两军遥遥对峙。

这一对峙就是七天。

公元757年五月六日，安守忠突然向后撤退，撤得很彻底，很狼狈。

郭子仪和王思礼一看，叛军退了，可能是叛军内部起了变化，此时不追，更待何时？

郭子仪、王思礼太急于收复长安了，急切之中，却忘了一句俗语：心急吃不了热豆腐。

郭子仪、王思礼随即驱动大军追击，就此落入叛军的圈套。在郭子仪的前方，出现了九千叛军骑兵，这些骑兵都是安守忠精选出来的敢死队，他们排出了一字长蛇阵。

熟读兵书的郭子仪并没有把一字长蛇阵放在眼里，他马上挥军上前攻打。

就在这时，令郭子仪意想不到的事情发生了。叛军的一字长蛇阵突然变阵，头尾迅速分离，化为两翼，向郭子仪大军发动了前后夹击，郭子仪大军一下子乱了套。

两军对阵，不怕面对面、硬碰硬，就怕突然前后夹击。

叛军九千骑兵前后夹击，冲乱了郭子仪大军，郭子仪根本无法指挥，大军瞬间溃败，无法收拾。

一仗下来，军用物资、武器丢失殆尽，连监军宦官也被叛军生擒，一攻长安就这样以溃败收场。惨败的郭子仪只好收拾残兵退守武功，同时向李亨奏报战败消息。

消息传到凤翔郡，整个凤翔郡都震动了，乐观的情绪一扫而光，凤翔郡再次被愁云笼罩。

凤翔郡行宫中，李亨坐立不安，原本他指望郭子仪一战收复长安，没想到居然是一场溃败。盘算手中的筹码，李亨暗暗着急，虽然江南税赋已经运到，但国库还是空虚，为此他只能用官爵滥赏，以减少国库的压力。

在郭子仪兵败之前，李亨的滥赏已经开始了，诸将出征前，李亨都会交给他们一批空白的官员委任状。这些委任状上至开府仪同三司、特进、大将军，下至中郎将、郎将，委任状上一律空白，由领兵的将军到现场临时填写，就算是给部将们的赏赐。

到后来，需求量实在太大，李亨便采用临时官员委任状代替，这样一来，“高官”满天飞，“将军”遍地走。

郭子仪兵败之后，滥赏的情况进一步加剧，李亨手中没有可以赏赐的东西（租赋用来采办军需打仗），只能继续用官爵滥赏。

这下，委任状就“通货膨胀”了，臭大街了。一张空白的禁军大将军委任状，黑市流通价仅为几瓶酒，只够痛痛快快喝一顿而已；凡是此时应募从军的，一律穿三品紫袍，佩戴金鱼符，理论上也相当于三品高官。

时间不长，便出现了一系列有趣的现象：

书童、奴仆都穿三品紫袍、佩戴金鱼符，扫地杂役冷不丁一亮身份：俺也是三品！

彻底乱套了！不知道凤翔郡澡堂里，搓澡的有没有三品官！

这一切，都是李亨滥赏惹的祸！

在这里需要说明一下，虽然书童、奴仆都穿紫袍，但不会真正影响李亨的行政体系，因为滥赏出去的都是虚名，并非真正的官职。如同当年李渊晋阳起兵时，曾经封一个郡所有的老头为五品散官，就是一个形式，并没有太多实际意义。

再战长安

一战长安失利的阴霾渐渐散去，李亨开始着手二战长安。

二战长安之前，郭子仪给李亨提了一个建议：鉴于回纥士兵作战勇猛，不妨向回纥多借点兵。

李亨表示同意，马上派人向回纥再次借兵。

借兵的请求很快得到了回纥汗国的同意，回纥汗国葛勒可汗大手一挥，同意借给唐朝四千精兵，并且由他的儿子、回纥亲王亲自率军出征。

李亨的心定了下来，这下可以再战长安了。

公元757年闰八月二十三日，凤翔郡内，李亨举行了一场盛大的犒赏宴会，与会的是以郭子仪为首的高级将领。

宴席上，李亨宣布，向长安再次进军。

宣布完进军，李亨盯着郭子仪说道："大事能否成功，就看这次出征了！"郭子仪慷慨激昂地回应道："此次出征如果不能成功，臣只能以死谢罪了！"

再战长安拉开序幕。

公元757年九月十二日，天下兵马元帅、广平王李俶率领朔方、回纥、西域联军十五万，对外号称二十万，浩浩荡荡从凤翔郡出发。

出发之前，李俶与回纥亲王有过几次接触，接触下来，双方感觉不错，便结拜为兄弟，李俶为兄，回纥亲王为弟。对于这个回纥弟弟，李俶青眼有加，因为回纥弟弟的风格不是一般的高。

在回纥精兵刚抵达凤翔郡时，郭子仪摆下宴席招待，按照惯例，宴席需要连摆三天。这时，回纥亲王发话了："国家有难，我们远道而来只为救难，不是来吃饭的！"

活脱脱一个国际共产主义战士！

可惜，是装的！

公元757年九月二十七日，李俶率领十五万大军来到了长安城西，列阵于香积寺北、澧水之东。

大军分成了三部分，前军由河西节度副使李嗣业率领，中军由天下兵马副元帅郭子仪率领，后军由关内节度使王思礼率领。

后来的事实证明，由李嗣业率领前军是多么正确。

李嗣业，京兆高陵人，身高七尺，换算成今天的尺寸，两米一。

天宝初年，李嗣业应募入伍，来到安西，在这里迅速成长为一员勇将。

在李嗣业成为勇将的道路上，陌刀功不可没。

李嗣业刚到安西时，军队正盛行陌刀，凭借自己的武术功底，李嗣业很快把五十斤重的陌刀使得得心应手，一举成为军中最牛陌刀手。每逢出战，打陌刀阵排头的必定是李嗣业，凭借手中陌刀，李嗣业逐步晋升。

天宝七载，李嗣业跟随高仙芝征讨勃律国，高仙芝挑选了两个陌刀将，其中一个就是李嗣业。娑勒城一战，正是李嗣业第一个攻进敌营，高仙芝的部队才打开缺口，将敌营彻底攻破，战后论功，李嗣业第一。

李嗣业跟随高仙芝征战有得意时，也有失意时，在与大食的征战中，李嗣业与高仙芝就走了麦城，两万大军到最后只剩下几千。

后来，李嗣业掩护高仙芝撤退，退到一个山谷口时，发生了交通堵塞，人、马、骆驼混杂到一起，彻底把山谷通道堵住了，而此时，大食军队已经尾随了上来。李嗣业见状，手持大棒上前开路，手起棒落，人挡杀人，马挡杀马，经过他一阵猛抡，山谷口终于恢复了畅通，军队得以顺利撤回。

现在，这个猛人率领前军站在反攻长安大军的最前沿，他的正前方是叛军的十万大军。

叛军阵中一阵骚动，郭子仪的手下败将李归仁出阵挑战，李嗣业没有把李归仁放在眼里，他指挥军队一步一步向前推进。

李嗣业逼近了叛军阵营。

这时，叛军也动了，全军一起向李嗣业迎面扑来，黑压压一片。

对方倾巢而出，让李嗣业大感意外，因为一般而言，进攻是需要有层次的，这样可以形成梯队进攻，而且可以相互策应。现在十万叛军倾巢而出，就是搏命打法，已经没有章法可言了。

李嗣业决定不与叛军硬碰硬，先往回收一下自己的防线，然后伺机再打。

这一回收就发生了意外。

叛军见唐军后撤，马上加快进攻速度，直扑唐军辎重部队。辎重部队士兵一看叛军向自己扑来，顿时慌了手脚，纷纷放弃辎重往回跑，他们一跑，带乱了整个前军。

前军已经到了崩溃的边缘。这时，李嗣业站了出来，大声说道："今天如果不用身体挡住叛军的话，就会全军覆没！"说完，李嗣业脱光了上身，赤膊上阵，他立于阵前，把陌刀对准了惊慌失措的唐军士兵。

李嗣业手起刀落，刀锋所及之处，后退士兵被砍得血肉横飞，人马俱碎。连续砍了数十人后，唐军后退的态势被止住了，大家都不敢退了，因为光膀子李嗣业拿着明晃晃的大刀片挡在那里。

士兵们不再退却，李嗣业一挥手，他的秘密武器隆重登场。

李嗣业的秘密武器正是他赖以成名的陌刀阵。

李嗣业纵身一跳，跳到陌刀阵最前面，一声令下，陌刀阵整体向前推进，步伐整齐，刀光闪闪，如同一道道刀墙，向十万叛军掩杀过去。叛军哪里见过如此恐怖的刀墙，更没有见过光着膀子提着大刀打头阵的主将，一时间不知所措，纷纷向后退却。

在李嗣业的带领下，唐军将士都恢复了血性，个个舍生忘死。将军王难得为了救自己的裨将被冷箭射中眉毛，皮肉瞬时耷拉了下来，王难得伸手一抓，把箭拔出，又一抓，把耷拉的皮肉拽了下来，然后顶着一脸模糊的血肉，继续上前厮杀。

形势向着有利于唐军的一面继续发展，此时叛军只能寄希望于他们提前埋伏好的机动部队。如果这支机动部队能够突然杀出，叛军还能反败为胜。

可惜，机动部队永远来不了了！

唐军提前得知叛军将一支精锐骑兵埋伏在叛军大营东边，便命令朔方左翼作战司令仆固怀恩引着回纥骑兵前去迎击，这一迎击大出叛军意料，没多长时间，机动部队再也机动不了，全军覆灭。

这下，叛军没有指望了，只能硬着头皮与唐军死磕。打着打着，叛军感觉压力明显减轻了，李嗣业和他的前军居然退出了战斗。

莫非是打不过，想跑?

就在叛军想组织反扑时，他们发现，自己阵营的后方乱了起来。李嗣业率领前军以及回纥骑兵已经悄悄迂回到叛军大营后方，从后面向叛军发动了袭击。

两面包夹，前后夹击，这仗没法打了。

从中午 12 点一直打到下午 6 点，叛军十万大军被彻底打残了，斩首六万之外，掉进壕沟摔死压死的不计其数。

十万大军终于崩溃，所剩不多的残兵哀号着往长安城中退去。

长安城已经近在咫尺。

这时，朔方左翼作战司令仆固怀恩找到广平王李俶说道："叛军即将弃城逃跑，请大帅允许我率领二百骑兵追击，一定能抓到安守忠和李归仁。"

李俶回应道："将军苦战半天也累了，先休息吧，等明天再追!"

仆固怀恩坚持道："李归仁、安守忠都是叛军中的骁将，他们本来已经快赢了，然而突然被我们打败，这是上天赐给我们的良机，怎么能白白放他们走呢?一旦让他们再次聚集军队，一定会再次成为祸患，到那时悔之晚矣。战争讲究的是速度，为何要等到明天呢!"

仆固怀恩说得有理有据，可惜李俶听不进去。

一夜之中，仆固怀恩反复请命四五次，结果一次也没有得到批准。

第二天，天蒙蒙亮时，长安方面传来消息，安守忠、李归仁、张通儒、田乾真跑了!

李俶，让我怎么说你!

从李亨、李俶身上，可以看到封建王朝史官的悲哀，明明有些皇帝蠢得像猪一样，却还要在历史记载中彰显他的英明神武，结果历史记载就成了两张皮，怎么看怎么拧巴。

李亨、李俶就是历史记载拧巴的产物，表面英明神武，实际蠢笨如猪!

长安收复，"国际共产主义战士"回纥亲王终于露出了本来面目。

他们确实远道而来，确实是来救难的，确实不是来吃饭的，但同时也是来履行合同的。

合同是当初借兵时李亨与回纥葛勒可汗约定的，条款如下：

攻克长安之时，土地、男子归唐，金银财宝、女人、小孩归回纥！

这就是李亨给回纥开出的借兵条件，一个将全体长安百姓出卖的条件。

龌龊，无比龌龊！

历史有时就是如此让人寒心。

现在，回纥亲王便摘下了自己的慈善面具，要求广平王李俶兑现承诺。

李俶想了一下，走到回纥亲王的马前，冲着自己这位回纥弟弟施了一个礼，说道："如今刚刚收复长安，如果马上进行劫掠，那么洛阳百姓一定会帮助叛军守城，洛阳就无法攻克，不如咱们就改到洛阳兑现承诺吧！"

李俶一席话点醒了回纥亲王，回纥亲王马上跳下马，抱住李俶的脚说道："愿意为殿下直取洛阳！"

成交！

如此一来，长安百姓躲过一劫，洛阳百姓被出卖了！

公元757年九月二十八日，李俶率军进入长安，此时距离他的祖父李隆基逃出长安已经过去了一年三个月。长安百姓夹道欢呼，盼望了一年多，唐军终于打回来了，只是在欢呼的同时他们并不知道，一场无厘头的灾难在毫无察觉中与他们擦肩而过，这一切还得感谢"仁慈"的广平王李俶。

可怜，可叹，可悲！

父慈子孝

长安收复的捷报传到凤翔郡，李亨激动地流下了热泪。

长安，我想死你了！

激动之余，李亨给远在蜀郡的父亲写了一道奏章，奏报长安收复的消息，同时请李隆基择日重返长安。

这时，随军东征的李泌返回凤翔。

李亨对李泌说："朕已经上奏章请太上皇重返长安，朕自回东宫继续当太子！"李泌顿时紧张地问道："奏章还能追回来吗？"

李亨回应说："已经走很远了！"

李泌说道："这样一来，太上皇不会回来了！"

李亨大吃一惊，为什么？李泌说："这一切都是理论和现实的偏差造成的，陛下那么说，太上皇怎么会信呢？"

李亨追问："那怎么办？"

李泌说："如今之计，只好以群臣的名义再给太上皇上一道奏章，奏章上详细说明当初马嵬坡如何挽留太子，灵武郡如何劝太子登基，如今长安收复，陛下思念太上皇，因此请太上皇尽快回到长安，以成全陛下的孝心。这么写，就可以了！"

李亨一听，有道理，马上命李泌草拟奏章。

看着拟好的奏章，李亨阅览了起来，一边看，一边流下了眼泪："朕一开始真的只是想将权力交还太上皇。今天听先生如此一说，才意识到自己的失误！"

假话说多了，自己都以为是真话了。

过了一段时间，李亨派往蜀郡的第一个宦官回来了，宦官带回了李隆基的诏书。诏书写道：

请把剑南道划给我吧，让我自己照顾自己，不必再回长安了。

真让李泌说中了。接到诏书，李亨茶饭不思，不知如何是好。

几天后，第二个呈递群臣奏章的宦官回来了，他给李亨描述了事情的经过：

太上皇刚接到陛下自请回到东宫的奏章时，彷徨不安，连饭都吃不下，根本不想回来了；等看完我送去的群臣奏章时，太上皇终于转忧为喜，命令奏乐摆宴，还定下了归期。

一切都在李泌的预料之中。

在这里，我还是那句话：亲情，在皇帝家中始终是奢侈品。

李隆基、李亨父子有这样的一出，是因为他们表面父慈子孝，实际却父子相疑。

李亨的第一份奏疏，写得冠冕堂皇，李隆基却读出了其中的寒意，试想，李亨已经羽翼丰满，而且又收复长安，此时的他自称愿意重新回东宫当太子，李隆基会信吗？

如果信了，他就不是李隆基了。

群臣的第二份奏疏，其实是李亨奏疏的补丁，所起的作用也不过是皇帝的新衣，不过第二封奏疏抓住了一个要点：孝道。这是李隆基、李亨父子共同的软肋。点到这个软肋上，李隆基便不得不归了，如果他滞留蜀地不归，那么将置李亨于“不孝”的境地，他们爷俩苦心经营多年的“父慈子孝”便破产了。

因此，当第二封奏疏抵达蜀郡时，李隆基“笑逐颜开”，决定回来。

虽然他已不再是皇帝，但他还是太上皇，他需要把自己的角色继续演下去，直到谢幕的那一天。

洛阳光复

长安惨败后，叛军集合残兵退守陕郡（今河南省三门峡市），在陕郡构筑起一条防线。

大燕皇帝安庆绪得知消息后，拿出自己全部的家当，把洛阳城的所有兵马都交给了“兄长”严庄。严庄便带着这些人马挺进陕郡，与长安退下来的败兵合兵一处。

瘦死的骆驼比马大，经过这番拼凑，陕郡防线又集合了十五万兵马，与唐军号称的二十万兵马不相上下。

公元757年十月十五日，广平王李俶率领东征大军抵达曲沃（今河南省三门峡市西南曲沃镇）。

与此同时，回纥亲王命令麾下几名将军引着回纥骑兵前往崤山一带寻找有利地形埋伏，最后回纥骑兵选择岭北扎营，他们将充当一支至关重要的奇兵。

回纥骑兵埋伏停当，郭子仪大军与叛军在新店（今河南省三门峡市西南）遭遇上了。

叛军大营依山而建，占据有利地形，主动出击的郭子仪采用最难受的仰攻姿势进攻，进攻非常吃力。眼看郭子仪进攻乏力，叛军开始反攻，把已经上山的唐军驱逐下山，唐军顿时又有些乱了。

正在这紧急关头，奇兵如约而至。

回纥骑兵从崤山绕到了叛军背后，奔腾的战马踏起了滚滚黄尘，借着黄尘的掩护，回纥骑兵向叛军放起了冷箭。

刚放出十几箭，意外发生了。

叛军士兵惊慌失措，你看我，我看你，然后惊恐地喊道：“回纥兵来了!”

瞬间，十五万大军崩溃。

行军打仗，拼的不是人数，而是胆气，如果一方已经吓破了胆，再多的人也无济于事，如同一只狮子对阵一群绵羊，一百只绵羊是输，一万只绵羊同样是输。

叛军已经在长安吃过回纥兵的亏，被回纥兵吓破了胆，现在再次看到回纥兵，胆，彻底没了。

郭子仪大军与回纥骑兵前后夹击，十五万叛军分崩离析，陕郡防线顷刻瓦解。

这时，安庆绪的“兄长”严庄一路狂奔，逃回了洛阳，把这个恐怖的消息报告给了大燕皇帝安庆绪。

十月十六日夜，安庆绪率领文武百官逃出洛阳，临走时将捕获的唐朝将领哥舒翰、程千里全部杀害。安庆绪满以为“兄长”严庄会跟他一起寻找东山再起的机会，没想到跑到半路，严庄失踪了。

安庆绪一路向北，严庄则一路向南，他一个华丽转身，向唐朝投降，后来还被李亨委任为司农卿（农业部长）。这是一个货真价实的高人，他鼓动安禄山范阳起兵，进而摇身一变成为“开国元勋”，当安家的“大燕帝国”日薄西山时，人家华丽转身，解套而去，只留下安庆绪承担被套牢的结局。

高!

十月十八日，广平王李俶率军进入洛阳，这时，到了向回纥兑现承诺的时候。

史书没有描述洛阳的惨状，但可以想象，一份将全城百姓一起出卖的合同，留给这座城市的一定是累累伤痕。

悲哀的是，抢过、掠过之后，回纥亲王还不满意，李俶手足无措，不知如何是好。

这时，洛阳士绅们提出一个建议：他们愿意再搜集一万匹绸缎作为给回纥士兵的格外酬劳。

成交!

带着累累伤痕，长安、洛阳终于重回唐朝政府手中。

李亨以为龙兴大业基本大功告成，其实，只是一厢情愿!

第十一章　微妙平衡

重返长安

公元 757 年，激动的李亨再次流下热泪。

十月二十二日，李亨一行抵达望贤宫（在今陕西省咸阳市），在这里，他收到了洛阳光复的消息，他只想找一个人一起庆祝，这个人就是李泌。

然而，这个愿望已经无法实现。就在几天前，李泌向李亨辞行，他要重新开始自己的隐士生活。李亨苦留不住，只能任由他离去，前往他选定的隐居地——南岳衡山。为了最大程度补偿李泌，李亨命令衡山所在郡的官员为李泌在山中建造馆舍，每月按照三品高官的标准给予供应，李亨所能做的，只有这么多了。

李泌挂冠而去，留给李亨满腹的惆怅。

同样是生活在一起的人，做人的差距怎么那么大呢？

许久之后，李亨又打起精神，眼下还有很多事情等着他去做，还不是惆怅的时候。

公元 757 年十月二十三日，李亨重返长安，长安百姓出城迎接，人群绵延二十里不绝，百姓中有人欢呼万岁，有人喜极而泣，此情此景，让李亨也有些动容。

造化真是弄人，一年前狼狈出逃时，何曾想过会有今天？

穿过欢迎的人群，李亨入住大明宫。

这时，御史中丞崔器给李亨导演了一场认罪秀：

> 所有曾经接受过“大燕帝国”官职的前唐朝官员被勒令摘掉冠帽，赤着双脚，集中于含元殿前，双手捶胸，以头磕地，高呼“有罪”。在他们高呼“有罪”的同时，行刑士兵手执兵器在一旁横眉冷对，唐朝文武百官则在一旁看着这些前同事的蹩脚表演。

李亨眼角冷冷扫过，心底蹦出了两个字：活该！

同样的一幕在洛阳也曾上演，高呼“有罪”的人群中，有几个熟人，比如陈希烈，比如张均，比如“诗佛”王维。

如何处置这些人呢？李亨在心里问自己。这一问让李亨头疼不已，算了，暂且放下，日后再说，眼下最大的事是太上皇重返长安。

就在李亨重返长安的同一天，李隆基从蜀郡起驾，踏上返京之路。

一个月后，李隆基抵达凤翔郡。一入凤翔郡，李隆基便下了一道奇怪的命令：随行六百士兵将所有武器缴入凤翔郡政府所属军械库。

其实也不奇怪，这是李隆基主动解除武装向儿子示好，表明自己此次回来只为享受天伦之乐，不想其他。

具有对比意义的是，就在李隆基解除六百士兵武装后，李亨派出的三千精锐骑兵抵达凤翔郡接驾，他们负责太上皇的“安全”。

老子对儿子放心了，儿子开始对老子不放心了。

有点意思。

不放心归不放心，戏还得继续演下去。

十月二十三日，李隆基抵达咸阳，李亨一行前往望贤宫迎驾。

李隆基先到一步，在望贤宫南楼稍作休息。这时李亨已经做好了准备，他脱下黄袍，穿上紫袍，这意味着他将以太子身份拜见李隆基。

李亨骑马进入望贤宫，一看到南楼，翻身下马，一路小跑前往南楼，在南楼门口，李亨跪地叩拜起来。李亨叩拜的当口，李隆基已经下楼迎了上来，他抚摩着李亨，眼泪止不住流了下来。

眼泪包含着很多内容。

看李亨穿一身紫袍，李隆基顿时招呼起来，向李亨的随从索要李亨的黄袍，随从将黄袍递到李隆基手中，李隆基伸手就要给李亨披上。

李亨跪在地上一个劲地拒绝。

李隆基对李亨说："天数、人心都已经归你了，只要使朕能颐养天年，就是你尽到孝道了。"话说到这个份上，李亨"勉强"接受了黄袍。

到了登殿的时候，李隆基迟迟不肯登入正殿，推辞说道："这是天子的座位。"言下之意，朕已经是太上皇，不能再登正殿了。

好说歹说，李亨才把李隆基让进了正殿，父子俩的"父慈子孝"相得益彰。

第二天，李隆基、李亨准备从望贤宫起程，李亨亲自为李隆基调好缰绳，然后把马牵到李隆基面前。李隆基翻身上马，李亨牵着马缰绳在前面引路，走了数步，李隆基叫住了李亨，说什么也不让李亨再往前走了。

李亨只好上自己的马在前面引路，身为皇帝的他，刻意避开只有皇帝才能使用的御用大道。李亨用此举是向李隆基表明：在他的心中，李隆基才是真正的皇帝。

李隆基虽老，但心明眼亮，这时他恰到好处地感慨道："朕当了五十年天子，从来没有感觉到尊贵；今日当天子的父亲，才感到无比尊贵！"

好演员！

强烈建议将李隆基的台词向历朝历代的太上皇推广！

"父慈子孝"的李隆基父子在一路欢乐祥和的气氛中回到长安。当晚，李隆基入住兴庆宫，时隔一年多的时间，他终于回到了长安宫城。

十二月二十一日，李隆基登上宣正殿，在这里，他将传国玉玺交给了李亨，李亨"百般推辞"后终于接受。

至此，"先上车后买票"的补票手续终于完成了，李亨成为货真价实的皇帝。

在李亨成为真正皇帝的同时，李隆基的太上皇生涯也正式开始了，他成为继高祖李渊、睿宗李旦之后唐朝第三位太上皇，他们都是被儿子提前抢班夺权，结束了自己的政治生命。

从此，李隆基存在的价值就是为白居易的《长恨歌》提供素材，仅此而已！

有赏有罚

补齐了当皇帝的全部手续，李亨开始秋后算账。

秋后算账，有赏有罚，于是有人哭，有人笑，有人哭笑不得。

赏罚之前，李亨宣布大赦天下，不过安禄山及其同党、李林甫、王鉷、杨国忠并不在被赦免行列，他们被李亨牢牢地钉在耻辱柱上。

接下来，是赏：

广平王李俶晋封楚王；

郭子仪加封司徒；

李光弼加封司空；

高力士、陈玄礼等护送李隆基到蜀郡的官员，裴冕等跟随李亨到灵武郡的官员全部加官晋爵；

忠于王事的李憕、卢奕、颜杲卿、袁履谦、许远、张巡、张介然、蒋清、庞坚等一律追赠官职，同时授予他们的子孙官职；

阵亡将士家属，一律免除田赋、劳役两年。

长长的赏赐名单中，没有当年的哥舒翰，也没有当年的高仙芝和封常清，在以成败论英雄的背景下，他们曾经的功劳都被遗忘了，他们的功绩都被封存到历史的云烟之中。

相比于哥舒翰、高仙芝，有一个人更惨。

上党长史程千里。

程千里是唐朝一员名将，安史之乱时他负责镇守上党，由于上党地理位置重要，叛军屡屡攻击，都被程千里打退。

不甘心失败的叛军又一次卷土重来，领头的是曾经与史思明一起围攻太原的蔡希德。

公元757年九月二日，蔡希德率领少量骑兵到上党城下挑战，程千里毫不示弱，率领一百名骑兵出城迎战。

程千里率一百名骑兵向蔡希德扑了过去，他想擒贼先擒王。

就在程千里快追上蔡希德时，蔡希德的援兵到了，程千里勒住了马，转身回城。

这下形势逆转，程千里在前面跑，蔡希德在后面追。

跑到上党城下，士兵早早放下了吊桥，程千里驱马上了吊桥，过了吊桥，他就化险为夷。

这时，意外发生了。

吊桥居然塌了。

程千里连人带马掉进了壕沟，不幸成了蔡希德的俘虏。

程千里仰天长叹一声，对已经过了吊桥的麾下骑兵说："我不幸落到这步田地，这是天意！回去告诉诸位将军，好好守城，宁可失去我这位主帅，也不能失去上党城！"

骑兵含泪而去，把程千里的话传进了上党城。

眼看程千里被自己生擒，蔡希德以为攻城的机会来了，立刻挥军攻打。

打了半天，上党城固若金汤，比以前还难打。

程千里的话起了作用。

久攻不下的蔡希德引兵退去，将程千里押送到洛阳，安庆绪给程千里加了一个荣誉性的官职：特进。然后便把程千里囚禁了起来。等到安庆绪放弃洛阳时，程千里与哥舒翰一起被杀害，没能等来洛阳光复的一天。

这次被俘，成为程千里一生的污点，以往的功绩被彻底抹杀，虽然他同样忠于王事，但他被刻意淡忘了。如果程千里当场就义，他会被视作英雄，而他有过一段被俘经历，于是就变成了"狗熊"，这就是中国传统的一个荒诞逻辑。

实际上，只要被俘之后保持气节，没有做有害国家和民族的事情，同样应该视作英雄。

可惜，多数朝代做不到这一点。

发完赏赐的红包，到了处罚的时刻。

如何处理那些投降安禄山的前政府官员，李亨头疼不已，一时无法定下基调，索性暂且羁押起来，由政府士兵严加看管。李亨指定的羁押地很有讲究，不是别处，正是奸相杨国忠的旧宅。

不久，李亨指定礼部尚书李岘、兵部侍郎吕諲为皇家特别法庭法官，会同御史大夫崔器一同审理陈希烈等投敌叛逆案。

这个审判组合很有意思，崔器、吕諲为人苛刻，李岘为人宽仁，如此一个搭配，有点猴吃麻花——满拧的意思。

说满拧，满拧马上就来。

经过审判，崔器、吕諲得出了自己的结论，给李亨上了一道奏疏：

那些在叛军政府当官的前政府官员，属于叛国投敌，应该一律处死！

如果这个奏疏得到批准，几百人将命丧黄泉，其中就包括诗佛王维。

李亨看了奏疏，准备同意，他想一了百了，省得麻烦。

这时，李岘不干了。

李岘对李亨说："叛军攻陷两京，天子被迫南巡，人人自危，只能各自逃生。投靠叛军的官员，多数都是陛下的亲戚或者国家元勋的子孙，如果一律按叛逆罪处死，恐怕有违仁厚宽恕之道。况且现在河北未平，群臣在叛军中效力的还有很多，如果陛下网开一面，就可以让那些人有机会改过自新；如果陛下一律诛杀，那些人只能跟叛军一条道跑到黑了。《书经》有云：首恶必问，胁从不究。吕諲、崔器只知抠法律条文，不识大体，还望陛下三思！"

相比而言，吕諲、崔器是粗暴执法，李岘则是差别化对待。

前者，以暴制暴，只会更糟，后者，理性处理，春风化雨。

两派就此争执了起来，一争就是好几天。争到最后，李亨想明白了，如今河北还未平定，不能按照吕諲、崔器的一刀切，还得区别对待，团结最大多数人。

李亨按照李岘的建议，将被羁押官员分为六等：

第一等，罪大恶极，斩；

第二等，次之，赐自尽；

第三等，次之，重杖一百；

第四等到第六等，分别判处流刑和贬放。

这样一来，羁押于杨国忠旧宅的官员各就各位，各得其所：

原河南尹达奚珣等十八人被公开斩首；

原宰相陈希烈等七人被赐在大理寺自尽；

诗佛王维等应受杖刑的官员，自动到京兆府门口接受一百大棍；

其余人等，收拾行囊，奔赴祖国各地。

本来王维这一百大棍躲不过去了，恰在这时，李亨想起了一件往事，他依稀记得曾经读过一首诗，题目叫《凝碧诗》：

万户伤心生野烟，
百官何日再朝天。
秋槐叶落空宫里，
凝碧池头奏管弦。

这首诗的基调显然是忠于王室！好像是王维写的吧！

李亨一问左右，没错，确实是王维写的，而且是在洛阳沦陷期间写的。

这说明王维是个好同志。

正巧，王维的弟弟、刑部侍郎王缙也来替王维求情，王缙向李亨表示，愿意用自己的官职来抵哥哥的刑罚。

李亨不禁笑了，何必如此！

王维就此解脱，他逃过了应受的惩罚。李亨不仅没有打他一百大棍，还委任他为太子中允，对于王维来说，这已经是不幸中的万幸。

赏罚到此终结，李亨又将目光投向了北方，北方一日不静，他一天不得安宁。

首鼠两端

在李亨大行赏罚的同时，“大燕皇帝”安庆绪一路向北，败逃到邺郡（今河南省安阳市）。

到了邺郡，安庆绪决定不往北走了，如果再走，父亲安禄山的胜利果实基本丧失殆尽。

安庆绪在邺郡留了下来，他要开始二次创业。安庆绪把邺郡升格为安成府，定为“大燕帝国”的新国都，同时更改年号为“天成”。

洛阳逃亡时光顾着逃亡，现在安庆绪才有精力盘点一下手中的筹码。一盘点，安庆绪倒吸一口凉气，居然就剩下这么点：骑兵不过三百，步兵不过一千。

就拿这点筹码二次创业？

安庆绪自己都有点不相信。

十几天过去了，安庆绪的心情多云转晴，他的部将听说他“定都”邺郡后，纷纷从各地赶来，各地人马再加上临时招募的新兵，总数又达到六万。

三百骑兵、一千步兵不足创业，那么六万大军呢？

或许，还有希望。

就在安庆绪筹划二次创业时，远在范阳的史思明正在打着自己的算盘。

史思明的精明算盘要追溯到公元757年正月，那时安禄山刚刚“驾崩”。

一听到安禄山“驾崩”，史思明意识到自己的机会来了，他马上引军从太原退到了范阳，他要自立门户，当家做主。

史思明的自立门户是隐性的，他没有公开与洛阳的安庆绪翻脸，而是埋头自顾自地做自己的事。当初安禄山将抢夺来的东西都运回了范阳老巢，现在这些东西都被史思明划到自己名下，弄了半天，安禄山是在给史思明打工。

从那以后，史思明对安庆绪便爱答不理，安庆绪也没有办法，于是范阳与洛阳便保持着松散的隶属关系，看似直管，实际上鞭长莫及。

等安庆绪从洛阳逃亡时，史思明趁火打劫的时候到了，他盯上了从洛阳逃回范阳的败兵。

郭子仪的手下败将李归仁率领精锐敢死部队、同罗部落军队、六州胡人部队总计数万人，他们没有跟随安庆绪前往邺郡，而是一溜烟跑回了范阳。一路上，这些败兵贯彻“贼不走空”的精神，沿路抢劫，满载而归，心满意足地进入范阳境内。

这时，史思明早有准备，他要招降这些败兵。

面对招降，精锐敢死部队和六州胡人部队选择了投降，唯独同罗部落军队不同意。

史思明早就做了两手准备，他一手握着胡萝卜，一手握着大棒，眼看同罗部落不吃胡萝卜，他瞬间举起了大棒。史思明部队向同罗部落军队发动突袭，同罗部落猝不及防，很快溃不成军。

这一次，同罗部落吃亏吃大了，不仅人死了不少，抢来的东西也被史思明一锅端，忙活了半天，还是给史思明打工。

经过这次招降，史思明更加兵强马壮。

这时，梦想二次创业的安庆绪惦记上了二大爷史思明。

为了增补自己的兵力，安庆绪派将军阿史那承庆、安守忠前往范阳征兵，从“大燕帝国”的隶属关系来看，安庆绪有这个权力，史思明无权拒绝。表面上看，安庆绪只是派人到范阳征兵，实际上，安庆绪还藏着一手，他给阿史那承庆和安守忠下了一道密旨：找机会除掉史思明。

负责征兵的阿史那承庆人还没到，消息先到，史思明陷入犹豫之中。一方面他不想再听安庆绪的命令，另一方面又不想就此跟安庆绪翻脸，否则会两败俱伤。

跟随史思明多年的判官耿仁智看出了史思明的犹豫，他决定给史思明指一条明路。

耿仁智心向唐朝，他指的明路就是归降唐朝。

耿仁智对史思明说：“大人一向严肃，一般人不敢在你面前说话，我耿仁智就壮壮胆子，容我说句话再死！”史思明有些莫名其妙：“何出此言？”

耿仁智游说道：“大人之所以一直为安氏效力，只不过是为凶暴所逼。如今唐室中兴，天子仁圣，大人如果能率部归顺，就能转祸为福。”听完耿仁智的话，史思明有些心动，毕竟叛乱是刀尖舔血，归顺则是坐享富贵，两相对比，后者更具诱惑。

耿仁智游说完，裨将乌承玼接着游说道：“如今唐室再造，安庆绪不过是草叶上的露珠，大人何必还跟他一起自取灭亡。只要归顺朝廷，自动洗刷以前的污点，富贵易如反掌。”

乌承玼与耿仁智的话叠加到一起，史思明决定改换门庭。

几天后，阿史那承庆、安守忠带领五千骑兵抵达范阳，史思明率领数万大军热烈“欢迎”。两军相隔还有一里时，史思明派人给阿史那承庆传了一个话：

> 大人远道而来，范阳将士喜不自胜。不过范阳士兵没见过世面，胆小，害怕大人的部队，不敢往前走了，希望大人让随行士兵们松弛一下，这样范阳士兵才能心安。

阿史那承庆和安守忠智商也不高，一听史思明如此说，也就同意了，五千骑兵便放松警惕，懈怠下来。

两军相见，史思明热情招呼阿史那承庆和安守忠喝酒，他的属下则热情招待五千骑兵。

阿史那承庆和安守忠做梦也没有想到，就在他们与史思明觥筹交错时，他们的五千骑兵被史思明解除了武装。史思明的部下先收缴了五千骑兵的武器，然后进行了分化，愿意回家务农的，发给盘缠遣送回家，愿意继续当兵的，重重有赏，分配各营。

不一会儿工夫，五千骑兵被史思明分解完毕，阿史那承庆和安守忠仅仅喝了一顿酒，就成了光杆司令。

第二天，两个光杆司令惊愕地发现，不仅五千骑兵没了，他俩也成了史思明的阶下囚。

这顿酒的成本太大了！

史思明马上给李亨写了一道奏疏，要求举所部十三郡以及八万士兵投降！

公元757年十二月二十二日，史思明派出的投降特使来到长安，把这个天大的喜讯通报给李亨。

看完奏疏，李亨愣了一下，瞬即大喜，这可是天大的好事！

李亨马上封史思明为归义王、范阳节度使，史思明的七个儿子被同时任命为唐朝政府高官。红包发完，李亨派给史思明一个特殊任务：率领所部兵马讨伐安庆绪。

红包也是有条件的。

史思明归降，让唐王朝的形势一片大好，整个河北大地，除了安庆绪控制的几个郡，其余多数回归唐朝，由安禄山引发的叛乱呈现出逐渐熄灭的态势。

如果这个势头能够保持下去该有多好！

暗藏伏笔

转眼，史思明归降已经有几个月时间，表面看上去风平浪静。

然而，还是有人看到了风平浪静下的玄机。

河南节度使张镐给李亨上了一道奏疏：“史思明为人凶险，利用天下大乱窃取高位，看似长着一张人脸，实际却怀野兽之心，很难用恩德感化，陛下千万不要给他权柄。”

看完张镐的奏疏，李亨并不赞同，这个张镐，完全是戴着有色眼镜看人。

正巧，李亨派往范阳的宦官返回长安，他向李亨汇报了范阳之行的成果，最后给出他的结论：史思明忠实可信。不出天大意外，这是史思明用钱买来的结论。

李亨点了点头。

李亨对史思明的放心并没有维持太长时间，不久，河东节度使李光弼的奏疏也到了，他也提醒李亨提防史思明。

如果说张镐的奏疏李亨还可以置之不理，李光弼的奏疏他就必须加以重视了，毕竟李光弼是平叛重将，而且与史思明多次交手。

史思明真的不可靠吗？李亨对史思明产生了怀疑。

原本，他们之间的信任就很脆弱，现在，怀疑之心又起，李亨与史思明之间微妙的平衡即将被打破。

第十二章　烽烟又起

范阳再叛

怀疑就像李亨心中的野火，一旦点燃，便无法扑灭。

李亨越想张镐的话，越觉得有道理，既然史思明当初能跟安禄山一起反叛，那么现在兵强马壮岂能就此消停？毕竟他手里握着的是那么多郡和那么多士兵。

中国古代就是这样，皇帝并不等一个人真正谋反，只要这个人具备一定的谋反条件，这个人就会被视作危险人物，不管你曾经多么忠君爱国。

不行，不能坐等他反叛，应该先下手为强。

李亨决定动手，经过物色，他选定了一个人选：原信都郡太守乌承恩。

乌承恩与史思明有一段渊源。

当年，史思明还没发迹时，曾经在平卢军使乌知义（乌承恩的父亲）手下效力，乌知义待他不薄，因此史思明对乌知义一直心存感激。安禄山叛乱后，时任信都郡太守的乌承恩举郡向史思明投降，史思明顾念旧情，对乌承恩非常照顾。等安庆绪洛阳败逃后，乌承恩和弟弟乌承玼都曾劝说史思明向政府归降，最后在他们的劝说下，史思明归顺李亨。

有这样一段渊源做基础，史思明与乌承恩的关系非常不错，然而，当友情遭遇利益时，友情往往经不起考验。

李亨给乌承恩开出条件，他要买断乌承恩与史思明的友情。

李亨的计划是这样的：

> 乌承恩到范阳后，联合阿史那承庆除掉史思明。事成之后，对阿史那承庆叛乱的罪行既往不咎，另外赐予铁券，对乌承恩委以范阳节度副使一职。

条件很优厚，前景很迷人。

李亨的计划并不是他一手策划，而是李光弼一手打造，这位唐朝中兴名将就是看史思明不顺眼，想除之而后快。当然，他跟史思明没有私怨，只有公仇。

两难选择摆在了乌承恩面前，是要前途，还是要朋友？

乌承恩选择了前途。

无可厚非。

接受任务的乌承恩马上行动了起来。

第一步，他用自己的私财招募了一批敢死勇士，这些人是他将来行动时的有力工具。

第二步，他男扮女装，前往史思明部将的大营进行策反。

刚开始，史思明浑然不觉，时间长了，史思明就听到了风言风语，有的将领向史思明反映：乌承恩曾经男扮女装进过军营。

史思明心中一惊，他当即意识到乌承恩身上一定隐藏着一个大阴谋，大阴谋的矛头一定是指向自己。史思明没有慌乱，他不动声色，就当什么事情也没发生过。

事有凑巧，几天后，乌承恩陪同长安来的宦官一起到范阳慰问史思明，史思明决定利用这个难得的机会。

史思明与乌承恩老友见面，寒暄不已，接风宴摆过之后，便把乌承恩送到宾馆休息。

分别时，两位老友嘴上情意浓浓，心中却杀机四起，只不过看谁的刀更快。

史思明首先出招，他的招是乌承恩最小的儿子。

乌承恩最小的儿子当时正好在范阳，史思明故作关切，命其到宾馆看望父亲，父子二人好好团聚一下。

乌承恩父子以为史思明是一片好意，不承想，一个深坑已经给父子俩挖好了。

夜深了，宾馆内外寂静无声。

乌承恩下意识看看窗外，确定无人后，小声对儿子说：“我受命铲除这个逆贼，事成之后，朝廷将任命我当范阳节度使。”

窗外无人。

屋里有窃听器。

史思明那个时代没有高级窃听器，但有最原始、最初级的窃听器——人。早在乌承恩入住前，史思明就安排了两个勇士潜伏在乌承恩房间的床下。

现在“窃听器”听到了骇人听闻的消息。

两位勇士迅速从床下爬出，大声叫喊着打开房门，早有准备的史思明士兵一拥而上，捆住了目瞪口呆的乌承恩父子。史思明冷冷看了乌承恩一眼，开始搜查乌承恩的行囊，一下子便搜出了李亨赐给阿史那承庆的铁券。

看来，真是要算计我史思明啊！为什么就不能信任我呢！

罢，罢，罢，看来我与朝廷没有缘分。

史思明反心又起，压也压不住了。

精于算计的他不想一个人战斗，他要把麾下的部将都裹胁进来。趁着搜查乌承恩行囊的工夫，史思明把事先准备好的道具塞进乌承恩的行囊，然后又非常“吃惊”地把道具搜了出来。道具是一份名册，以李光弼的名义拟的，上面详细罗列着曾经跟随史思明叛乱的部将名字，凡是在李光弼这份“名册”上的人，全部杀无赦。

史思明预感到朝廷有一天会跟自己翻脸，因此早早造了这样一份名册，现在名册派上了用场。

铁券和名册摆到诸将面前，诸将一个个被悲愤的情绪笼罩，为什么我们都归降了，还把我们往死路上逼？

范阳又成了火药桶。

史思明瞪着乌承恩责问道：“我什么地方对不起你，你要如此对我！”

乌承恩已经吓得浑身哆嗦，用颤抖的声音解释道：“死罪，死罪！这些都是李光弼的阴谋！”

史思明已经不想听解释了，他知道自己该干什么。

史思明把部下、士绅、百姓代表召集到一起，然后冲着西方大哭起来："臣率十三万士兵归降朝廷，有什么地方辜负陛下，陛下却要杀臣！"

哭完，史思明将乌承恩父子押上了刑场，陪同乌承恩父子一起受刑的还有受他们牵连的二百多人。（乌承恩的弟弟乌承玼跑得快，逃过一劫。）

斩完乌承恩父子，史思明给李亨上了一道奏疏，详细阐述自己的委屈。

这时，李亨玩起了无赖手法，干脆一推六二五："这起事件跟朝廷和李光弼没有任何关系。只是乌承恩个人行为，你把他杀了，正好！"

流氓会武术，谁也挡不住；皇帝要无赖，神仙也歇菜。

李亨的辩解没有化解史思明的愤怒，史思明与朝廷的关系走到了悬崖边。

不久，朝廷处罚投敌官员的公文传到范阳，这份公文又被史思明加以利用。

史思明拿着公文对诸将说："陈希烈这些人都是朝廷大臣，当年太上皇自己抛弃他们跑到了蜀郡，陈希烈他们没有办法才给安禄山效力，如今他们还是免不了一死。他们尚且难逃一死，更何况我们这些人，一开始就跟着安禄山起兵。"

史思明说完，诸将心中都充满了悲凉，他们已经别无选择，只能跟着史思明再次叛乱！

叛乱总得有个由头，当年安禄山选择的由头是"诛杀杨国忠"。

现在，史思明选择什么当由头呢？

诛杀李光弼！

诸将群情激昂，要求史思明上疏诛杀李光弼，史思明点头同意，便把任务交给了判官耿仁智以及耿仁智的下属张不矜。史思明特别嘱咐道："奏疏上一定要写上，陛下不为臣诛杀李光弼，臣当自己引兵到太原诛杀。"

张不矜很快打好了草稿，拿给史思明过目，史思明看过后，同意。

张不矜收起草稿，准备放进专用盒子，然后送交抄写官正式抄写。

这时判官耿仁智走了过来，他要替张不矜把把关。

耿仁智拿过草稿，删掉了史思明特别嘱咐的那句话。

在耿仁智看来，那句话是向皇帝挑衅，也是叛乱的前奏，一旦皇帝看到，事情将不可收拾。

耿仁智还是太书生意气了，他以为删掉那句话就能删掉史思明叛乱的念头，异想天开。

很快，负责誊写奏疏的官员向史思明报告：草稿上最重要的那句话被耿仁智他们删掉了。史思明大怒，马上命人将耿仁智和张不矜推出斩了。

临刑前，史思明又有些于心不忍，毕竟耿仁智跟了他很多年。

史思明又把耿仁智叫了回来，说道："你跟随我已经快三十年了，今天是你负我，而不是我负你！"如果耿仁智就坡下驴，他将躲过一死。

耿仁智大声说道："人终有一死，能为忠义而死，也很值得。今天如果跟随大人谋反，那只不过是把死期往后推延几年而已，还不如早死！"

史思明被耿仁智点中了软肋，抓狂起来，一顿乱锤，将耿仁智活活打死。

书生意气的耿仁智没能阻止史思明叛乱的心，从此，史思明又跳到了大唐王朝的对立面。

史思明也不愿意，但他别无选择，因为有些事一旦做了，就很难回头！

邺郡之围

史思明已经开始公然叫板，但李亨暂时还顾不上他，眼下李亨急需解决的是邺郡的安庆绪，只有把安庆绪解决了，李亨才能腾出手对付史思明。

实际上，李亨高看安庆绪了，安庆绪压根儿不是造反的材料，明明手中有筹码，也不会好好利用。

安庆绪逃到邺郡时，虽然同党分崩离析，但手中依然有七个郡总计六十多个城池，兵器、辎重、粮食应有尽有。如果换一个有经验、有野心的人经营，这些都会成为争夺天下的筹码，安庆绪却对这些不以为然，他最在乎的还是个人享受，只求每天能喝个痛快，仅此而已。

嗜酒如命的安庆绪不理政事，便给了大臣争权夺利的机会，高尚和张通儒互不买账，一见面就斗个不停，有这么两个斗鸡在，邺郡不乱才怪。

唯一令安庆绪心安的是大将蔡希德，此人不仅有谋略，而且麾下都是精兵，有这么一个人在，安庆绪觉得心里踏实。

好景不长，安庆绪感觉最踏实的蔡希德被张通儒算计上了。

蔡希德被张通儒算计，主要是性格惹的祸。

武将出身的蔡希德，性格刚烈，遇事喜欢直来直去，一来二去，就把张通儒得罪了，张通儒恨死了蔡希德。张通儒决定报复，他要借安庆绪的刀杀蔡希德。

久在安庆绪身边，张通儒知道安庆绪的软肋：害怕属下投敌。张通儒决定抓住这个软肋。不久，张通儒向安庆绪报告了一个骇人听闻的消息：

蔡希德已经与唐军取得联系，计划诛杀你，然后举邺郡投降。

安庆绪一听，顿时跳了起来，什么？消息可靠吗？

张通儒斩钉截铁地说："可靠！这是蔡希德的左右透露出来的！"

智商偏低的安庆绪就此相信，马上下令将蔡希德公开处斩。

斩完蔡希德，邺郡的军心便散了，蔡希德麾下数千名士兵一哄而散，再也不肯给安庆绪卖命。与此同时，目睹蔡希德悲剧的将领们也抱怨不已，从此与安庆绪离心离德。

安庆绪有些后悔，但为时已晚，只能硬着头皮将另一位大将崔乾祐扶上马，任命崔乾祐为天下兵马使，总管邺郡内外军事。

本以为这样可以弥补一下损失，没想到，崔乾祐刚愎自用，暴戾好杀，根本无法服众。

安庆绪只能暗暗叫苦，想要找个人代替崔乾祐，又无米可炊，只能死马当活马医了。

安庆绪不可救药地走上下坡路，李亨针对安庆绪的重点打击也拉开了帷幕。

公元758年九月二十一日，李亨点将，一口气点了九个节度使和一个兵马使。

九个节度使包括朔方节度使郭子仪、河东节度使李光弼、北庭节度使李嗣业、关内节度使王思礼、淮西节度使鲁炅等九人。这九人是李亨手上最能打仗的节度使，现在李亨把他们一股脑都甩了出去，目的就是把安庆绪打残打死。

李亨交给九位节度使二十万大军，而且这二十万大军还只是一部分，稍后，还会有源源不断的大军派给九位节度使指挥。

九位节度使，二十万大军，这是李亨登基以来最奢华的阵容。出人意料的是，李亨居然没有设立主帅，九位节度使各自为战。

史书对此的解释是，李亨考虑到郭子仪、李光弼都是元勋，彼此之间很难协调，因此不设元帅。郭子仪与李光弼资历相仿只是借口，李亨真正担心的是，在围剿安庆绪的过程中，有节度使趁机坐大，那么战后就有可能尾大不掉，造成祸患，无论郭子仪，还是李光弼，他们都是李亨忌惮的对象。

虽然不设元帅，李亨还是设了一个名义上的最高指挥官：观军容宣慰处置使，相当于李亨的战地特派员。

由谁担任呢？宦官鱼朝恩。

说来说去，皇帝谁也信不过，只信得过宦官。

公元758年十月初，朔方节度使郭子仪率军渡过黄河，向东攻打安庆绪控制下的获嘉城，没费多大工夫，获嘉城破，斩首四千，生擒五百。获嘉城守将仓皇出逃，率领残兵退守卫州（今河南省卫辉市）。

郭子仪乘胜追击，一路追击到卫州城下，与此同时，鲁炅、李嗣业等节度使也率领各自人马抵达卫州城下。

卫州是邺郡的门户，卫州一失，邺郡难保。安庆绪不敢怠慢，连忙动员邺郡所有部队，七拼八凑，凑足七万人，开到卫州城下。安庆绪将七万大军分成了三部分，崔乾祐领上军，田承嗣领下军，安庆绪自己领中军。

双方在卫州城下拉开了阵势。

这时郭子仪提前做好了部署，他把三千弓弩手埋伏到本方营墙后面，嘱咐道："一会儿，我会假装败退，叛军一定会趁势追赶，到那时你们就登上营墙，乱箭发射！"

一切布置停当，郭子仪引军迎战安庆绪。

战不多久，郭子仪假装败退，唐军如退潮潮水一般向本方大营败退，安庆绪一看有机可乘，马上挥军追击。眼看要追上了，就听郭子仪大营中一声梆子响，营墙上突然出现无数弓弩手，叛军士兵一愣神的工夫，弓弩手万箭齐发，无数弓箭向叛军士兵飞了过去。

安庆绪这才意识到自己中计了，立即拨转马头往回跑。

郭子仪令旗一指，唐军又如涨潮的潮水一样追了上去。

紧跑慢跑，安庆绪脱离了危险，一盘点阵容才发现，弟弟安庆和丢了。安庆绪派人一打听才知道，卫州城陷落，弟弟安庆和被俘。

顾不上伤心，安庆绪一路逃回邺郡，这时形势更危急了，关内节度使王思礼等人已经带兵逼近了邺郡，留给安庆绪的生存空间越来越小。

安庆绪不甘心，马上组织人马在愁思冈反击，然而，一仗下来又被斩首三万，生擒一千。

筹码越来越少的安庆绪只能退入邺郡城内，当起了缩头乌龟。

这一缩，就只有被动挨打的份了。

郭子仪令旗一挥，将邺郡城团团围住，这时，河东节度使李光弼率军赶到，八大节度使在邺郡城下聚齐（河南节度使崔光远在魏州作战）。

眼看邺郡陷入重重包围，安庆绪只能向史思明求救，为了表达自己的诚意，安庆绪承诺，愿意将皇位相让。

“以皇位换救援”的计划很快得到了史思明认可，史思明立刻动员范阳十三万兵马，准备南下救援安庆绪。然而转念一想，史思明又变卦了，十三万兵马可是自己全部的家当，万一在邺郡拼光了，那就得不偿失了。

史思明决定先作一下试探，派李归仁率一万兵马进驻滏阳（距离邺郡三十公里），与安庆绪遥相呼应。很快，李归仁给史思明发回消息：邺郡已被围得水泄不通，短期内无药可救。

史思明无奈地摇了摇头，顺手拿过了地图。

经过研究，史思明决定在魏州城（今河北省大名县）做文章。据他所知，几天前，河南节度使崔光远刚刚攻克魏州城，还立足未稳。

机不可失，史思明马上率军到了魏州城下。

魏州城里虽然是河南节度使崔光远坐镇，但打仗主要靠将军李处崟，现在史思明兵临城下，李处崟便披挂出征。若论单兵能力，史思明根本不是李处崟的对手，但论整体作战，史思明明显处于上风，他的兵多，李处崟的兵少。几次交战下来，史思明连战连胜，逼近了魏州城大门。

然而，魏州城易守难攻，一时半会儿攻不下来。

史思明眼睛一转，顿生一计。

他冲着魏州城墙上的士兵喊道：“李处崟约我们到这里，他自己怎么不出来啊？”

这一嗓子，要了李处崟的命。

士兵们很快向崔光远汇报了史思明这句话，崔光远一下子紧张了起来。

崔光远紧张，与他的一段特殊经历有关。

李隆基从长安出逃时，崔光远担任京兆尹，长安陷落后，崔光远继续担任京兆尹，所不同的是，以前给李隆基打工，现在则是给安禄山打工。如果没有突发事件，崔光远给安禄山打工的时间还会延长。

一天夜里，同罗部落叛军从长安马厩偷出数千匹战马脱离安禄山阵营而去，崔光远误以为整个安禄山叛军都要撤退，他立即下令包围了叛军将领在长安的宅邸。

后来一打听才知道，跑的只是同罗部落军队，多数叛军还在长安原地不动。自知惹祸的崔光远索性脚底抹油跑了，一路跑到李亨所在的灵武郡，继续当唐朝忠臣，后来辗转出任河南节度使。

值得一提的是，死太监边令诚东施效颦，也仿效崔光远从长安颠颠跑到了灵武郡，本以为能得到李亨重用，结果李亨只冷冷地说了几个字："拉下去，斩了！"

正因为有过长安那一段特殊经历，崔光远神经过敏，看谁都像叛国投敌，现在一听史思明如此说，他便认定李处崟要与史思明里应外合。偏执的崔光远把李处崟绑了起来，然后推出去，腰斩！

斩完李处崟，崔光远如梦初醒，坏了，反间计！

一切都晚了！

心知不好的崔光远连忙开动脑筋想补救办法，然而，想了半宿，一无所获。

最后，崔光远终于想到了高招，而且一招就灵！

他的高招是，自己撒丫子跑先！

借着夜色掩护，崔光远只身逃出魏州城，把魏州城一城百姓和军队都抛在了身后。

第二天，魏州城破，三万军民被杀，这一切都源于倒霉的崔光远。

功亏一篑

时间走到公元 759 年正月一日，占领魏州城的史思明做了一件大事：称王。

史思明在魏州城北兴筑高台，他登上高台举行了盛大的称王仪式，自称“大圣燕王”。

奇怪的是，史思明没有直接称帝，而只是称王，可能是感觉自己实力单薄，因此先谦虚一点。

史思明称王的消息很快传到了邺郡城下，河东节度使李光弼坐不住了，他想北上魏州，堵住史思明。李光弼说：“史思明在魏州按兵不动，主要是想等我军懈怠，然后出其不意地发动攻击。我建议河东兵团跟朔方兵团一起进逼魏州，向他挑战，他前年在嘉山曾经惨败给我们，一定不敢轻易出击。时间一长，邺郡城必破，那时安庆绪一死，史思明就没有借口驱动他的士兵南下了。”

李光弼不愧是中兴名将，他的眼光比别人独到，如果他的谋略实现，魏州的史思明就会被堵住，困在邺郡的安庆绪必死无疑。

可惜李光弼不是主帅。建议报到“最高领导”——观军容宣慰处置使鱼朝恩那里，鱼朝恩犹豫了半天，说道：“这个，这个，不可行吧！”

外行领导内行，就是这个结果。

原本，按照李光弼的策略，可以下成一盘活棋，既牵制史思明，又围死安庆绪，现在，鱼朝恩一票否决，活棋下成了死棋。

数十万唐军将安庆绪困在了邺郡，也困住了自己。

不久，一个噩耗不期而至，九大节度使之一李嗣业箭疮复发去世。

北庭节度使李嗣业在邺郡城下延续自己勇猛的作风，每次与叛军作战都冲在最前面。不料，在一次交战中被流箭射中。李嗣业没有把箭疮放在心上，他只是在营中休养了数日，眼看即将伤愈。

一天，营中突然鼓声大作，李嗣业以为有叛军袭营，顿时一个激灵，他正准备走出大帐查看，箭疮崩裂，李嗣业大叫一声，血已经从箭疮处汩汩流了出来。

医官赶到时，已经晚了，李嗣业失血过多，不治身亡。

李嗣业去世的消息很快传遍了全军，众人咂舌不已，尤其是八位节度使。节度使们不免有些抱怨，如果有一个主帅统一指挥的话，邺郡早就拿下了，而现在，邺郡是围住了，同时也把自己困住了，这下还白白搭上了一个节度使。（在李嗣业去世后，李亨任命兵马使荔非元礼接任节度使。）

抱怨归抱怨，但谁也不敢出头，只好继续困守在邺郡城下。

围困还在继续，安庆绪的日子没法过了，他陷入水深火热之中。

为了逼迫安庆绪出城，郭子仪他们用了一个损招：截流河水，倒灌入城。

哗啦啦的河水源源不断地流进邺郡城，时间不长，邺郡城就成了水城威尼斯。原来邺郡城内水井的水面离井口还有好几米，现在好了，井水自动往外流，改自流井了。

邺郡城成了一片汪洋，连睡觉的地方都没有了。

没有办法，邺郡城里的士兵和老百姓只好搭木架子，晚上就在木架子上过夜。

如果说水深的滋味还可以勉强忍受，那么挨饿的滋味就没法忍受了。

从去年冬天被围开始，邺郡的粮食便吃一粒少一粒，吃到春天，粮食吃光了，老鼠迅速通货膨胀。以前老鼠没人吃，现在一只老鼠售价四千钱。

人艰难如此，马的日子更难。幸好，那个年月筑墙时采用泥土混杂谷皮，现在墙里的谷皮也被盯上了，叛军士兵把墙拆了，用水淘洗谷皮，然后集中起来喂马。到最后，墙被拆光了，叛军士兵便采用“绿色循环法”，从马粪里提取植物纤维，再来喂马。

这日子没法过了!

眼看邺郡城内已是这幅光景，郭子仪等节度使以为大局已定，破城只是时间问题，索性不着急，慢慢等，总有城破的那一天。

这时，大军不设统帅的弊端便彻底暴露出来了：九个节度使各自为政，都不着急，没有一个人提议主动进攻，也没有一个人主动向李亨汇报，九个人各忙各的，都不着急，都不负责。

邺郡城成了一盘死棋。

九大节度使还在“各扫自家雪”时，史思明已经从魏州出发了，他要管一管邺郡的瓦上霜。史思明不是活雷锋，他要救的不是安庆绪，而是邺郡。安庆绪对于他而言，没有用处，邺郡却不一样，可以成为他争夺天下的重要基石。

这次南下救援，史思明显示了自己的军事才能。在我看来，安史之乱中，有两个人可以称为真正的名将，一个是李光弼，另一个就是史思明。至于郭子仪，处世才能远在这二人之上，而军事才能，却相去甚远。

史思明没有直扑邺郡，而是驻扎到邺郡外围。

史思明将部队分成了几部分，每部分都以邺郡为圆心，五十里为半径，扎营完毕，每个大营发给战鼓三百面，任务只有一个，日夜不停地敲。

震天响的战鼓很快震动了围城唐军的耳膜，唐军士兵仔细一听，鼓声居然从四面八方传来，对方到底来了多少人啊？

史思明外围打鼓，唐军士兵心里打鼓。

在鼓声伴奏下，史思明从每个大营里挑选出五百名精锐骑兵，从各个方向杀向邺郡城下，任务也很简单：骚扰。如果唐军出击，他们马上撤退；如果唐军不出击，他们继续骚扰。

时间一长，唐军的日子难过了，不仅每天都有人马牛车损失，甚至连日常的砍柴割草都成了难题。

唐军士兵并没有想到，艰难的日子还在后头呢。

因为史思明盯上了唐军的粮道。

当时围困邺郡的唐军士兵总数达到六十万，粮食供应成了大问题，李亨费了九牛二虎之力才把粮食从全国各地源源不断地运往邺郡，现在史思明盯上了粮食。

史思明不愧是一个军事天才，他不仅懂得大兵团作战，还会熟练运用特战队。

史思明一下子撒出了多支特战队，向唐军的粮道直扑过去。

特战队穿着唐军军服，打着唐军旗号，一见到唐军运粮队便扑上去装模作样地检查，然后没事找事，毫无理由地杀人。几次下来，给唐军运粮的民夫们便吓破了胆，一传十，十传百，大家都不敢往前线运粮了，只是做出运粮的样子，在远离前线的运粮路上磨洋工。

特战队不仅使得运粮民夫磨洋工，而且遇到大批粮草时，还经常一把火，付之一炬，火光冲天而起时，他们已经潇洒地离开。

时间长了，郭子仪、李光弼也知道了特战队的存在，便派出巡逻部队搜索，然而史思明的特战队伪装得太好了。即使巡逻部队与他们面对面走过，也无法识别他们的真实身份，但奇怪的是，他们内部，彼此之间却能轻松识别。

经过特战队连续不断的破坏，效果终于出来了，六十万唐军濒临断粮，军心不稳，人人自危！

这时史思明的挑战书到了。

郭子仪、李光弼等节度使表示同意，双方约定于公元 758 年三月六日决战。

其实，此时决战对唐军很不利，因为他们已经疲惫不堪。从去年冬天包围安庆绪开始，唐军已经在邺郡城下苦熬了几个月，精锐之师早已熬成了疲惫之师。

相比之下，史思明大军刚刚南下，士气正盛。

公元759年三月六日，唐军步兵骑兵总计六十万列阵于安阳河北，史思明则率领五万精兵从容对阵。

不怕不识货，就怕货比货。

五万大军放在平时看已经不算少了，然而跟六十万大军相比，五万大军就有些寒酸了。

九大节度使一看，对面只有五万士兵，便以为只是一支偏军，大家都没把这支偏军放在眼里。

史思明不理会九大节度使轻蔑的目光，他率军向唐军扑过了过来。

与史思明接住厮杀的是李光弼、王思礼、鲁炅的部队，几次冲杀下来，双方死伤基本相当。

这时，意外发生了，淮西节度使鲁炅被流箭射中。

接下来鲁炅的举动更让人意外，他居然不打招呼率领自己的部队退出了战场！鲁炅这一退不要紧，要命的是，他的部队后面紧挨着的是郭子仪的部队，被鲁炅的部队一冲，郭子仪的部队也乱了。

更大的意外接着发生了。

沙尘暴来了！

沙尘暴毫无预兆地从天而降，大风骤起，吹沙拔木，天地之间顿时变成漆黑一片，伸手不见五指，咫尺对面不能相辨。

仗没法打了。

六十万唐军惊了，五万叛军也惊了。惊慌之中，六十万唐军往南跑，五万叛军往北跑，不一会儿工夫，人都跑光了，只留下满地的兵器和辎重。

这场无厘头的奔跑对于唐军而言损失巨大，九个节度使中，除了李光弼、王思礼将所属部队全建制带回外，其他节度使都是损兵折将，包括名气最大的郭子仪。

郭子仪部队战前有战马一万匹，现在只剩下三千匹，另外还有十万件兵器遗弃殆尽。

损失惨重的郭子仪总算还保持了名将风度，尽管慌乱，但头脑依然清醒，他果断地毁掉了河阳桥，然后准备退保洛阳。然而，洛阳也保不住了，士兵百姓已经被兵败的消息吓破了胆。

兵败消息传到洛阳后，洛阳官员和百姓便开始往城外跑，一直跑到洛阳城外的山谷藏身。相比之下，有两位官员跑得更彻底：东京留守崔圆一口气跑到二百二十公里以外的襄州；河南尹苏震则一口气跑到三百公里以外的邓州。

身体真好！

洛阳守不住了，郭子仪只好引兵退到了河阳、缺门一带，其余八个节度使率领部队返回各自战区。

从公元758年冬天到公元759年春天，九大节度使，六十万大军，前后整整围了四个多月，结果被一场沙尘暴搅得功亏一篑。

更令人哭笑不得的是，惊慌失措的九大节度使都以为唐军输了，其实唐军并没有输，因为唐军在跑，史思明也在跑，而且一竿子跑到了河北沙河。

我查了一下从河南安阳到河北沙河的直线距离，两者之间火车里程为八十八公里，这就意味着，当郭子仪他们向南狂奔的时候，史思明在向北狂奔，而且一下子跑出了至少八十八公里。

这本是一场没有胜负结果的战争，只是郭子仪他们以为自己输了，最后他们真的输了。

安庆绪的末路

被沙尘暴刮得晕头转向的史思明一路向北狂奔，心中充满恐惧，不过他还是留了一个心眼，他向刚才战斗过的地方派出一支侦察部队。

没过多久，侦察部队回来了：“大王，唐军都跑了！”

史思明长出了一口气，哦，都跑了，那咱们回去。

在沙河，史思明集结了自己的队伍，然后掉头返回了邺郡，全军驻扎到邺郡城南。

如果唐军也能派出一支侦察部队，或许提前返回邺郡的就是唐军，只可惜，九大节度使各自为战，都不负责，最后只能接受功亏一篑的结局。

邺郡城下，往日的热闹早已不见，六十万唐军消失得无影无踪，只留下不会说话的粮食。安庆绪打开城门一看，喜上眉梢，他让人把唐军的粮食收拢到一起，一统计居然有六七万石之多。

这下发财了，能吃顿饱饭了。

手中有粮，心中不慌，安庆绪同样认可这句话。

手中有粮的安庆绪召来孙孝哲和崔乾祐商量，经过商量，三人达成共识：取消当初以皇位相让的承诺，关闭邺郡城门，把史思明拒之门外。

后来的事实证明，这本来是个好主意，至少能让安庆绪多活几年。

然而好主意遭到了众人的反对，众人对安庆绪说："邺郡城靠史王才得以保全，今日怎么就这样背弃史王呢?"安庆绪被问得哑口无言，索性装起了糊涂，不接话茬。

眼看安庆绪装糊涂躲在邺郡城不搭理自己，也不兑现"礼让皇位"的承诺，史思明也装糊涂，他既不跟安庆绪主动联系，也不南下追击唐军，每日只在自己的大营里犒赏将士，丝毫不提邺郡城的事。

史思明并不是糊涂，他的心里真有打算。在史思明看来，安庆绪已经日薄西山，他的内部一定会起变化，自己只需静心等待，就一定能抓住安庆绪的破绽。

果不出史思明所料，安庆绪阵营中真有人动了活心眼。

心思活络的是"宰相"张通儒和"中书侍郎"高尚。

张通儒和高尚对安庆绪说："史王远道而来，臣等应该去参拜以表谢意!"

话说的都是一切为公，事做的却是一切为己，张通儒、高尚所谓的"拜谢"，其实是给自己提前准备后路，以防万一。安庆绪知道张通儒、高尚的心思，但他已经拦不住了，只能大方地表示："你们随便，愿意去就去!"

张通儒、高尚要的就是这句话，出了安庆绪的"皇宫"，便进了史思明的大营。史思明何等精明，他马上热烈接见了两位，热情招待之后，还让他们满载而归。

史思明本以为张通儒、高尚回去会说动安庆绪来见自己，然而整整三天过去了，安庆绪还是没来，连封信也没有。

史思明决定再给安庆绪加把火。

这一回史思明动用的棋子叫安太清，身份是安庆绪手下的将军。史思明秘密召见了安太清，教给他一套说辞，让他回去说服安庆绪。安太清领命而去，不久，效果出来了。

安庆绪绷不住了。

连日来，张通儒、高尚、安太清不断游说安庆绪，让安庆绪不胜其烦。这时，安庆绪也看清了自己的现状，以他的实力，根本无法跟史思明要无赖，他还得老老实实地兑现承诺，把“大燕皇帝”的皇位让给史思明，不然，这个坎他过不去。

安庆绪命安太清替自己给史思明写了一道奏疏，在奏疏上，他自称“臣”，请史思明解除铠甲进入邺郡城，到那时，他双手将“大燕皇帝”玉玺献上。

奏疏到了史思明手里，史思明心里乐开了花，不过还装作一脸严肃：“何至于这样啊!”压抑着内心狂喜的史思明将奏疏在诸将中传阅，正传阅着，口号声此起彼伏：“万岁!”“万岁!”“万岁!”

史思明暗暗对自己说，被呼“万岁”的感觉真好。

尽管心中狂喜，史思明依然不动声色，他要趁机给安庆绪挖一个坑。

史思明亲手给安庆绪写了一封信，在信中，他没有称呼安庆绪为“臣”，他“饱含深情”地写道：愿我们结为兄弟之国，互为屏障，互相支援，与唐朝成三足鼎立之势，并立于世。至于你尊我为帝，向我称臣，绝不敢当!

热情洋溢的信送到安庆绪手中，智商有限的安庆绪被深深地感动了，二大爷，太讲究了!

安庆绪被感动冲昏了头脑，他丝毫没有意识到自己已经掉进了史思明的陷阱。

安庆绪给史思明回了一封信，内容很简单：要求与史思明歃血为盟。

智商不高的安庆绪可能是武侠小说看多了，他以为歃血为盟就能让每个人遵守自己的誓言。殊不知，任何盟誓都只是一个形式，本身并没有意义。真想遵守承诺，不在乎形式，不想遵守承诺，再神圣的形式也没有用。

要命的是，安庆绪偏偏认为形式有用。

追求形式的安庆绪率领三百骑兵到了史思明的大营，一步一步走进了史思明的陷阱。

安庆绪和四个弟弟一起被引到了史思明所在的庭院，安庆绪环顾四周，他发现所有的士兵都已经严阵以待。

仪式够隆重的!

安庆绪对着史思明下拜道：“臣没有能力担负大任，致使两京失守，自己还久陷重围，不料大王因为太上皇（安禄山）的缘故，长途奔袭前来解救，使臣得以复生。臣即便粉身碎骨，也无法报答大王的恩德!”安庆绪说这番话，其实就是跟史思明客套一下，他心里惦记的是“歃血为盟”。安庆绪满心以为史思明也会跟他客套一下，然后举行盟誓仪式。

没想到，史思明突然翻脸，怒喝道：“丢失两都，不值得一提。你身为人子，却杀父夺位，天地不容。今天我要替太上皇讨贼，岂能接受你的谄媚!”

安庆绪顿时明白了，什么叫翻脸比翻书还快。

接下来，安庆绪听到了令他肝胆俱碎的一句话：“推下去，斩!”

我们不是说好歃血为盟吗?

傻孩子，逗你玩呢!

安庆绪被推了出去，陪同他被斩的还有他的四个弟弟，以及他的政府高官高尚、孙孝哲、崔乾祐，他们的结局都是一刀两断。

相比之下，从小想做大事的高尚就没有严庄高明了，人家严庄一看形势不妙，果断解套离去，高尚却跟着安庆绪一起跌停，然后被深度套牢，最后遭遇了摘牌的厄运。

人比人，气死人!

仔细一算，从公元755年十一月安禄山范阳起兵开始，安禄山、安庆绪父子折腾了三年多的时间，安禄山“开创”了大燕帝国，仅仅当了一年皇帝，安庆绪接过父亲的接力棒，也不过当了两年皇帝，现在接力棒交给了二大爷史思明。

如果人有一双看到未来的眼睛，估计所有的人都会避开这个死亡接力棒，包括心比天高的安禄山、史思明，只可惜没有。于是，无数人蜂拥而上，他们以为抢到了宝贝，到头来，只不过是一根死亡接力棒。

安庆绪一页就此翻过，接下来的一页属于史思明。

斩完安庆绪，史思明勒兵进入邺郡城，他摇身一变，成了这里的主人。史思明接收了安庆绪的全部士兵，然后打开府库当起散财童子，经过一阵滥赏，以前所有姓“安”的东西，都改姓“史”了。

公元759年四月，史思明在范阳称帝，自称“大燕皇帝”，改年号为“顺天”，封妻子辛氏为皇后，长子史朝义为怀王，周挚为宰相，李归仁为大将军，范阳定为国都。

是时候唱一出大戏了，史思明暗暗对自己说!

第十三章　棋逢对手

分水岭

史思明春风得意，唐朝境内，两位节度使正在暗自叹息。

淮西节度使鲁炅是其中的一位，他的郁闷无以复加。

邺郡大战时，他被流箭射中，然后不打招呼便退出了战斗，他一退导致六十万大军惨败。更令他难堪的是，撤退路上，九大节度使麾下士兵都有烧杀抢掠的记录，相比而言，他的士兵最为严重。

鲁炅不断叹息，一世英名，毁于一旦。

就在鲁炅内疚万分时，他又听到了进一步的消息：郭子仪率军回到黄河北岸集结，李光弼率军全建制返回太原。

鲁炅内疚到了极点，唉，看看人家！

又气又恼的鲁炅最终没有迈过这道坎，一狠心，自己服毒自尽，享年五十六岁。鲁炅的离去，是因邺郡大战而去的第二位节度使，第一位是在军中病逝的李嗣业。鲁炅之后，又一位节度使因邺郡大战落马了，这个人居然是朔方节度使郭子仪。

他被人打了小报告。

打小报告的不是别人，正是死太监鱼朝恩。

鱼朝恩此前出任观军容宣慰处置使，就是因为他的阻拦，李光弼没能下成牵制史思明的活棋。现在邺郡大战失败，鱼朝恩想找一只替罪羊，选来选去，郭子仪最合适。

鱼朝恩选郭子仪可谓一箭多雕：第一，他本来就讨厌郭子仪，觉得郭子仪出风头太多；第二，郭子仪当替罪羊，就能推卸自己的责任；第三，也是最关键的，郭子仪功高震主。

久在李亨身边，鱼朝恩知道李亨的心思，虽然郭子仪是中兴名将，但李亨对郭子仪忌惮得很，不然，邺郡大战不会不设主帅，导致群龙无首。

小报告打到李亨那里，效果立现，李亨马上征调郭子仪从洛阳返回长安，另有任用。（注：史思明没有趁势攻打洛阳，郭子仪当时率军驻守洛阳。）

调令传到洛阳，郭子仪叹息一声，假的，什么都是假的。回想当年两京光复时，郭子仪率军返回长安，李亨握着郭子仪的手激动地说："朕的家国，你有再造之功。"

声犹在耳，境遇却已天差地别。

叹息过后，郭子仪把失落深埋在心底，多年的历练早已让他养成凡事不动声色的本领，他从容应对，"欣然"领命。郭子仪淡定，手下士兵却不淡定，听说郭子仪要征调回京，将士们都哭了，他们拦住郭子仪和传旨宦官，强烈要求郭子仪留下。

郭子仪依然很从容，他对士兵说："我只是给传旨的宦官送行，我并不走！"众人信以为真，便让开道路，郭子仪见状，提马冲了出去，头也不回，直奔长安而去。郭子仪走了，朔方节度使的位置空了出来，李亨转手把这个位置给了李光弼，同时任命李光弼为天下兵马元帅。

李光弼接受了前者，拒绝了后者。

太扎眼了，还是让一个亲王当元帅吧！

李亨同意了李光弼的提议，转而任命自己的儿子李系为天下兵马元帅，李光弼为天下兵马副元帅。这个任命是郭子仪、李光弼二人的分水岭，从此，郭子仪被迫退居二线，当起配角，李光弼则成为平叛的第一主角。

公元759年七月十七日，新任朔方节度使李光弼走马上任，他率领五百名河东骑兵进入洛阳，连夜闯入朔方兵团司令部接收兵权。

李光弼一上任，便体现出与郭子仪的不同，在他的要求下，朔方兵团面貌焕然一新。

李光弼和郭子仪虽然都是中兴名将，但治军理念却有很大不同，李光弼治军严整，郭子仪治军宽松，两人恰好针锋相对。

历史上身处同一时代而治军理念针锋相对的名将不少，比如汉朝的程不识与李广，程不识治军严格，李广则治军宽松，很难说两人谁高谁低，因为两人都是常胜将军。或许条条道路通胜利。

接手朔方兵团之前，李光弼已经做好思想准备，他预感会遭到强烈排斥，却没想到，朔方兵团的排斥会那么强烈，居然有将领想把他驱逐出境。

想把李光弼驱逐出境的是左厢兵马使（朔方左翼作战司令）张用济，当时他正率军驻防河阳，李光弼命他到洛阳进见。接到命令，张用济非常不悦，他已经听说了李光弼夜闯朔方兵团司令部夺权的事情，对此他非常不满。张用济说道："朔方兵团不是叛军，李光弼却趁夜收权，对我们朔方兵团何至于猜忌到这种程度。"

张用济越想越气，他忍不下这口窝囊气。张用济召来诸将商量，大家一致决定，率领精锐部队突入洛阳，驱逐李光弼，请回郭子仪。

说干就干，张用济下令开始准备。

千钧一发之际，都知兵马使（朔方兵团总作战司令）仆固怀恩来了，仆固怀恩劝阻道："邺郡溃败时，郭公的部队先溃退（其实是鲁炅的部队先溃退），朝廷问责，收回兵权是正常的。如今你们想强行驱逐李光弼请回郭公，这是违抗军命，是谋反，你们自己觉得可行吗？"右武锋使（右翼攻击司令）康元宝也提醒道："你以将士的名义请郭公回来，朝廷必定怀疑是郭公指使你干的，你这是要让郭公家破人亡啊。郭家上百口老少有什么地方对不起你，你要陷他们于死地！"

两人的话提醒了张用济，张用济只能按下驱逐李光弼的念头，乖乖地去见李光弼。为了表示自己的顺服，张用济没有带随从，一人一马去见李光弼。

坏就坏在一人一马上。

李光弼当时正率领数千名骑兵在汜水视察，这时，张用济来了。

李光弼看了张用济一眼："接到我的命令，为什么不立刻动身？"

张用济正想解释，李光弼说道："推出去，斩！"

一人一马的张用济就这样结束了自己的旅程。

斩完张用济，仆固怀恩又来进见，李光弼招呼仆固怀恩坐下，两人闲谈起来。不一会儿工夫，看门人在李光弼耳边低声说道：“门口来了一批浑部落骑兵，足足有五百人！”李光弼脸色大变，仆固怀恩想干什么！

仆固怀恩早知其中原委，连忙走到大门口，故作生气地对领头将领责怪道：“告诉你们不用来，怎么就不听命令呢！”李光弼倒打起了圆场：“士兵追随将领，何罪之有！”

两人打着哈哈回到屋内，酒宴不在话下。

张用济、仆固怀恩，同样是进见李光弼，结果一个悲剧，一个喜剧：张用济的悲剧是因为他一人一马，仆固怀恩的喜剧在于他率领了五百名骑兵，因此便有了截然不同的效果。

张用济、仆固怀恩的不同境遇说明，到安史之乱时，唐朝军队内部已经非常不正常，士兵效忠的不是朝廷，而是具体的某位将军，安禄山的部队如此，史思明的部队如此，就连郭子仪的部队也有同样的情况。如果张用济也像仆固怀恩一样带上五百名骑兵，或许就有了完全不同的结局。

说白了，战乱年代最终还是靠刀把子、枪杆子说话！

一个月后，李亨又给李光弼加了官：幽州长史、河北节度使。

到此时，李光弼已经彻底超越郭子仪，成为大唐王朝最红的人。

又过了一个月，考验李光弼的时刻到了，他的老对手史思明打上门来了！

大战河阳

史思明一直想唱一出大戏，现在他给自己拉开了帷幕。

史思明命儿子史朝清镇守范阳，命属下各郡太守各自领兵三千跟随自己南下，大军分成四路渡河，渡河后于汴州（今开封）城下会师。

史思明大军南下的消息传来时，李光弼正沿着黄河巡查各营，听到消息，他不敢怠慢，带着麾下骑兵便进了汴州城。

李光弼对汴滑节度使许叔冀嘱咐道：“你如果能在汴州坚守十五天，我一定带兵来救你！”许叔冀拍着胸脯打包票说：“大人放心，我一定坚守十五天以上！”

李光弼点了点头，便离开汴州赶赴洛阳。

对于许叔冀，李光弼还是有点担心，他能坚守十五天以上吗？转念一想，君子一言，驷马难追，既然承诺了，或许就能做到。李光弼没有想到，他和许叔冀对于马的理解是不同的，李光弼以为“驷马难追”的马是良马，而许叔冀说的，是瘸马！

李光弼走后不久，史思明到了汴州城下。

许叔冀想打史思明一个立足未稳，马上率兵出击，打了几个回合，许叔冀发现没有胜算，便收拾人马退回了汴州城内。

许叔冀盘算了一下自己手中的筹码，怎么算也不是史思明的对手，拿这些筹码如何支撑十五天？再说了，十五天后，如果李光弼不来怎么办？

仗还没怎么打，许叔冀自己先泄气了！

这一泄气，便把对李光弼的承诺抛在脑后了。不打了，开门投降！

许叔冀的主动投降让史思明大感意外，原本他还准备在汴州打一场硬仗，现在汴州居然不攻自破，这都是许叔冀的功劳。

狂喜的史思明大手一挥，给了许叔冀一顶他一生想都不敢想的帽子：中书令。

这投降，超值！

轻而易举拿下汴州，史思明乘胜向西攻打郑州，这时李光弼已经得知了许叔冀投降的消息，他无奈地摇了摇头，做人，怎么能无耻到这个地步。

李光弼紧急下令，全军戒备，缓缓往西退去。

至于大军退守哪里，意见并不一致，有人建议退守潼关，有人建议就在洛阳坚守，最后还是李光弼拍板，洛阳肯定守不住，不如退守河阳，那里可攻可守，活动余地大。

确定退守河阳后，李光弼连下两道命令，一道命令给东京留守，命令他带领洛阳所有官员家属退入潼关；另一道命令给河南尹，命令他带领洛阳官员百姓出城逃难。

两道命令一下，洛阳又成了一座空城。

李光弼依然不慌不忙，他一边督促士兵将洛阳城内的油、铁等军需物资运往河阳，一边抽出五百骑兵亲自殿后。

一切布置停当，史思明的前锋部队已经逼近了洛阳东门外的石桥。

手下将士向李光弼请示道：“大人走北门，还是走石桥？”李光弼朗声说道："当然走石桥。"五百骑兵跟随李光弼大摇大摆地从石桥退去，这时天色已晚，李光弼下令全军点起火把，向着河阳方向，缓缓退去。

一路上，史思明的前锋部队如同李光弼的影子，紧追不舍，试图找机会发动突袭，找了一路，一无所获。接近河阳界，史思明的前锋部队不敢往前走了，只能悻悻而去，白白给李光弼当了一路保镖。

李光弼前脚进了河阳，史思明后脚也到了洛阳。

进入洛阳城，史思明倒吸一口凉气，昔日繁花似锦的洛阳居然成了这个样子，完全是一座空城，空旷到什么都抢不到的地步。

史思明不免有些失望，这个洛阳城就是鸡肋，食之无味，弃之可惜。

盘桓再三，史思明盯上了洛阳皇宫，按照他的本意，他想住进皇宫，找一找当皇帝的感觉。转念一想，他打消了念头，洛阳离河阳太近了，万一李光弼杀一个回马枪呢？那可得不偿失。史思明引军退出了洛阳城，屯兵于白马寺以南，同时下令在河阳以南兴筑月城，彻底挡住李光弼南下攻击的线路，他要在河阳与李光弼掰一掰手腕。

公元759年十月初，史思明大军兵临河阳，为了激怒李光弼出兵，史思明派出一个谩骂高手——骁将刘龙仙。

刘龙仙也不含糊，驱马来到河阳城下，勒马站定后，把右脚抽出马镫架到马脖子上，以一种极其轻蔑的姿势开始对着河阳城谩骂。

城墙上，李光弼冷冷看着刘龙仙，回头对诸将说道："谁去把他干掉？"

仆固怀恩主动请命："我去！"

李光弼摇摇头："唉，这不是大将干的活！"

李光弼的左右在诸将中巡视一圈，对李光弼说："裨将白孝德可以！"

李光弼一听，哦，快传白孝德！

白孝德很快来到李光弼面前请战，李光弼问道："说吧，你需要几个人？"

"我一个人足够了！"白孝德说。

李光弼兴奋地击了一下掌，好，小伙子有志气！但他还是有点不放心，又追问道："小伙子，你好好盘算一下，到底需要几个人！"

白孝德回应道："既然大人一定要给我配帮手，那么就给我配五十名骑兵吧，他们只需走出大营门口做我的后援，同时请大人下令全军，为我擂鼓助威。"

李光弼痛快地答应道："没问题!"

白孝德收拾停当，李光弼拍了拍他的背，千言万语尽在不言中。

手持双矛的白孝德纵马踏入黄河，在河水较浅的地方横渡而过，当他刚刚渡了一半时，仆固怀恩向李光弼道喜说："白孝德赢定了!"

李光弼连忙问："还没有交手，你怎么知道赢定了?"

仆固怀恩指着白孝德的背影说道："你看他气定神闲的样子，就知道他胸有成竹，赢定了。"

白孝德款款渡过黄河，骂战的刘龙仙也看到了他。刘龙仙往白孝德身后看了一眼，没有发现其他人，他顿时放松了下来，就一个人，能把我怎么样?

白孝德一步一步向刘龙仙接近，刘龙仙做好了动手的准备，白孝德却冲刘龙仙摆摆手，那意思是说，我不是来打仗的。

刘龙仙不知道白孝德葫芦里卖的什么药，便目不转睛地盯着白孝德看。离刘龙仙还有十步，白孝德停了下来，然后开口说话。

刘龙仙依旧没有把白孝德放在眼里，嘴里大放厥词，谩骂不已。

白孝德呢?

他有一搭没一搭地回应着，言语上明显处于下风。

不知不觉间，刘龙仙已经着了白孝德的道。但白孝德不是真的软弱，而是以示弱的方式为自己和战马赢得战前喘息的机会。

感觉战马已经歇得差不多了，白孝德瞪大眼睛冲着刘龙仙喊道："你这叛贼认识我吗?"

"你是谁?"

"我，白孝德也!"

"是何猪狗?"

刘龙仙以为接下来还是口舌之争，没想到白孝德改了，大呼一声，手持双矛拨马向刘龙仙扑了过去。

刘龙仙愣了一下。

与此同时，河阳城内鼓声突然震天山响，五十名骑兵从大营门口冲出，直奔黄河岸边而来。

刘龙仙暗叫一声"不好"，连忙应对，然而白孝德距离他太近了，只有十步，张弓搭箭已经来不及了，只能拨马绕着黄河大堤逃命。

刘龙仙最终为自己的傲慢付出了代价，跑了没多远，他就被白孝德追上了，白孝德一矛刺出，刘龙仙应声落马，再一刀，白孝德已经将刘龙仙的首级抓在手中。抓着刘龙仙的首级，白孝德大摇大摆地回到河阳城中，河阳城中一片欢腾，河阳城外则是一片死寂。

白孝德为李光弼赢了一个开门红。

首战受挫，史思明没有放在心上，胜败乃兵家常事，不必在乎一时之得失，一切还得从长计议。深谙军事的史思明知道，攻城不如攻心，如果短时间内不能攻下城池，那么就应该从敌人的心理上做文章，只要让敌人产生惧怕的心理，接下来的事情就好办了。

史思明拿出了自己的看家法宝——一千匹骏马。

邓小平说，科技就是生产力，在冷兵器时代，骏马就是战斗力。

为了展示军威，史思明让这一千匹骏马当起了模特，每天拉到黄河南岸的沙洲上轮流洗澡，为的就是让河阳城内由此产生恐惧的心理：看，人家那么多骏马，战斗力一定很强。

史思明没有想到，这个世界上，很多事并不是天遂人愿，往往是种个龙蛋收个跳蚤。

李光弼非但没有产生恐惧心理，他居然异想天开，想据为己有。

李光弼命令在全军上下搜罗母马，这一搜罗便搜罗到五百匹母马和一大批小马。李光弼把母马和小马一分为二，小马统统拴在城中，母马统统赶到黄河北岸。不一会儿工夫，效果出来了。

城中的小马嘶叫不停，黄河北岸的母马也嘶叫不停，黄河南岸的一千匹骏马也跟着嘶叫不停。不知哪匹骏马带了头，黄河南岸的一千匹骏马嘶叫着渡过黄河跑到了北岸，早有准备的李光弼微微一笑："走，都赶回河阳城！"

一千匹骏马就这样改姓李了！

消息传到史思明那里，史思明差点没吐血，这个李光弼，招数真够损的。

史思明决定报复，他要烧掉河阳城外的浮桥，困死河阳城。

家大业大的史思明组织了一支庞大的舰队，舰队由两部分组成，打头的是火船，殿后的是战船，火船的功能是烧断浮桥，战船的功能是登岸进攻。

史思明以为这一回李光弼无法招架，没想到，李光弼还是有招。

李光弼早料到史思明会打浮桥的主意，他早早准备了数百根结实的竹竿，竹竿的根部插入巨木里固定，竹竿的头部则打造了不怕火烧的钢叉。

当史思明的火船接近浮桥时，竹竿便派上了用场，一下顶住了火船，火船前进不得，不一会儿的工夫，自己把自己烧成了一堆灰。

火船的下场如此惨烈，战船的下场也好不到哪去。

战船先被竹竿上的钢叉叉住动弹不得，然后李光弼的士兵又把太原城使用过的巨砲派上了用场，几个巨石下去，战船全沉了。忙活了半天，河阳城外的浮桥依然醒目地跨在黄河上，而史思明的火船烧成了灰，战船沉了底。

史思明又挨了李光弼一闷棍。

史思明依旧不气馁，既然河阳浮桥烧不掉，那就直接断李光弼的粮道，粮道一断，李光弼照样玩完。

史思明设想的确实不错，很可惜，他想到了，李光弼也想到了，而且比他多想一步。史思明和李光弼，就如同《三国演义》里的周瑜和诸葛亮，无论史思明动什么心思，李光弼都比他多想一步，高那么一点点。

预料到史思明要断自己的粮道，李光弼亲自率军进驻野水渡（今河南省孟津县北黄河渡口），进行戒备。夜幕徐徐降临，部将们以为李光弼将夜宿野水渡，不料，李光弼又引军返回河阳，只命令部将雍希颢率领一千士兵留守营寨。

李光弼交代雍希颢说："叛军中，高庭晖、李日越、喻文景都有万夫不当之勇，史思明一定会派他们其中一个今晚来抓我。我暂且离去，你留在这里。如果叛军来了，不用跟他们打；如果他们投降，你就把他们一起带回来。"听着李光弼的话，诸将面面相觑，大帅这是在说什么，说醉话？还是说梦话？他怎么知道叛军会来，而且有可能投降？

诸将听不懂李光弼这番话，是因为他们不了解史思明，李光弼不然，他跟史思明交战多次，史思明在他面前已经是一个透明人。

史思明与李光弼，就如同武侠小说里对决于名山之巅的两大高手，两人的秉性以及招数彼此都很熟悉，就看谁的反应快一点，谁想得更周全一点。

就在李光弼说"梦话"的同时，老对手史思明正在部署。

史思明对李日越说："李光弼凭借坚城守城是一个高手，但野战是个外行，今天他碰巧在野水渡，活该他被我捉。你带五百铁骑半夜去把他抓过来，如果抓不到，你就别回来了！"

从史思明这番话看，野战可能是李光弼一个软肋，不然李光弼也不用连夜返回河阳，完全可以休息一夜，第二天一早再走。但李光弼偏偏连夜返城，说明他知道自己的软肋，他要扬长避短。

李光弼比史思明高明的是，他知道自己的软肋，也知道史思明知道自己的软肋，后者为李光弼赢得了宝贵的时间差。

奉命夜袭的李日越率领五百骑兵于凌晨时分抵达李光弼的营寨外，这时他看到了令他十分惊诧的一幕：唐军守将跟士兵都躲在壕沟后面休息，看到叛军便开始吹口哨，大声喊叫。

怎么回事？唐军居然早有准备！

史思明不是说李光弼是个野战棒槌吗？怎么会早有准备？

李日越意识到突袭计划泡汤了，他壮着胆子问："司空大人（李光弼）在吗？"

雍希颢答："昨晚就走了！"

李日越再问："你们有多少人啊！"

雍希颢答："一千！"

李日越问："谁是主将？"

雍希颢答："雍希颢！"

搞笑的问答结束后，李日越琢磨了半天，然后对部下说道："这次让李光弼跑了，就算勉强进攻，也只能抓雍希颢充数，这样回去我就死定了，不如就此投降！"

李日越真的就这么投降了！

李日越投降后，被李光弼委以心腹，不久高庭晖也投降了。

诸将彻底服了，恭维李光弼说："大人收复这两员猛将，也太容易了吧！"

李光弼来了兴致，娓娓道来："这是人之常情。史思明常抱怨不能跟我野战，这次听说我去了野水渡，便以为机会来了，一定能把我生擒。李日越没能完成任务，自然不敢回去复命，只能投降。高庭晖呢，才能在李日越之上，听说李日越受我重用，他自然就动了心思，一切就这么简单！"

数次受挫，史思明贼心不死，他又一次卷土重来，扑到河阳城下，这一次他重点进攻的是河阳南城，负责镇守南城的是郑陈节度使李抱玉。

此前，李抱玉与李光弼有一个君子之约。

李光弼对李抱玉说："将军能为我坚守南城两天吗？"

李抱玉问道："两天以后呢？"

李光弼说："两天后如果救兵不到，你可以弃城而去。"

李抱玉点点头，就这么定了。

史思明率军连续攻打了两天，南城岌岌可危，即将陷落。这时李抱玉派人给史思明传话说："别打了，我的粮已经尽了，明天一早投降！"南下以来，史思明接受的投降不在少数，史思明以为这一次也不例外。

第二天一早，史思明来到河阳南城下，李抱玉正站在城楼上。

李抱玉"羞涩"地一笑："抱歉，我改主意了，咱们接着打吧！"

太不讲信用了！

恼怒的史思明立即挥军攻打，这时他发现，一夜之间，李抱玉已经把河阳南城加固了，比以前更加难打。正在史思明想持之以恒、继续攻打时，攻城大军后面乱了，李抱玉不知什么时候居然埋伏了一支奇兵！两支唐军里应外合，史思明又吃了一个大亏，南城没法打了，只能仓促退出战场。

几天后，史思明的部队又来了，这次打头阵的是"宰相"周挚，他选择的主攻方向是河阳中城。

河阳中城由李光弼亲自防守，李光弼给中城构建了一个立体化防守体系，在营垒的外边设有栅栏，在栅栏的外边挖有壕沟，壕沟的尺寸很惊人，宽两丈，深两丈，人如果掉进去，百分之百爬不出来。

周挚的进攻很快开始了，李光弼命令荔非元礼（接替李嗣业出任北庭节度使的那位）率军进驻到中城外的羊马城准备迎击。羊马城是一种相对简易的营寨，营墙高度仅仅到普通人的肩膀，这种城的设置相当于给大营再增加一道防线。

荔非元礼出兵后，李光弼登上中城东北角，在那里他竖起了他的指挥旗——一面醒目的小红旗。李光弼放眼望去，战场一切尽收眼底，这时周挚已经挥军攻了上来。

周挚的攻打非常霸道，他率领士兵采用向前逐步平推的方式，在他们的身后，跟着的是各种各样的攻城工具。周挚在前面带队，史思明则在后面压阵，在他们的联合指挥下，壕沟被填平了，叛军从三个方向、兵分八路向中城挺进。

栅栏被一个个砍倒，叛军已经无限接近羊马城。

李光弼急了，这个荔非元礼，怎么眼睁睁看着叛军填沟、砍栅栏却无动于衷呢？

李光弼连忙派人去责问荔非元礼："你眼看着叛军填壕沟、砍栅栏，却无动于衷，为什么呢？"荔非元礼反问道："司空大人究竟是想守呢，还是想战？"

李光弼回应道："当然想战！"荔非元礼一下乐了："既然想战，那么叛军替我们填壕沟砍栅栏，为什么要阻拦呢？"

李光弼沉思了片刻："不错，我没想到这一点，他比我强，好好干吧！"

说时迟，那时快，就在叛军刚刚砍完最后一根栅栏，荔非元礼率领敢死部队从羊马城冲了出去，叛军猝不及防，一下子被冲退了数百步。

连退数百步后，叛军扎好了阵脚，再也不退了。

荔非元礼眼角迅速扫过叛军营阵，发现叛军阵势已经严密，如果强行进攻，损失的将是自己。荔非元礼冲敢死队员使了一个眼色，撤！

荔非元礼又撤回了羊马城，叛军见状，再次逼了上来。

李光弼在高处看得一清二楚，荔非元礼居然临阵退却，把他叫来，斩了！

令李光弼没想到的是，荔非元礼居然没搭理他，只扔下了冷冰冰的一句话："战事正急，叫我干什么，没空！"传令兵被荔非元礼噎了回去，荔非元礼擦了擦头上的冷汗，这时他对左右说："大帅此时叫我去，是想斩我。我才不去呢，战死沙场还能青史留名，被他无缘无故斩了什么都留不下！"

死也要死在沙场上！

在羊马城据守许久之后，荔非元礼重新吹响进攻的号角，这时叛军士气已经被久攻不下的羊马城耗掉了，正好给了荔非元礼进攻的机会。

荔非元礼一阵猛攻，史思明的叛军再次溃退。

南城、中城都失败了，仗还能打吗？

还能打！

史思明的宰相周挚依然不死心，他又引兵到了河阳北城。

身在高处的李光弼看得一清二楚，他不敢怠慢，马上带领部将到了北城，站在北城的城墙上一看，李光弼有了信心：叛军兵虽然多，但吵吵嚷嚷，军容不整，不足为虑。最迟到中午，我肯定带领你们打败叛军。

这一次李光弼说大话了。

中午到了，叛军依旧在北城外折腾。

李光弼召集部将问道："依照上午的经验，叛军哪个方向最强？"

众人说："西北角！"

李光弼马上点将："郝廷玉，你去，需要多少兵马？"

"五百骑兵！"郝廷玉说道。

"三百！就这么多！"李光弼斩钉截铁地说道。

李光弼接着问道："还有哪里强？"

东南角！

"论惟贞你去，你需要多少兵马？"

"三百铁骑！"

"二百！"

李光弼并不是没有兵，他是故意的。深谙兵法的他故意不给将领足够的兵马，为的是激发他们"置之死地而后生"的勇气。行军打仗就是这样，兵力永远没有绝对足够的一天，当兵力相对不足时，只能靠勇气弥补，以一当十。

布置停当，李光弼最后向诸将交代道："你们进入战场后，看我的旗语行事，如果我的帅旗缓慢摆动，你们可以相机而动，随意对战；如果我的帅旗连续三次急速摆动到地面，则全军一起发动总攻，与叛军进行殊死一战，胆敢后退者，斩！"

李光弼说完，拿出一把短刀插到自己的靴子里，接着对诸将说道："战争本身就很危险，我是国家的三公，不能落到叛军手中。万一战事不利，你们在前面阵亡，我自刎于此，跟你们做伴！"

要么同生，要么同死，李光弼把自己跟诸将捆绑到了一起。

没有比这更好的动员。

决战开始。

李光弼登上高处，俯瞰战场，他看到了让他一喜一怒的两幕：

郝廷玉麾下的一名勇士，手持长枪，居然一枪刺穿叛军战马的马腹，拔出长枪后，又连续刺倒几名叛军；

郝廷玉麾下的另一名勇士，打了几下就不打了，不往前冲，反而往回跑。

李光弼一指两人的背影，前者赏绸缎五百匹，后者现在就去斩了！

不一会儿，郝廷玉居然跑回来了，李光弼心凉了半截："郝廷玉败退，大事不好!"

李光弼冲手下一指:"把他给我斩了!"

郝廷玉连忙摆手:"大帅,别误会,是我的战马中箭了,我回来换马,不是败退!"

哦,原来是这样。

换马再战!

换好战马,郝廷玉又冲了出去。

郝廷玉刚走,李光弼又看到了仆固怀恩和他的儿子仆固玚,两人因为攻击不顺,正准备往后撤。李光弼冲手下使一个眼色,瞬时有两个手下拿着明晃晃的大刀就朝着仆固怀恩父子冲了过去。

仆固怀恩父子一看李光弼的手下提着大刀向自己冲来,顿时一个激灵,别退了,接着冲吧!

父子俩掉头又杀了回去!

李光弼的眼睛从战场上扫过几圈,他觉得,总攻的时刻到了!

李光弼连续三次急速挥舞红旗,向诸将发出了总攻号角,诸将同时得令,一起呐喊着向叛军扑了上去,冲得最猛的就是仆固怀恩父子和郝廷玉。

诸将的舍生忘死很快收到效果,叛军再次溃退,被斩首一万,生擒八千,溺死一千,其余星散逃去。

北城终于告捷,这时,士兵来报:史思明又在攻打南城。

诸将一听,顿时紧张了起来,还要打?

李光弼冲诸将摆摆手:"不用紧张,南城不用打了。"

了解史思明秉性的李光弼知道,史思明是想趁火打劫,南北夹击,只要让他知道南城方向已经惨败,他自然会收兵。不出李光弼所料,当李光弼把俘虏的叛军士兵驱赶到史思明面前时,史思明顿时泄了气,马上收兵撤去。

河阳大战就此结束。

河阳战火渐渐平息,李光弼略微松了一口气,他知道,这不会是他与史思明的最后一战,他们之间的较量还多着呢!

一年后,李光弼与史思明又打了一场大仗。

这一次,李光弼居然输了,而且输得很难看!

第十四章　造化弄人

得失之间

河阳大战告一段落，以史思明一败涂地收场。

凭借河阳大战的胜利，李光弼走上了人生的巅峰，公元760年正月十九日，李亨又为李光弼加了两顶帽子：太尉兼中书令，其他原有帽子保持不变。

此时李光弼是李亨眼中最红的红人，李亨指望他收拾山河，就像当年指望郭子仪一样。

走上巅峰的李光弼没有让李亨失望，他带着高昂的斗志进入与史思明的缠斗之中。

李光弼斗志高昂，史思明也不含糊。

尽管河阳大战没能从李光弼那里讨到便宜，史思明也不以为意，他权衡再三还是住进了洛阳皇宫，他要以这里为起点，向西一直打到长安。

理想和现实总是充满差距，史思明设想得不错，不过由于李光弼挡在前面，他很难向西前进一步。

深谙军事的史思明变通很快，他马上调整部署，向南、向东用兵，他派出将领向淮西、山东方向进军，既然短时间内不能攻陷长安，那就先多攻点城，掠点地，反正不能闲着。

整个公元760年，史思明和李光弼成为中原大地上最忙碌的两个人。

在史思明、李光弼忙碌的同时，有一个曾经的忙人正在长安城中百无聊赖，他有一身杀敌的本领，只可惜别人不给他杀敌的舞台。

不用问，此人正是郭子仪。

从去年七月被调回长安后，郭子仪就过上了退居二线的生活，朝廷事务基本与他绝缘，偶尔用到他，也是用一下他的名字，而不是他本人。

公元760年正月，党项部落叛乱，蚕食唐朝边境地区，眼看战火即将烧到京畿地区，李亨坐不住了，连忙从邠宁战区分割出一个渭北战区，这两个战区成为迎击党项部落的主要部队。谁带领这两个战区出征呢？

郭子仪！

得到消息的郭子仪激动不已，终于等到重新挂帅出征的机会了。

不久，郭子仪发现，白激动了。

所谓郭子仪挂帅邠宁战区和渭北战区，只是一个广告，用一下“郭子仪”这三个字，跟郭子仪本人没有关系！

相当于贴牌，郭子仪，这下你明白了吗？

郭子仪的赋闲就这样一直继续，直到有人给李亨提了一个醒：天下还没有平定，不应该把郭子仪放在闲散的位置上。

李亨何尝不知，只是他陷于两难之中，一方面他想重用郭子仪，另一方面他又怕郭子仪水涨船高将来成为又一个安禄山。既想用，又害怕，李亨在心中不断上演着“自相矛盾”。

不久，李亨不“矛盾”了，因为他已经被党项部落搅得心烦，于是一狠心，壮着胆子把郭子仪派出了长安，前往邠宁战区镇守，迎击党项部落。

事实证明，原装和贴牌就是有本质区别。

郭子仪到邠宁战区镇守之前，党项部落骚扰不断，怎么打都不退；郭子仪到任之后，奇怪的事情发生了，仅仅几天，党项部落停止骚扰，收兵而去。

看来，党项部落怕的是郭子仪这个人，而不是“郭子仪”这个牌。

随着郭子仪复出首秀成功，李亨又动了重用郭子仪的念头，他想让郭子仪带兵直扑史思明的老巢——范阳。

李亨此举，可能是延续李泌彭原对策的思路，把叛军的老巢连根拔起，那么叛军就闹腾不了几天。

公元760年九月二十一日，李亨下诏：

郭子仪率各战区军队从朔方出发，直取范阳，取完范阳，再回师平定河北叛乱。在此期间，英武军等禁军以及朔方、渭北、邠宁、泾原等战区番族、汉族士兵共七万人，全归郭子仪指挥。

如果这个诏书的内容得以实现，李亨有望在有生之年结束安史之乱。

只可惜，他是一个软耳朵。

李亨诏书下达后，立刻有一个人上蹿下跳起来，这个人就是死太监鱼朝恩。

前面说过，正是鱼朝恩忌妒郭子仪，把邺郡大战失利的责任全推到郭子仪头上，最终导致郭子仪被罢免兵权。现在，郭子仪即将东山再起，鱼朝恩岂能坐视不理。

这时，鱼朝恩与李亨的距离起了关键作用。

自古以来，宦官与皇帝亲密无间，相比之下，大臣与皇帝，那就是山高水长了。一般情况，大臣与宦官斗，最终输的都是大臣。

距离产生美，距离同时也是生产力。

十几天后，郭子仪意识到，自己又输了，因为李亨的诏书下达之后，再也没有下文了。

郭子仪又叹了一口气，或许这就是命。

在此期间，李光弼辗转听说了郭子仪的遭遇，作为曾经的同僚，他很是同情，然而他也无能为力，有那个死宦官横在前面，纵使你有心杀贼，又能如何？

李光弼怎么也不会想到，不久之后，死宦官居然缠上了自己，进而影响了自己的一生。

惨败洛阳

死宦官鱼朝恩缠上李光弼，是由一则谣言而起。

谣言内容如下：

据守洛阳的叛军士兵都是燕赵人，他们出征日久，思归之心非常迫切，目前已经上下离心，军心不稳，如果政府军加以猛烈攻击，洛阳城一定能攻破。

这则谣言不知何时何地出于何人之口，却晃晃悠悠地在唐军士兵口中传播，又晃晃悠悠地晃进了鱼朝恩的耳朵里。

鱼朝恩当时驻守陕州（今河南省三门峡市），身份还是观军容宣慰处置使。听到这则谣言，鱼朝恩眼前一亮，这不正是天赐良机吗？此时不攻，更待何时？

宦官这个群体啊，像蔡伦、郑和那样有追求的毕竟是凤毛麟角，多数还是像鱼朝恩这样，文化偏低，智商偏低，只是因为善于琢磨皇帝心思，就得到没有理由的恩宠。

智商不高的鱼朝恩把这个消息报告给了李亨，李亨心里便长了草，他早就想收复洛阳了，做梦都想！鱼朝恩几次游说之后，李亨彻底动心了。

李亨动心，一是因为洛阳是两京之一，不得不收，另外一个原因是，他想早点毕其功于一役，然后让李光弼交出兵权。

因为李光弼已经功高震主了。

如果成功收复洛阳，打败史思明，进而攻取史思明的老巢范阳，那么李光弼这只苍鹰也就用不上了，可以跟郭子仪一样闲置了。

没有在安史之乱的环境中生活过，便很难体会李亨复杂的心情，一方面他渴望大将们帮自己完成中兴大业，另一方面他又怕大将们成为新的安禄山、史思明，他已经见识了安史之乱的巨大杀伤力，因此对大将忌惮就成了生命中的主题。

现在他不想夜长梦多，只想早一点结束让他整日惴惴不安的战争。

李亨下诏，命令李光弼等人做好进攻洛阳的准备。

诏书下达不久，李光弼的奏疏到了：“叛军兵锋还很锐利，不可轻易进攻!”

李亨烦躁地将李光弼的奏疏扔到一边，他不想听这样的话。

难道就没有将军支持朕的决定？李亨自问道。

就在李亨惆怅之时，一封奏疏不期而至，这封奏疏是主张进攻洛阳的。

奏疏是仆固怀恩写的。

按理说，仆固怀恩是李光弼的下属，他应该拥护李光弼的决定，而不是跟李光弼唱反调。

仆固怀恩为什么要这么做？

因为他是郭子仪的老下属，他看不惯李光弼的做派。

前面说过，郭子仪治军宽松，李光弼治军严整，这一正一反，就让仆固怀恩一直看不惯李光弼。

仆固怀恩早就习惯了郭子仪的宽松，他根本无法适应李光弼的严整，时间长了，仆固怀恩与李光弼的关系成了满拧，尽管面和，但心是不和的。

这次在进攻洛阳的问题上，仆固怀恩就跟鱼朝恩站到了一起，他也主张向洛阳进军。

仆固怀恩的加入，让鱼朝恩和李光弼的争执立刻分出了胜负，本来李亨就倾向鱼朝恩，现在又加上仆固怀恩，李亨的东征之心再也拦不住了。

同父亲李隆基一样，李亨向李光弼下达了进军洛阳的诏令，他派出传旨的宦官也是络绎不绝，项背相望，手一搭，就能“突突突”开火车！

李光弼被悲愤笼罩了，此刻他比谁都能理解当年被迫出征的哥舒翰，当瞎指挥扑面而来时，你除了悲愤，还能干什么呢？

有困难要上，没有困难制造困难也要上，李隆基、李亨父子，在偏执方面真是一脉相承，绝对是亲爷俩，用不着亲子鉴定。

百般无奈，李光弼只能硬着头皮出征，他命令郑陈节度使李抱玉镇守河阳，自己则会同鱼朝恩、神策节度使卫伯玉一起进攻洛阳。

这次出征，从一开始就埋下了失败的伏笔，因为李光弼是在以己之短，攻人之长。

李光弼的强项是城市攻防战，野战是他的软肋，现在他要拿他的软肋攻击史思明的特长——史思明正在洛阳的邙山下等着他，正想跟他进行一场痛痛快快的野战！

由此来看，此前的谣言可能就是史思明散布的，目的就是牵着李光弼的鼻子走。

公元 761 年二月二十三日，一个李光弼刻骨铭心的日子。

当天，李光弼率军抵达洛阳城外的邙山，一看邙山的地形，李光弼立即决定依据邙山险要列阵。

不料，仆固怀恩表示反对，他想在平原列阵。

李光弼说：“依据险要列阵，进可攻，退可守，如果列阵平原，一旦战事不利就会功亏一篑，史思明深谙军事，不可小视。”

李光弼说完，再次下令，依据险要列阵。

仆固怀恩再次反对！

如果仅仅按照隶属关系而言，仆固怀恩没有资格跟李光弼叫板。然而这次不同了，仆固怀恩背后站着的是鱼朝恩，那可是皇家特派员。

两人争执不下，互不相让。

李光弼和仆固怀恩的争执还在继续，唐军列阵于何地还在左右飘移，这时史思明嗅到了胜机，他要打唐军一个措手不及。

史思明率军向尚未来得及列阵的唐军发起了攻击，唐军一下子就乱了，这时无论列阵险要还是列阵平原都来不及了，史思明的精锐骑兵已经不给机会了。

唐军很快被冲得七零八落，李光弼根本无法指挥，只能且战且退。

一仗下来，唐军战死数千人，军械、辎重丢弃殆尽，一场酝酿中的超级大战，就因为一场针锋相对的争论泡了汤。

溃败的李光弼和仆固怀恩引军退守到闻喜（今山西省闻喜县），鱼朝恩和卫伯玉则退到陕州（今河南省三门峡市），这时，他们终于不争论了。雪上加霜的是，郑陈节度使李抱玉放弃河阳城出走，史思明打了半天没有打下的河阳城就这样到了史思明手中。

惨败的消息很快传到长安，李亨傻眼了，自己居然犯了与老爹一样的错误：自毁长城，自乱阵脚。长安再次被战争的阴霾笼罩，李亨无奈，只能往陕州增派军马，希望能挡住史思明西进的铁蹄。

意料之外

洛阳惨败让李亨过上了提心吊胆的日子，他担心有朝一日史思明会打过潼关，挺进长安，如果那一天真的来临，他就得跟父亲李隆基一起再次逃出长安，重新品味四处流浪的滋味。

连李亨自己都没有想到，警报居然自动解除了。

史思明死了。

同安禄山一样，死于自己的儿子之手。

也同安禄山一样，史思明的死与继承权有关。

从发迹以来，史思明的军事才能有目共睹，然而在卓越军事才能的背后，是他的残忍好杀，属下略有不合他意的地方，他就会痛下杀手，甚至会株连整个家族。

因为这个因素，跟随史思明的人常年活在恐惧之中，他们都担心有一天会莫名其妙地死在史思明手中。

相比而言，史思明的长子史朝义口碑非常不错，他为人谦虚谨慎，礼贤下士，爱护士卒，将士们更愿意跟他亲近，为他效力。

然而，就是这么一个深受将士爱戴的长子，居然不受史思明待见。

根子出在史思明的皇后辛氏身上。

辛皇后是史思明最宠爱的女人，她比史朝义的母亲更受宠，因而她的儿子史朝清也水涨船高，成为史思明最喜欢的儿子。

生于改革开放之后的人，很难理解，为什么同是自己的骨肉，父母会厚此薄彼。其实，厚此薄彼在孩子众多的家庭是普遍现象，这样的家庭中一般都会有一个最受宠的孩子，同时也会有一个最不受宠的孩子。同样是父母的骨肉，有些父母确实无法做到一碗水端平。

史思明就是这样的父母，他总觉得史朝清比史朝义好，这个想法根深蒂固，一直延续到他“称帝”之后。

如果史思明仅仅是一个将军，他不需要过多考虑继承权，而现实的问题是，偏偏他是“皇帝”，继承权马虎不得。“登基”之后，史思明就在想继承权问题，思来想去，他还是想立史朝清为“太子”，他跟这个儿子有感情。

史思明顺着这个思路延伸下去，他发现问题没那么简单。

如果立史朝清为“太子”，史朝义恐怕不会善罢甘休，古往今来，皇子之间你死我活争夺继承权的例子太多了，安全起见，就得杀了史朝义，免得将来成为史朝清的祸患。

尽管史思明是狼王，但他依然下不去手，虎毒不食子，况且他是人。

史思明的犹豫一直在持续，渐渐地，消息不胫而走，史朝义知道了史思明的心思。

史朝义表面不动声色，但心中充满了芥蒂，忍而不发。

洛阳邙山大胜之后，史思明想乘胜攻克潼关，便兵分两路，一路由史朝义率领，从北道突袭陕州城，一路由史思明亲自率领，从南道进军。

公元761年三月九日，史朝义率领先锋部队抵达了礓子岭（今河南省三门峡市南），本想打一个开门红，没想到却遭到唐军神策军节度使卫伯玉的迎头痛击，立足未稳的史朝义很快败下阵来。

史朝义连续几次组织反击，都被卫伯玉击败，只好引军撤退。

史朝义出师不利让史思明非常恼火，因为这一下便打乱了他的行军部署。考虑到唐军已经有了准备，史思明只能暂时中止西进计划，引兵退到永宁（今河南省洛宁县）。

两支部队会师，史思明看到了“不成器”的史朝义。在他看来，史朝义就是胆怯懦弱，没有大将之才，史思明对左右说道：“他啊，终究难成大事!”

史思明的心里起了杀机，他想将史朝义及其部将一起军法从事。

转念一想，正是用人之际，不如权且寄存他们的项上人头。

时间走到三月十三日，史思明又交给史朝义一个任务：建造一座三角城。

三角城是靠山而建的战术城堡，史思明准备用来储备军粮，他给史朝义的工期是一天。

太阳偏西，史思明来验收工程，到现场一看，主体都完工了，但墙体还没有抹泥。

史思明动了肝火，效率太低了，整整一天都没干完，居然连泥都没抹!

史思明命令左右就在现场监工，督促抹泥。

不一会儿工夫，泥抹完了。

史思明依然难消心头之火，冲着史朝义说道：“等拿下陕州，一定斩了你这个狗东西!”

或许，史思明只是说说而已。然而，史朝义却不只是听听而已。

正是这句话要了史思明的命。

当晚，史思明下榻于鹿桥驿站，给他担任护卫的是心腹曹将军；当晚，史朝义下榻于当地旅店，与他在一起的是部将骆悦和蔡文景。

史思明很快进入梦乡，史朝义这边却睡意全无，他们都在琢磨史思明白天说过的话。

骆悦说：“我等与大王，不知道将来哪一天就会死。自古就是有废有立，请大王召曹将军来一起共商大事。”史朝义不敢表态，低着头不作声。

骆悦继续说道：“大王如果不同意，我等今晚就去向唐军投降，到那时，大王你想自保都难!”骆悦把史朝义逼到了墙角，他不得不表态。

史朝义哭了，他不想迈出那一步，然而他又不得不迈，一边是要置他于死地的父亲，一边是威胁要离开他的部将，无论选择哪一边，都是一个艰难的选择。

史朝义终于下定了决心，既然父不仁，就别怪子不义了。

史朝义说道:“你们好好去干吧，别惊动圣人(当时称呼皇帝为圣人)。”

这就是一句废话，惊动的就是圣人，不惊动圣人，怎么成大事呢?

得到史朝义的许可，骆悦派人召来了给史思明宿卫的曹将军。

骆悦跟曹将军一摊牌，曹将军惊呆了，他下意识地想表示反对，但一看屋里杀气腾腾的气氛，他腿软了，众怒难犯，看来人家已经准备好了。

曹将军艰难地点了点头，我同意!

半夜，骆悦带着三百名全副武装的士兵包围了史思明下榻的驿站。宿卫士兵看到这么多人闯入，大为奇怪，然而一看领头的居然有曹将军，一个个都不敢动了，只能眼睁睁地看着他们进去。

在他们进去之前，史思明做了一个梦。

在梦中史思明遇到了一件奇怪的事，一群鹿到水边喝水，正要喝的时候，水中的沙上来了，水却干了，没有喝到水的鹿一个一个都渴死，倒在了沙里。

这个梦意味着什么呢?

鹿，禄也，水干鹿死，你的禄到头了，你的路也到头了!

从梦中醒来的史思明当时并没有理解梦的含义，他迷迷糊糊地去了厕所。

就在这个当口，骆悦带兵进来了。

骆悦一看史思明的床空了，顿时变了脸色，马上持刀逼问史思明的近侍，近侍硬挺着不说。

骆悦一刀一个，连砍几个。这时一个近侍用颤抖的手指了指厕所方向，骆悦一个箭步冲了过去。

此时，史思明已经意识到发生了兵变，他翻过围墙，钻进马厩，装好马鞍，一翻身上了马。只要骑马冲出驿站，他就能找到一条生路。

就在史思明准备骑马冲出驿站时，骆悦的手下抬手射出一箭，正中史思明的臂膀，史思明应声落马，束手就擒。

史思明怒问道:“带头作乱的是谁?”

骆悦说："奉怀王史朝义之命。"

史思明明白了，都是说话惹的祸。

史思明叹息一声，说道："我白天说错话了，应该有这个报应。然而你们杀我太早了，为什么不等我攻克长安呢？你们这样终究成不了大事的！"骆悦没有再给史思明解释的机会，一行人把史思明押到柳泉驿站囚禁了起来，然后向史朝义汇报："大事告成！"

史朝义明知故问道："没惊动圣人吧？"

骆悦回应说："没有！"

虚伪到家了！

擒住史思明，事情只成功了一半，接下来是接收史思明所率领的后军，此时后军正由宰相周挚、许叔冀率领，驻扎在福昌（今河南宜阳县西福昌镇）。

史朝义先派许叔冀的儿子前去通知周挚和许叔冀兵变的消息，许叔冀毫无反应，周挚当场晕倒在地。

这次晕倒就要了周挚的命。随后，史朝义率军到了后军大营，许叔冀和周挚出来迎接，史朝义顺势拿下了周挚，斩首！

谁叫你忠于史思明！

接收完后军，骆悦马不停蹄赶到了柳泉驿，史思明还在这里苟延残喘呢。

骆悦看了史思明一眼，他知道，自己已经把史思明得罪到家了，他多活一天，自己就危险一天，还是趁早解决吧！

骆悦下了死手，他用一根绳子结束了史思明波澜壮阔的一生，然后用毡毯裹住尸体放到骆驼的背上，没能马革裹尸的史思明，就这样毡毯裹尸，被骆驼驮回了洛阳。

如果从他跟随安禄山范阳起兵开始算起，到此时，不过五年多的时间；

如果从他诛杀安庆绪算起，到此时，不过两年时间；

如果从他自称"大燕皇帝"算起，到此时，还不满两年。

现在，一切都结束了，那个自命不凡，与李光弼、郭子仪棋逢对手的史思明已经消失了，留下的只是骆驼背上那具已经发硬的尸体。

这是安史之乱中死去的第三个"皇帝"，他们都没能逃脱死亡接力棒上暗含的咒语。

接下来，还会有第四个，那个在洛阳称帝的史朝义。

回到洛阳，史朝义登基称帝，改年号为“显圣”。

登基仪式结束，史朝义马上着手一件大事，他要让多年的郁闷之气一吐了之！

史朝义给“散骑常侍”张通儒下了一道密诏：诛杀史朝清、辛皇后以及其他数十位不听命令的官员。

范阳顿时陷入一片混乱之中。

忠于史朝义的部队，与忠于史朝清的部队在范阳城中打成一团，足足打了数月，死了数千人，范阳才平静下来。

恶战的结果是，史朝清、辛皇后跟随史思明而去，再也无法与史朝义争夺“皇位”。

随后，史朝义委任大将李怀仙为范阳尹、燕京留守，显然，史朝义把李怀仙视作可以信任的人。他哪里会想到，几年后，就是这个李怀仙飞起一脚，将他狠狠踹进了地狱。

坐上皇位的史朝义长长出了一口气，他再也不用过提心吊胆的日子了，那个时常想将他置于死地的父亲已经去了，世上应该没有人再能威胁他的生命。

他安全了！

真的安全了吗？

未必！

此时的洛阳已经是一座孤城，方圆数百里内，州县都是废墟，纵使史朝义想抢，也没有可以下手的地方。

更糟糕的是，虽然他自称“大燕皇帝”，但他这个“皇帝”的辐射半径已经大大减小。

史思明在世时，还能勉强约束那些飞扬跋扈的节度使，史思明不在了，那些节度使根本不买史朝义的账。试想，节度使们当年都是安禄山旧将，与史思明平级，只不过史思明号称二号狼王，他们才勉强听史思明的差遣。

现在，二号狼王已经去世，二号狼王的狼崽子想拿鸡毛当令箭，别做白日梦了。

自此，“大燕帝国”的节度使们多数不听史朝义的指挥，只是保持名义上的松散直属关系。表面看上去，“大燕帝国”还跟原来一样庞大，但实际，已经风雨飘摇。

史思明临终那句话发自肺腑：“你们这样终难成大事！”

一语成谶！

峰回路转

如果从公元755年安禄山范阳起兵开始算起，历史舞台上活跃着四个主要军事人物，分别是安禄山、史思明、郭子仪、李光弼。

安禄山死后，主要人物就剩下三个。

现在，史思明也意外挂掉了，主要人物只剩下两个，郭子仪，李光弼，至于史思明的儿子史朝义，他顶多算半拉主要人物，一般不带他玩。

历史总是充满了玄机，在史思明发生意外之后，郭子仪和李光弼的生活也发生了意外，所不同的是，李光弼从此走上了下坡路，郭子仪则东山再起。

李光弼走上下坡路与洛阳惨败有关。

洛阳惨败之后，李光弼主动上疏请求处分，同时坚决辞让太尉头衔。李亨考虑再三，还是同意了。不久，李亨任命李光弼为开府仪同三司、侍中兼河中节度使，虽然依然位高，但与以前相比，含金量已经明显下降。

从这个任命来看，李亨有意把李光弼放到冷板凳上，就像当年对待郭子仪一样。

然而，李亨是一个摇摆不定的人，尽管他一度想把李光弼闲置，但转念一想，普天之下，他还能找出几个像李光弼一样的将领？

不行，这样的人不能闲置不用。

一个月后，李亨再次任命李光弼为天下兵马副元帅、太尉，兼侍中，兼河南、淮南、山南东道等八战区特遣部队元帅，率军镇守临淮（今江苏省盱眙县淮河北岸）。

这个任命意味着，李亨对李光弼依旧信任，不过略打了一点折扣，从此他不再奋斗在平叛一线，而是退到了平定叛乱的二线。

从此时起，李光弼与河南、河北主战场渐行渐远，他更多地奋战在江淮一线，虽然也非常重要，但与昔日已经不可同日而语。

对李光弼而言，更加不利的是，他在无形中得罪了宦官鱼朝恩，从此鱼朝恩视他为眼中钉。不仅鱼朝恩对李光弼充满敌意，鱼朝恩的朋友、同为宦官的程元振也看李光弼不顺眼，这两个宦官在敌视李光弼的道路上“同仇敌忾”。

正是因为两个死宦官从中作梗，李光弼与长安皇室的关系越来越疏远，从当初的亲密无间发展到最后的相互猜忌，而李光弼的功绩也随着与皇室关系的疏远被渐渐漠视。

于是，这个唐朝中兴战功第一的战将与长安越来越远，不是他不想接近，而是他不能接近。

这都是拜死太监所赐！

在李光弼与朝廷渐行渐远的同时，郭子仪却在东山再起。

郭子仪东山再起，是形势所逼。

准确地说，是两起骇人听闻的兵变所逼。

公元762年，当唐朝军队还在与史朝义叛军缠斗不已时，河东、朔方两大兵团发生了兵变。

首先发生兵变的是河东战区，起因是一匹马。

当初王思礼任河东节度使时，兢兢业业，克勤克俭，在他的经营下，河东战区除了满足自己的军需外，还节余一百万斛大米，王思礼主动上奏，将五十万斛大米运抵长安，充实长安国库。

就是这么殷实的家底，在王思礼去世后，很快就被折腾光了。

接替王思礼的人是一个好好先生，管理松散，而且纵容左右贪污，仅仅几个月时间，王思礼的仓库都被折腾光了，偌大的仓库里只剩下一万斛大米，还是发霉变质的陈化粮。

李亨很快得到了举报，便把接替王思礼的人撤职查办，同时调原淮南东道节度使邓景山接任河东节度使。

邓景山临危受命，不敢大意，一进入河东战区就开始调查粮食腐败案，这一查不要紧，几乎河东战区的将领人人有份，河东战区陷入集体腐败的旋涡。

如果邓景山是个吏治高手，他应该将陷入集体腐败旋涡的将领们区别对待，惩罚罪大恶极者，放过随波逐流者，这样尽管会让多数人占了便宜，但可以最大程度地稳定人心。

邓景山没有这么做，他把案子挂了起来，悬而未决。

这一下，将领们都忐忑了起来，他们不知道哪一天会受到邓景山的重罚。

这时，正巧发生了一件事，一位裨将触犯了军法，按律当斩。

眼看同事将被斩首，其他将领有些于心不忍，便一起向邓景山求情，请求邓景山放裨将一马，以观后效。

邓景山态度决绝地予以拒绝。

随后，裨将的弟弟向邓景山求情：愿意替兄长去死，以自己一命还兄长一命。

邓景山还是拒绝。

最后，有人向邓景山献了一匹马，想用这匹马为裨将赎罪。

邓景山居然鬼使神差地同意了！

河东战区炸了锅。

众将一下子发了狂：“我们居然连一匹马都不如！”

欺人太甚！

公元762年二月三日，众将发动兵变，将邓景山斩于军中。在此之后，诸将一起向李亨上疏：请求任命都知兵马使、代州刺史辛云京为河东节度使。

接到奏疏的李亨大吃一惊，他明明知道这是一场兵变，但他不敢追查到底，如果再追查下去，谁能保证不发生下一次兵变？

李亨感慨了一声，便不再追究，同时任命辛云京为北都留守、河东节度使。

生逢乱世，连皇帝都要学会妥协。

河东战区兵变发生不久，朔方兵团也发生了兵变。

兵变发生之前，朔方等兵团特遣部队驻扎在绛州（今山西省新绛县），负责统御他们的是特遣部队总指挥官李国贞。

李国贞原名李若幽，原本在长安当宫中总管（殿中监），深得李亨赏识。后来李亨便把李若幽派到绛州，出任朔方等特遣部队总指挥官，这是一个关键职位，一般人李亨信不过。

临行之前，李亨还给李若幽起了个新名字：李国贞。

希望你忠君爱国，成为国之栋梁。

带着李亨的殷切期许，李国贞来到了绛州，一到绛州，他便暗暗叫苦，绛州的情况太糟糕了。

由于近几年战乱频仍，农业生产无法正常进行，因此民间发生饥荒，政府应收的粮食、税赋都无法足额征收，即使想强行抢夺，也没有可以下手的地方。这样一来，驻扎绛州的士兵就惨了，不仅粮食短缺，皇帝的赏赐也多数是空头支票，口惠而实不至。

目睹绛州惨状，李国贞不断向李亨上奏疏告急，然而，李亨没有给他回复。

李国贞一下子成了众矢之的，嗷嗷待哺的士兵都恨上了他。

这时，一个叫王元振的将领活跃了起来，他想发动一场兵变。

论起来，王元振算是郭子仪的旧部，跟随郭子仪多年，他想发动兵变，一是因为军中伙食实在太差，二是因为李国贞军法森严，与郭子仪的宽松可谓天壤之别。

这次兵变，王元振是在押宝，他想通过这场兵变把郭子仪请回来，一旦郭子仪顺利回归朔方兵团，王元振不就是首功一件吗？

算盘打得很精！

兵变之前，王元振散布了一个谣言：明天总指挥官李国贞要修建住宅，所有士兵都要拿上工具去劳动，一早到他的住宅门口集合。谣言一出，士兵哗然，不给我们吃饱也就算了，还要白白盘剥我们的劳力，大家纷纷说道："我们朔方勇士难道是修房子的民工吗？"

是可忍，孰不可忍！

二月十五日，王元振率领手下士兵发难，先是放火烧毁了内城城门，然后向李国贞的住宅发动了攻击。

李国贞一见情势不好，连忙跑进监狱避难，然而还是没能逃脱。

王元振抓住了李国贞，把将士们平常吃的伙食放到他面前，质问道："将士们吃得这么差，还要让他们出苦力，可行吗？"

李国贞辩解道："我没有下令为自己修房子，根本没有这回事。至于军中伙食问题，我已经屡次上奏，可是朝廷没给我答复，这些你们都知道啊！"

众人一听李国贞如此说，意识到此前传说的是谣言，便准备大事化小，转身离去。

王元振一看众人要散，心里一惊，他知道只要众人散去，他一定没有好果子吃。

王元振大声说道："今日之事，何必再问！李国贞不死，咱们都得死！"

王元振挥手一刀，李国贞彻底“国贞”了！众人本不想闹到这个地步，然而事已至此，已经由不得他们了，他们都被王元振“绑架”了！

这个世界上，感冒可以传染，禽流感可以传染，连兵变也可以传染。

几天后，驻扎在翼城（今山西省翼城县）的镇西、北庭特遣部队也发生了兵变，节度使荔非元礼没有死于李光弼之手，却死于兵变士兵之手。

推演兵变的起因，粮食短缺是罪魁祸首。

两起兵变消息传到长安，李亨彻底震惊了，震惊之余，他任命裨将白孝德（河阳大战使双矛勇擒刘龙仙的那位）出任北庭节度使，暂时安抚一下翼城的军心。至于如何安抚绛州的军心，他的心中是一团乱麻。

绛州驻扎的是朔方等的主力兵团，由于群龙无首，军纪已经败坏，烧杀抢掠时有发生，将领们想压制都压制不住。更令人担心的是，如果混乱蔓延下去，绛州兵变士兵可能与太原士兵联合，倘若他们一起向史朝义的叛军投降，后果将不堪设想。

当务之急，还是由一个德高望重的老将出马，到绛州安抚军心，只要绛州安定了，太原就会安定，如果绛州安定不了，太原也将不得安宁。

让谁去绛州呢?

若论德高望重，除了郭子仪、李光弼还能有谁?

李光弼刚刚遭遇洛阳惨败，威信扫地，此时舍郭子仪，还能有谁?

危急的形势将李亨逼到了墙角，进而把郭子仪逼上前台。

尽管猜忌，尽管有人从中作梗，但李亨已别无选择，因为只有郭子仪才能化解绛州的危局。

二月二十一日，下诏，封郭子仪为汾阳王，担任朔方、河中、北庭、泽、潞等兵团元帅，兼兴平、定国等军副元帅，同时向绛州调拨绸缎四万匹、布五万匹、米六万石，以供军需。

如果早点拨付，李国贞就不必“国贞”了！

三月十一日，郭子仪即将走马上任，就在这时，李亨患病，百官都无法见李亨一面。

郭子仪急了，他必须见李亨一面，不然他寝食难安。

郭子仪着急，一半为公，一半为私，此去绛州，再次大权在握，他必须得到李亨的充分信任，不然，在前线立再多的功，也抵不上宦官的一次小报告。

郭子仪在奏疏中恳切地写道："老臣受命出征，可能死在外面，不见陛下一面，将来恐怕死不瞑目。"

奏疏起到了作用，李亨把郭子仪召入卧室，就在病榻上接见了郭子仪。

李亨对郭子仪说道："河东之事，都托付给你了！"

一句顶一万句，郭子仪要的就是这句话！

五月初，郭子仪抵达绛州，王元振的计划无限接近成功。

只要郭子仪稍有一点"良心发现"，王元振的前途便是一片阳光灿烂。

郭子仪很快给之前的事件定下了一个基调：你们驻扎在濒临叛军的边境线上，却无故残杀主将，如果叛军趁机进攻，绛州将不复存在。我身为宰相，怎么能因一名士卒的私情而辜负国家大义！

五月二日，"精明"的王元振及其同谋四十人被郭子仪处斩。

叫你算盘打得精。

消息传到太原，新任河东节度使辛云京如法炮制，将杀害邓景山的数十人斩首示众。

从此军纪好转，秩序井然，绛州、河东的局面稳定了下来。

东山再起的郭子仪心情大好，他准备大展拳脚，大干一场。

然而，人在仕途，环境叵测，纵然是郭子仪这样的中兴名将，也无法把握住王朝的脉搏，于是他的命运便随着皇帝的更迭，起起伏伏。

第十五章　二帝归天

从奴到臣

学过历史的人都知道，“安史之乱”是大唐王朝的分水岭。

“安史之乱”之前，唐朝国力蒸蒸日上，一派盛世景象；“安史之乱”之后，国力迅速衰退，国内藩镇林立，与此同时，在不经意中，唐朝的皇宫内部也在发生改变，最典型也最致命的，便是宦官完成了“从奴到臣”的转变。

以前，宦官仅仅是皇帝的家奴，现在，宦官已经从奴摇身一变成了臣！

“从奴到臣”的发端，应该说是从李隆基时代开始。在李隆基时代，著名宦官杨思勖经常带兵出征，无形中他就被李隆基当成了一名将军使用。在杨思勖之后，高力士在王朝政治中扮演重要角色，只不过他并没有在朝中担任显要官职，因此他的“臣”的身份并不是很明显。

真正标志着唐朝宦官完成“从奴到臣”转变的，是李亨宠信的宦官——李辅国。

如果从履历看，李辅国的前半生就活了两字：失败！

李辅国原名李静忠，从小家境贫寒，为了谋生也为了改变命运，李静忠便主动阉割，进宫当了一名小宦官。由于李静忠长得比较丑，一般人都不喜欢他，因此李静忠在从小宦官长成为大宦官的路上一片坎坷，很少看到亮光。

后来李静忠投到了高力士名下，指望跟随高力士出人头地。然而高力士没有对李静忠青眼有加，他跟一般人一样，对李静忠很不待见。

李静忠在高力士跟前苦熬到四十多岁，才得到一个微不足道的机会：到皇家飞龙马厩记账。说是记账，其实就是当一名普通马童，顺便帮马厩记一下账，这就是李静忠侍奉高力士多年得到的结果。据说高力士还是看在他略通文墨的面子上，不然连这个机会也没有。

李静忠从此在马厩记账，时光荏苒，李静忠对高力士的怨恨渐渐生根发芽。

或许，老天看李静忠前半生太苦了，于是给他的后半生安排了两个贵人。

第一个贵人叫王铁，此人是李林甫面前的红人，在朝中担任多个职务，闲厩使是他众多职务中的一个，这样王铁就与李静忠有了交集。

作为李静忠的上司，王铁用心观察了李静忠，时间一长，他发现了李静忠身上的优点：工作兢兢业业，而且勇于举报同事的贪污，更关键的是，他养的马比别人养的马都肥，说明他比别人用心。王铁一高兴，便把李静忠当宝贝一样介绍给另外一个人，这个人是李静忠人生中的第二个贵人。

皇太子李亨。

如果没有“安史之乱”，李静忠可能仅仅是李静忠，不会成为后来的李辅国。

公元755年十一月，安史之乱爆发，李静忠跟随李亨踏上逃亡之路。在别人还在惶惶不知所措时，李静忠却用自己敏感的政治嗅觉，发现了天赐良机。

在马嵬坡，李静忠空前地活跃起来，他先是参与了诛杀杨国忠的密谋，后来又建议李亨与李隆基分道扬镳，向灵武进军。

如果说以前的李静忠是一个贴身宦官，那么从马嵬坡起，李静忠就变成了贴心宦官。

从贴身到贴心，看似一字之差，对于李静忠而言却是天差地别。

抵达灵武郡后，李静忠又跟其他大臣一起劝说李亨登基，在拥立李亨登基的人群中，他是最起劲的一个。

从此之后，李静忠不再是以前的李静忠，他成为李亨眼中不可或缺的人。

登基之后，李亨将李静忠擢升为太子家令、代理元帅府行军司马，重用的迹象已经昭然若揭。

这时，李亨动了给李静忠改名的念头，李静忠别叫了，以后叫李护国吧！

李静忠马上顺杆爬，跪地高喊：“臣李护国谢恩！”

李护国叫了没几天，李亨又对他说："李护国别叫了，以后你就叫李辅国吧！"

李辅国就此闪亮登场。

改名成功的李辅国从此扮演起重要角色，全国各地来的奏章、行军印信等重要物件都由他保管，而李辅国也不负众望，他事事小心，事事用心，一举一动深得李亨赏识。

如果人生有前世，那么李辅国的前世一定是一条善于伪装自己的变色龙。

在李辅国青云直上的过程中，他非但没有引起别人的猜忌和打压，相反还得到不少帮助，这都得益于他善于伪装，而且伪装得很彻底。

就是一个简单的不吃肉，都成了他标榜自己的理由。

李辅国双手合十说："这是因为我追求佛家的修行！"

其实，真实原因可能是身体对肉类过敏。

久而久之，李辅国"慈善"的形象尽人皆知，人们都以为他是一个性格柔和、心地善良的好人，却不知道，这一切不过是人家的马甲。

两京收复之后，李辅国的好日子来了，他跟随李亨进入长安分享胜利果实。

进入长安，李辅国完成了"从奴到臣"的转变，他一下接过了N个担子：

> 殿中监，少府监，闲厩、五坊、宫苑、营田、栽接、总监等使，兼陇右群牧、京畿铸钱、长春宫等使。

以前这些职位多数由杨国忠、王铁、安禄山等大臣担任，现在李亨信不过大臣了，他只信得过李辅国。

除了给李辅国身上加担子，李亨还给李辅国破天荒的封赏：

> 封成国公，实封五百户。

宦官封国公，享实封，这在唐朝历史上还是第一次，与李辅国一起分享这一特殊封赏的，还有李辅国曾经的上司——高力士。

不同的是，李辅国是李亨的人，高力士是太上皇李隆基的人。

李辅国再也不是当年那个看高力士脸色唯唯诺诺的小宦官，他成了新科皇帝身边最红的宦官，比当年的高力士有过之而无不及。

众所周知，唐朝中后期，宦官势力扶摇直上，不仅干预朝政，而且掌管禁军，实力大到可以废立皇帝的地步。如果追查宦官掌握禁军的源头，始作俑者还是李亨，第一个吃螃蟹的则是李辅国。

李辅国在担任诸多官职的同时，还受李亨委托掌管北衙禁军，为了让李辅国工作方便，李亨特意给李辅国在宫中解决了一套住房。

这还不算，原本皇帝的敕令要由中书省发出，现在改了，由李辅国签字后才能发出。至于宰相和百官，他们离皇帝越来越远，有时政府发生紧急事务，他们都需要向李辅国奏报，然后由李辅国向皇帝奏报，最后皇帝的旨意再由李辅国向宰相和百官转达。

朝廷格局一旦到了这个地步，李辅国想不红都难。

同当年的张易之、张昌宗兄弟一样，人一红自然就会有人主动凑上来，宰相李揆就是其中一个。明明李揆出身崤山以东的名门望族，与李辅国的李姓八竿子打不着，李揆却不这样认为，他直接以李辅国的子侄自居，一见面便干脆利落地喊道："五爹（李辅国在家中排名第五)!"

眼看李揆如此投入血本，百官干着急没办法，于是只能退而求其次，喊一声"五郎"。

"五爹"也好，"五郎"也罢，只说明了一个事实，李辅国很红。

不久，李辅国的红又添了浓墨重彩的一笔：皇帝李亨居然给他操办了一门亲事。

在开元天宝年间，高力士曾经迎娶了一个小吏的女儿，开了宦官正式娶妻的一个先河。如今，李亨更上一层楼，他给李辅国选的人家，比高力士岳父家的门第高得多。

李亨选的是前任吏部侍郎元希声的侄孙女。

经过这次联姻，元家得到了丰厚的回报，李辅国妻子的叔叔一举进入高官行列，而李辅国的岳父则升任梁州长史。

谁说只有读书改变命运？

婚姻也能！

太上皇搬家

爆红的李辅国在长安城中肆意地享受着胜利果实，心情不是一般的好，多年媳妇熬成婆，换作谁也会兴奋不已。

然而，兴奋的李辅国也有不兴奋的时候，那就是遇到高力士时，在高力士那里，李辅国从来没有找到舒坦的感觉，因为高力士依然不把他放在眼里。

在别人看来，李辅国已经是炙手可热的红人，而在高力士眼中，他还是当年的李静忠，当年那个不招人待见、四十多岁才当上马童的小宦官，仅此而已！

什么李辅国？你以为你穿了马甲我就不认识你了！

你还是李静忠！

同所有暴发户一样，李辅国渴望得到别人的认可，尤其是在他发迹之前那些轻视他的人的认可，只有在那些人面前挺直腰板，李辅国这个暴发户才能真正有扬眉吐气的感觉。

遗憾的是，在高力士的面前，李辅国始终找不到。

李辅国不甘心，他不相信自己在高力士面前找不回面子，无论如何，一定要在高力士面前找回丢失多年的面子，一定！

李辅国仔细分析了自己和高力士，他清醒地认识到，自己和高力士只不过是两条狗，一条跟着李亨，一条跟着李隆基。

现在一条想盖过另一条，根本的办法就是从主人身上入手，只要把主人身上的文章做足，那么战胜那只叫作高力士的狗，问题不大。

李辅国说干就干，他要在李隆基、李亨父子身上做文章，只要把李隆基这个太上皇打落下马，那么高力士还能猖狂几天？换作别人，一般不敢在李隆基、李亨的父子关系上做文章，但是李辅国不是一般人，他知道李隆基、李亨父子关系中的软肋，那就是互不信任，相互猜忌。

尽管李隆基已经将传国玉玺交给李亨，但是李亨对李隆基的猜忌从没停止，毕竟自己这个皇帝是“先上车后买票”，万一哪一天太上皇拿出一份“密诏”，自己的“皇帝”头衔可能就过期了。

李亨对李隆基采用了两面派的手法，一方面他在暗中对李隆基有所监视，另一方面他在李隆基的面前将仁孝进行到底。最典型的例子是，每逢李隆基驾幸华清池，李亨都会迎来送往，而且每次亲自为父亲牵马至少一百步以上。

父子俩在相互猜忌中营造着“父慈子孝”的局面，李隆基住兴庆宫，李亨住大明宫，李亨经常通过两宫之间的夹道去看望李隆基，李隆基偶尔也前往大明宫看望李亨，甚至有几次，父子俩在夹道中不期而遇。

对于李隆基的物质生活，李亨也非常照顾，他安排陈玄礼、高力士、王承恩、魏悦、玉真公主以及宫女如仙媛在李隆基左右侍奉，皇家梨园弟子也陪伴在李隆基身边。总体而言，李隆基在生活水准方面前后差别不大，如果说有差别，也就是少了一个杨贵妃。

回到长安以来，李亨便刻意保持着与父亲之间的微妙平衡，只是他的心中依然充满忌惮，他的忌惮让李辅国有了空子可钻。

李辅国决定斗高力士之后，便开始着手收集李隆基的“劣迹”，不久，“劣迹”积累成册。

劣迹一：李隆基经常登临靠近大街的长庆楼，长安百姓路过时会抬头仰望，并且高呼万岁；

劣迹二：某年某月的某一天，剑南道一位奏事官经过楼下时给李隆基请安，李隆基居然把他叫上楼，然后让玉真公主和如仙媛做东，设宴款待；

劣迹三：某年某月的某一天，将军郭英乂等人路过楼下，被李隆基邀请上楼参加宴席。

不一而足。

看完李隆基的斑斑“劣迹”，李辅国微微一笑，太上皇，你该下马了。

随后的一天，李辅国看似不经意地提起了话头：“太上皇居住的兴庆宫靠近街市，与外人的联系太多了，而且陈玄礼、高力士这些人很可能对陛下不利，当初跟随陛下到灵武郡的六军功臣都为此担心不已，所以最好还是把太上皇从兴庆宫迁入禁宫居住吧！”

李亨听完，没有表态。

李辅国一看李亨的表情，他得出了结论：默许！

李辅国知道，李亨不仅猜忌太上皇李隆基，而且猜忌陈玄礼、高力士那些跟随李隆基到蜀郡的功臣，他的不表态就是默许，自己可以在他的默许下把这些人一勺烩了。

李辅国很快迈出了第一步。

原本在李隆基的兴庆宫有三百匹良马，李辅国传李亨“旨意”：牵走二百九十匹，只留下十匹。史书上对李辅国这次行为，称之为“矫诏”，其实，如果不是李亨默许，借他一万个狗胆！

眼看二百九十匹良马被牵走，李隆基无奈地对高力士说："我儿用李辅国这个狗东西，恐怕他的孝心无法坚持到底了。"

公元760年七月十九日，李辅国迈出了关键的第二步：让李隆基搬家。

这一天，李辅国先假传李亨旨意：恭请太上皇到太极宫游玩。李隆基不疑有他，饶有兴致地踏上了游玩之旅。好心情一直保持到睿武门，这时突然出现五百名神箭手挡住了去路，李隆基大吃一惊，险些从马背上摔了下去。

李隆基定了定神，问道："来者何人？"

这时，李辅国率领数十名全副武装的骑兵赶了过来，就在马背上对李隆基奏报道："皇帝认为兴庆宫潮湿狭窄，特意请太上皇回宫中居住！"

李隆基一下明白了，这是要逼自己搬家！

李隆基正不知所措，高力士大声怒喝道："太上皇足足当了五十年太平天子，李辅国你想干什么？你给我下马说话！"也怪了，李辅国在高力士面前就是硬气不起来，他灰溜溜地下了马，站到高力士面前。

这是习惯的力量。

看看周围，李辅国回过味来了，绝不能在高力士面前示弱。

李辅国冲高力士恶狠狠地骂道："老家伙，真不懂事！"

然而，李辅国还是不敢把高力士怎么样，他只能把气撒到别人身上，抬手一刀，砍死了高力士一个随从。高力士意识到李辅国可能犯浑，便冲着五百名神箭手高喊一声："太上皇让我向大家问好！"五百名神箭手毕竟受过传统教育，便一起将刀收进刀鞘，跪地高喊"万岁"。

这一下，李辅国的气焰被打了下去，无论他如何鼓动，神箭手是不可能在太上皇面前撒野的。

高力士转头对李辅国说："李辅国，给太上皇牵马！"

李辅国恨得牙根发痒，又无法发作，只能乖乖地和高力士一起为李隆基牵马，一行人来到了李隆基的新居住地——甘露殿。

李隆基一看甘露殿的护卫，心彻底凉了，这里居然只有几十个护卫，而且一看都是老弱病残。

李隆基在心中问自己，这就是我最后的归宿吗？

高力士走了过来，泪眼婆娑，他不知道该如何安慰李隆基。

李隆基拉过高力士的手，说道："没有你，朕可能已经成了刀下鬼了。"

李隆基说完，左右都流下了热泪，他们都没有想到，一个雄视天下五十年的太平天子居然要遭受这样的侮辱。

这时，李隆基倒反过来安慰大家："兴庆宫是当年我做亲王时住过的地方，我数次想将兴庆宫让给皇帝，皇帝都没有接受。今天搬家，正好遂了朕的心愿。"

人在屋檐下，不得不低头，就连李隆基这样曾经高高在上的盛世皇帝，也不得不向现实低头。

太上皇不是皇帝，李隆基是最好的现身说法！

在李隆基搬家九天后，李亨发布诏书，这纸诏书将李隆基晚年的精神寄托打发殆尽：

> 宦官高力士流放巫州（今湖南省洪江市）；
> 宦官王承恩流放播州（今贵州省遵义市）；
> 宦官魏悦流放溱州（今重庆市綦江县）；
> 将军陈玄礼退休；
> 如仙媛遣返回老家安置；
> 玉真公主返回玉真观居住。

这六个人是李隆基晚年最重要的伴，也是李隆基的精神寄托，现在他们全部被勒令离开。

在这六个人外，还产生了第七人，就是那个跟李隆基素未谋面却在安史之乱中无比忠诚的颜真卿。

颜真卿此时已经官至刑部尚书，他受到贬斥是因为他带领百官给李隆基上了一份奏疏：恭祝太上皇健康长寿。

就是这么一份奏疏，让颜真卿倒了大霉。

刑部尚书不用做了，到蓬州（今四川省仪陇县）当长史吧！

打发完这七个人，李亨又为李隆基精选了一百余名宫女，同时命万安、咸宜两位公主进宫照顾李隆基起居，每逢四方献上珍异宝物，总是派人先送给李隆基这个太上皇。

然而，一切都是徒劳，经历了这场"被搬家"后，李隆基的精神支柱彻底倒塌了。

原本他已经认命，已经安于做一个太上皇，结果还是被儿子逼着搬了家。

人到晚年非常脆弱，熟悉的环境不能轻易改变，一旦改变，老人就会产生巨大的不适应感，然后在短时间内迅速老去。

此时的李隆基只是为白居易提供创作素材，于是白居易在《长恨歌》中写道：

西宫南内多秋草，落叶满阶红不扫。
梨园弟子白发新，椒房阿监青娥老。
夕殿萤飞思悄然，孤灯挑尽未成眠。
迟迟钟鼓初长夜，耿耿星河欲曙天。
鸳鸯瓦冷霜华重，翡翠衾寒谁与共。

当忧愁成为生活的全部，活着也是行尸走肉。

被搬家改变环境的李隆基没能跳出这个规律，他从此不再吃肉，也不再吃米，只吃一点简单的蔬菜，身体一天不如一天，一步一步接近了生命的终点。

李亨开始还去探望，到后来，他的身体也垮了，早年当太子时精神压力过大，他的身体早早被透支了。

太上皇李隆基的被搬家就此结束，李隆基、李亨的父子过招没有赢家，他们都是失败者，无意之中成了李辅国斗高力士的棋子。

人生就是这样，谁是棋手，谁是棋子，并没有定式，有时你以为自己是经天纬地的棋手，到头来才发现，自己不过是别人手中的一枚棋子！

母子之间

李隆基、李亨双双接近生命的终点，长安皇宫中有两个人格外忙碌起来。

一位是李亨的张皇后，一位是李亨的太子李豫。

李豫不是新出现的人物，他在此前有过出场，原来的身份是广平王李俶。李亨延续了父亲喜欢给儿子们改名的传统，后来他为李俶改名叫“李豫”。

国学大师辜鸿铭有云，男人是茶壶，女人是茶杯，只见过一个茶壶配几个茶杯，没见过几个茶壶配一个茶杯。辜鸿铭的茶壶茶杯理论，折射出男权社会的本质，这套理论适用于一般的大户人家，更适用于李亨这样的帝王之家。

但凡一个皇帝，谁不是一把茶壶配N个茶杯？

只有武则天是个例外，想多配几把茶壶，还得提防大臣们的叽叽歪歪。

在李亨的众多茶杯中，张皇后是其中一个，但太子李豫并非出自这只茶杯，因此矛盾在所难免。

李豫是李亨的长子，他的生母有一段传奇。

李豫的生母姓吴，濮州濮阳人，她的父亲做过官，不过官做得很失败，不仅没能给家族带来幸运，反而带来了巨大的祸事。

开元年间，吴氏的父亲因为犯事被李隆基处死，年幼的吴氏便被收入掖庭，充当宫中杂役。吴氏以为自己的一生将会在掖庭中度过，不承想，她的生命中还有一段传奇在等着她。

开元十三年，十三岁的吴氏迎来改变自己命运的机会。

这次机会与高力士有些渊源。

这一年的一天，李隆基携高力士前往李亨的王府做客，一进门，李隆基大吃一惊，他没想到李亨的王府居然是这个样子。

李亨的王府内杂乱无章，很长时间没有用心清扫过，乐器上也蒙上厚厚的灰尘，而且侍奉李亨的侍女也少得可怜（也有一种可能，眼前这一幕是精心伪装的）。李隆基看着有些心疼，转头对高力士说："皇子的生活条件如此艰苦，你怎么不早点让我知道？"

李隆基当即下令，从长安挑选五位良家女子给李亨当侍女。

高力士劝谏道："在长安城中挑选良家女子当侍女，可能会让人说三道四，不如从掖庭中选几个相貌端庄的，陛下以为如何？"

李隆基一想，有道理，身在掖庭的女子虽然是有罪之身，但基本上都出身官宦世家，她们的素质要比一般的人家高。况且，这样的女子会更加珍惜机会，服侍起皇子来尽心尽力。

李隆基点头表示同意，吴氏的机会就此到来。

在掖庭精挑细选的三人名单中，吴氏名列其中，借着这个机缘，吴氏从掖庭一跃进入李亨的王府。

进入王府之后，容貌端庄、性格谦让的吴氏深得李亨宠爱。

一年后，吴氏为李亨生下了一个男孩，这个男孩就是李豫。

不知不觉之中，吴氏创造了一个纪录，她所生的李豫竟然是李隆基的第一个孙子，这让李隆基喜出望外。这是人之常情，但凡是人，看到自己的孙子出生，都会情不自禁，甚至比当年儿子出生时更加狂喜。

同样的狂喜曾经出现在李世民身上，李治身上，只可惜，他们的第一个皇孙都是空欢喜一场，最终没能继承王朝的大统。

李豫则是第一个幸运儿，他是李隆基的第一个皇孙，最终也得以继承大统。

不过他的母亲吴氏没有能够看到这一天，开元二十八年，吴氏撒手人寰，没有等到儿子继承大统的一天。

后来吴氏被追尊为皇后，与李亨合葬。众人打开她的棺木移灵，这时大家发现，已经去世多年的吴氏面容竟然与生前一样，似乎她并没有死去，只是睡着了。众人唏嘘不已，感慨之余将吴氏与李亨合葬，吴氏就此完成了自己的传奇。

吴氏去世后，李豫开始了自己“孤苦伶仃”的生活，虽然有父亲，但毕竟生母已经不在。李豫的“孤苦伶仃”一直在继续，在他“孤苦”的同时，他的父亲也在不断经历着“断臂求生”的痛苦经历。

天宝五载（746 年）七月，李亨第一次“断臂求生”。

此时，他的太子妃是韦氏，原本他与韦氏恩爱有加，不料韦氏的哥哥韦坚被李林甫打落下马，而韦坚的弟弟们为了解救韦坚，竟然病急乱投医，在给李隆基的奏疏中引用李亨曾经说过的话。

前面说过，李隆基最怕皇子与大臣勾连，现在韦氏兄弟引用李亨曾经说过的话，正说明他们有过勾连。李隆基一怒之下将韦坚贬官，韦坚的弟弟们流放岭南。

眼看即将牵连到自己，李亨只能选择“断臂求生”，主动上疏请求与韦氏离婚。

太子妃就这样离李亨而去，出家为尼，直到多年后在尼姑庵中去世。

李亨“断臂求生”五个月后，厄运再次来临。

这回出事的是他的太子良娣杜氏。

杜氏的姐夫柳勣因为跟岳父杜有邻不和，居然举报岳父勾结太子李亨图谋不轨。

这一举报非常致命。

李隆基一下子出离愤怒，他居然当起了葫芦僧，把原告柳勣、被告杜有邻全部乱棍打死。

原告、被告居然都输了，这官司判得太有才了。

李亨不再去管原告被告，当务之急是洗脱自己的嫌疑，于是他再次“断臂求生”，把太子良娣杜氏赶出家门，贬作平民。

换作一般老百姓，接连两次“断臂求生”必定伤筋动骨，幸好李亨是太子，相当于章鱼，断几次腕也无伤大体。

不过从这之后，李亨身边再也没有特别受宠的女人，直到安史之乱发生。

安史之乱给整个王朝带来了灾难，也给很多人带来了机会，比如李亨，比如李辅国，再比如时任太子良娣的张氏。

张良娣登上历史舞台是在马嵬坡，当时她跟随李亨逃亡到马嵬坡，在去留两难的彷徨之际，张良娣跟李辅国一起，劝说李亨前往灵武郡，开辟一片新天地。

在前往灵武郡的路上，张良娣的表现可圈可点，每次入住驿站，身怀六甲的她总是冲在前面，夜晚就寝时，她主动睡在李亨的床外侧，而把相对安全的内侧让给李亨。

李亨劝解张良娣说：“抵御盗匪不是你们女人的事，你不用操那么多心！”

张良娣看着李亨，诚恳地说道：“如今乱世，意外的事会很多，如果一旦有紧急情况，妾用自己的身体延缓盗匪的攻击，殿下就可以利用这个时间差逃离危险！”

当一个女人对男人用心到如此程度，男人还有抵御能力吗？

李亨不可抵挡地宠爱起张良娣。

到灵武郡不久，张良娣为李亨生下一个儿子，取名李佋。

产后三天，张良娣拖着虚弱的身体下床了，开始给战士们缝制军衣。李亨连忙阻拦，张良娣平静地说：“如今王朝多事，哪里是我静养的时候？”

说完，张良娣低头自顾自地缝制起军衣。

张良娣的“贤淑良德”很快得到了回报，公元757年十二月十五日，张良娣被册封为淑妃，三个月后，张淑妃再进一步，晋升皇后。

自然界中存在着一个法则——丛林法则，丛林法则很简单，概括起来就是因为资源有限，所以弱肉强食。

自古，丛林法则也存在于皇帝的后宫之中，从没有绝迹。

随着张皇后的崛起，她与年长皇子的矛盾也渐渐产生。

由于李豫继承了父亲善于藏拙的优点，因此最先与张皇后发生矛盾的并不是李豫，而是建宁王李倓。

建宁王李倓是李亨的第三子，马嵬坡前后为李亨立下汗马功劳，正是李倓，首先提议前往灵武郡，接着在前往灵武郡的路上组织敢死队为父亲保驾护航。

同哥哥李豫相比，李倓显得话有点多。

尽管他的话说得很对，但在一些人听来并不入耳。

驻扎灵武郡期间，李亨赏赐给张皇后一件宝物：镶嵌有七种宝玉的马鞍。

对于这副马鞍，张皇后爱不释手，令她没想到的是，有人竟然打起了马鞍的主意。

皇家资政李泌对李亨说："天下大乱，王朝分崩离析，陛下正是展示自己节约美德的时候，这副马鞍太奢侈了，张良娣（当时还是良娣）并不适合用它。不如将七种宝玉摘下来，收进国库，将来可以用来赏赐有功的将士。"

李泌说这话时，张良娣就坐在帘子后面，她连忙说道："都是长安老乡，李大人何出此言?"张良娣和李泌都是长安人，她没有想到李泌这么不给她这个老乡面子。

李泌正想回应，建宁王李倓插话，他完全同意李泌的提议，强烈建议李亨将马鞍收入国库。

一副马鞍，引出这么多波折，张良娣心中愤愤不平，从此恨上了建宁王李倓。

如果说一副马鞍还不至于让张良娣动杀机，那么接下来李倓的话就捅了张良娣的腰眼。

李倓眼看张良娣越来越得宠，心中很是不安，长此以往，张良娣必定会替自己的儿子瞄准储君之位，那样的话，自己和两位哥哥都没指望了。

更令李倓不安的是，张良娣居然跟新贵李辅国走得很近，里应外合的态势非常明显，这不正是皇家最忌讳的后宫与宦官联合吗?

李倓很快向李亨建议：提防张良娣和李辅国，两人有狼狈为奸的迹象。

李亨敷衍了李倓几句，便把此事按下不提。

李亨不提，不意味着张良娣和李辅国不提，他们得知李倓背后弹劾自己，更对李倓恨得咬牙切齿。

张良娣和李辅国决定报复，这次报复一定要让李倓永无翻身之日。

正巧，此时发生了“挂帅风波”。

李亨考虑到李倓有军事能力，准备让李倓出任天下兵马元帅，本已板上钉钉，然而遭到了皇家资政李泌的反对。李泌反对的理由是，如果李倓出任元帅立下大功，将来身为长子的李俶将无处立足，而储位之争也会非常惨烈。

经过李泌的反对，李亨放弃了让李倓挂帅的念头，转而让李俶出任元帅。

这次风波本该平静地过去了，没想到让张良娣和李辅国抓住了机会。

两个得宠的新贵一起向李亨打小报告：

建宁王李倓因为没当上天下兵马元帅，心中不满，口出怨言，而且有试图谋害兄长李俶的嫌疑，曾经在夜间趴在李俶的房门口窃听。

这个小报告一下子要了建宁王李倓的命。

李亨跟父亲李隆基一样，对待自己的儿子真是心狠手辣，凭借这条无中生有的小报告，建宁王李倓被处死，从此再也无法跟张良娣和李辅国作对。

身为长子的李俶目睹了这一切，他一下子看清了张良娣和李辅国狰狞的面孔。

李俶只能紧急寻找援助，他一下子抓住了李泌，把他当成了救命稻草。

事实证明，李泌这根稻草起到了救生圈的作用。

李俶暗自对李泌说：“张良娣和李辅国狼狈为奸，害死了建宁王李倓，早晚是帝国之祸，不如早点除掉！”

李泌阻止道：“大王说什么呢！难道没看到建宁王惹出的祸事吗？”

李俶回应道：“我这么做也是为先生考虑，他们看先生深受皇上信任，早晚会对先生动手。”

李泌无所谓地说道：“我跟皇上早有约定，两京收复，我就回山归隐，不再参与朝政。”

李俶顿时紧张了起来：“先生一走，我的处境会越来越危险。”

李泌点拨道：“大王只需在皇上面前尽到孝道，张良娣不过一个女人，只要大王委曲求全，她不能把你怎么样！”

李俶半信半疑地点了点头。

公元757年九月，李俶带兵收复长安，这时，不利于李俶的流言又在李亨耳边蔓延。

危险时刻，又是李泌的一席话帮了李俶一把。

一天夜里，李泌与李亨对床而眠，这时两人谈起了建宁王李倓。

李亨说：“李倓是朕的爱子，性格果断勇敢，在艰难之时立下大功，朕的心里都有数。但是他后来受小人教唆，竟然想谋害兄长，图谋储君之位，朕为了江山社稷，不得已将他处死。这些细节你不是都知道吗？”

李泌回应说：“如果果真如此，广平王李俶应该忌恨李倓才是。事实上，每次广平王跟我谈到李倓的冤情，都会泪流满面。臣今日已经下定辞别陛下的决心，所以才敢跟您说这些实话。”

李亨辩解道：“李倓曾经在深夜趴到李俶的房门口窃听，肯定是图谋不轨。”

李泌叹息一声：“这必定是出自小人之口，建宁王仁孝友爱，怎么可能干出这种事？就说当年挂帅之事，我力主广平王挂帅，如果建宁王真的图谋不轨，应该忌恨我才是；恰恰相反，他把我当成忠臣，而且跟我很亲密，从这一点可以看出，建宁王并没有图谋不轨之心。”（注：历史上的人物都是复杂的，言行不一、心口不一的人比比皆是，建宁王李倓究竟是发自肺腑地对李泌友善，还是刻意伪装的友善，很难分得清。我权且一写，大家仁者见仁、智者见智。）

李亨听完，泪不由自主地流了下来：“先生所言很有道理。既然已经过去了，朕不想再提了！”

李泌回应道：“臣之所以旧话重提，不是为了追究过去的责任，而是想让陛下将来处理事情更加慎重。昔日，天后武则天有四个亲生儿子，长子是太子李弘，武则天想自己称帝，忌惮李弘聪明，就把李弘毒死，改立雍王李贤做太子。李贤被立太子后，心中惶恐不安，就写了一首《黄台瓜辞》，想以此感动天后。天后还是不听，最终李贤也在黔中被幽禁而死。《黄台瓜辞》是这样写的：种瓜黄台下，瓜熟子离离。一摘使瓜好，再摘使瓜稀。三摘犹为可，四摘抱蔓归。如今陛下已经摘了一个，以后别再摘了！”

李亨吃了一惊：“怎么会有这样的事？你帮我把诗写下来，我留在身边时刻牢记。”

李泌说：“陛下只要铭记在心，何必随身携带！”

李泌这次进言意义重大，他巧妙地为李俶套上了一道护身符。每当李亨听信谗言想动李俶时，李泌的话就会不经意地出现在他的脑海里。

公元758年三月六日，张良娣被晋封为皇后，此时立谁当太子就进入议事日程，李亨必须摊牌了。

李亨有两个选择，一个选择是李俶，优势是年龄最长（三十二岁），经验丰富，另一个选择是兴王李佋，优势是生母是张皇后，正宗皇后嫡子。

不过李佋也有一个劣势，年龄太小，时年只有两岁。

李亨在两者之间有些犹豫，便想试探一下大臣的意思。

李亨看似闲聊，跟考功郎中李揆说：“成王李俶年龄在众皇子中年龄最大，而且为王朝立有大功，朕准备立他为太子，你意下如何?”李揆立即意识到皇帝是在考验自己，马上跪地向李亨祝贺道：“此乃社稷之福，臣觉得无比庆幸!”

看着李揆的举动，李亨明白了，随着李俶率军收复两京，百官对李俶已经是人心所向，此时再用两岁的小娃取代李俶，百官心中也会不服。

相比而言，把帝国委托给一个三十多岁的人，总比委托给两岁的娃娃靠谱。

公元758年五月十九日，煎熬多年的李俶终于得立太子。

五个月后，李亨为李俶改了名字——李豫。

李豫得立太子之后，储位也不是十分稳定，张皇后依然心存夺储之心。

不过，造化弄人，就在张皇后蓄谋夺储时，她的大儿子李佋夭折!

李佋夭折后，张皇后名下只剩下小儿子李侗，李侗年龄比李佋还小，更无法与李豫相提并论，张皇后只能叹口气，压下了夺储之心。

刀兵相见

时间走到公元762年，李亨和李隆基双双接近生命终点，这时张皇后再次活跃了起来，因为她看到噩梦正在向自己逼来。以自己与李豫往日的恩怨，一旦李豫登基，绝不会放过自己，历朝历代，这种事情时有发生。

三国时，曹魏皇帝曹叡就曾经逼死皇太后郭氏，理由很简单，郭氏曾经逼死曹叡的生母甄氏（传说曹植笔下的《洛神赋》原型）。

张皇后不想经历噩梦，她要行动起来，拯救自己的命运。

这时，张皇后才发现，自己其实两手空空，早年自己还有政治同盟李辅国，现在连李辅国也没有了。

李辅国离张皇后而去，有两个原因。

第一，他们两个在争权夺利的过程中产生了矛盾，谁也不买谁的账，于是曾经的政治同盟分道扬镳；

第二，嗅觉灵敏的李辅国早就知道张皇后与太子李豫的矛盾，两相对比，太子明显比张皇后潜力大，一旦老皇帝归天，必定是新皇帝的天下。

基于这两点原因，李辅国毅然离张皇后而去，转而坚定地投入太子李豫阵营。

双方各取所需，瞬间融合。

公元762年四月五日，大唐王朝的标志性皇帝之一、久经考验的浪漫皇帝、太上皇李隆基在神龙殿去世，享年七十七岁。

我们不知道，在弥留之际，李隆基想到了什么，是想到了开元天宝盛世，还是想到了石破天惊的安史之乱；是想到了进入蜀郡路上令人伤感的《雨霖铃》，还是想到了那曲风华绝代的《霓裳羽衣曲》。

李隆基没有给我们答案。

回望李隆基的一生：

他的前半生是个英雄，人到晚年却是个狗熊；

他的前半生活得伟大，人到晚年却活得憋屈；

他的前半生唱《霓裳羽衣曲》，人到晚年却只有《长恨歌》。

这就是真实的李隆基，一个将大唐带到巅峰，又亲手将大唐推到低谷的皇帝。

如果给李隆基一个总结人生的机会，或许他会仿效弘一法师写下四个大字：

悲喜交加。

李隆基驾崩后，李亨只能卧在自己的寝殿里哭泣，由于身体原因，他已经无法亲手送父亲最后一程了。

四月七日，李亨病情加重，于是下诏令太子李豫监国。

四月十五日，李亨再次下诏，改年号为宝应元年。

在病危期间下诏改元，其实是皇帝想要冲喜的信号，一方面可以自我安慰说，我又挺过了一年，另一方面还可以给自己强烈的心理暗示：新年新气象。然而无论如何改元，李亨接近生命终点的事实已经不可改变，只是他没有想到，身为皇帝，生命的最后时刻竟然会那么凄凉。

就在李亨即将撒手人寰的同时，张皇后开始着手行动，她居然想拉太子李豫当自己的同盟军！

没有搞错吧！

一方面我对接下来的描述持有怀疑，一方面又觉得有部分可信，那就一起来看看这段令人生疑的记载：

> 张皇后对太子李豫说："李辅国掌管禁军多年，皇帝的敕令都从他那里发出，他甚至强迫太上皇搬家，罪孽深重，他所忌惮的也只有你我二人。如今圣上进入弥留之际，李辅国和程元振图谋作乱，不可不诛。"
>
> 李豫泪流满面地说："现在圣上已经病危，这两个人都是圣上的有功之臣，不禀告圣上就将他们诛杀，恐怕会引起混乱，局面无法收拾。"
>
> 张皇后迟疑了一下，说："太子先回去吧，容我再考虑考虑！"

这段记载令人生疑，因为张皇后和李豫本来是敌对双方，怎么会突然有了联手的欲望？张皇后难道不知道李辅国已经站到李豫一边了吗？

不过从另外一个角度说，这也可能是张皇后布了一个"螳螂捕蝉"的局，先游说李豫跟自己一起联手除掉李辅国，然后再找机会除掉李豫，立自己的儿子为帝。

如此一来，是不是把李豫的智商想得太低了？

问题是，张皇后的智商高吗？

可能也不高！

总而言之，没有永远的敌人，也没有永远的朋友，在利益面前，曾经的死敌暂时联手也是有可能的，没有什么不可能。

接下来，张皇后进入了正题，她找到了另外一个皇子——李亨的次子、越王李系。

张皇后对李系说："太子仁慈懦弱，不能够诛杀乱臣贼子，你敢吗？"

李系干脆地回应道："敢！"

张皇后马上开始行动，选出了二百多个勇武有力的宦官，她把他们埋伏在长生殿后，然后发放了武器铠甲。

这段记载表明，张皇后矛头对准的是李辅国，她要跟李系一起诛杀这个背叛自己的狗奴才。

事实上，这段记载欲盖弥彰，真实的史实是，张皇后与越王李系达成了交易，他们要一起对付李豫和李辅国，事成之后，可能是张皇后扶助李系登基称帝。

四月十六日，"李亨"的一纸诏书传到了东宫，宣太子李豫进殿。

所谓"李亨"的诏书，其实是张皇后伪造的，目的是把李豫骗进宫，只要李豫进入埋伏圈，二百个武装宦官将让他有来无回。

张皇后设想得很完美，可惜是纸上谈兵。

李辅国的同党程元振得知了张皇后的阴谋，他火速通知了李辅国，李辅国立刻行动，调集禁军在凌霄门外埋伏，只等一声令下，开始动手。

李豫抵达凌霄门，李辅国拦住了李豫，一下子抖出了张皇后的阴谋。

李豫说："肯定没有这回事，如今圣上病危，急着见我，我哪能因为怕死就不去见父皇呢？"

程元振说："社稷安危关系重大，太子不能进去！"

说完，程元振派兵将李豫护送到皇家飞龙马厩。

以上这段在凌霄门的对话我认为也是编的，很可能是李豫登基之后授意史官填补的，如此一填补就造成一个假象：李豫的所作所为都是被逼的，他是正当防卫。

就像当年李世民的玄武门之变一样。

拨开历史的伪装，事实很简单：

李亨进入弥留之际，张皇后和李豫都想动手，张皇后依靠的是武装宦官，李豫依靠的是李辅国手中的禁军，双方彻底撕破脸皮，进入决战！

一切就这么简单。

当晚，李辅国、程元振带兵直闯麟德殿，逮捕越王李系以及朱光辉等一百余名宦官。李辅国对此的解释是，奉太子之命帮你们搬家。

接下来，李辅国的目标是张皇后。

张皇后此刻正在长生殿，陪伴在李亨身边。

看李辅国杀气腾腾地进来，张皇后紧张地看着李亨，她以为李亨还会是自己的护身符。

令张皇后意想不到的事情发生了，就在李亨的病榻前，李辅国指挥士兵将她抓了起来，然后不顾她的喊叫，强行拖出了大殿。与张皇后一起被抓的还有她的贴身宦官和宫女总计数十人，他们一起被囚禁到后宫。

李辅国大摇大摆地走了，对李亨他甚至没有多看一眼。

长生殿中剩下的宦官和宫女都吓呆了，他们面面相觑，不知如何是好。过了一会儿，不知谁带了头，所有宦官和宫女都逃出了长生殿，把李亨一个人孤零零地扔在里面。弥留之际的李亨只能孤苦伶仃地躺在那里，他曾经富有四海，如今却成为彻彻底底的孤家寡人。

同样的悲剧也曾经在齐桓公身上上演，在南北朝梁武帝萧衍身上重复，他们都曾经雄霸天下，到生命最后，不过是一个没人理睬的糟老头子。

成天“称孤道寡”，到最后，真成了孤家寡人。

两天后，唐朝皇帝李亨走完了自己的人生路，享年五十一岁。

李亨是一个苦命的人，当太子时是苦命太子，连续上演“断臂求生”，当天子时是苦命天子，整个天子生涯充满内忧外患。如果没有安史之乱，他的天子生涯不知何时开启；然而当他趁着安史之乱自行登基后，却在有生之年没能看到安史之乱的平息。

相比于父亲李隆基，李亨差距明显，李隆基青年得志，开创唐朝盛世，一生多数是甜少数是苦，而李亨呢？他的一生，无处不是黄连。

如果李隆基再硬挺几天，或许就能创造一个奇迹，太上皇还在，皇帝却死了，太上皇把皇帝熬死了的案例在历史上还没有出现过，李隆基差点儿创造奇迹。（明英宗朱祁镇勉强算是以太上皇身份把皇帝熬死了，不过他们是兄弟，不是父子。）

如果奇迹出现，李隆基还会多一个头衔——太太上皇（或者叫太上太皇、无上皇）。

可惜，这个头衔最终没有出现。

新皇登基

李亨驾崩，李豫和李辅国终于把心放到了肚子里，接下来他们还有一点遗留问题需要处理。

李辅国带兵到了张皇后的囚禁地，手起刀落，张皇后陪伴先帝而去。在张皇后之后，越王李系、兖王李僩也相随而去，他们原本与这场风波无关，只是因为张皇后的缘故，他们一起被卷进了旋涡。

处理完遗留问题，李豫穿上丧服，与李辅国一起来到了九仙门，宰相们早就等在了那里。

李豫怀着悲痛的心情，向宰相们解释了在太上皇归天以后皇宫发生的种种变故，简而言之，不到半个月的时间，后宫少了三个主要人物：太上皇李隆基、皇帝李亨，以及张皇后。

现在轮到了李豫当家。

四月十九日，李亨驾崩的消息对外公布，同时公布遗诏。

四月二十日，三十六岁的李豫登基称帝，是为唐朝历史上的唐代宗。

一年后，李豫将祖父李隆基安葬于泰陵，谥号至道大圣大明孝皇帝，庙号玄宗，从此李隆基成为经久不衰的“唐明皇”“唐玄宗”。

在李隆基入土为安九天后，李豫将父亲李亨安葬于建陵，谥号文明武德大圣大宣孝皇帝，庙号肃宗。这个一辈子活在父亲阴影下的皇帝死后也活在父亲的阴影下，关于唐明皇的文艺作品从古到今比比皆是，而关于他的，寥寥无几！

随着李豫的登基，一干人物的命运也发生了改变，忠于张皇后的人要么被杀，要么被流放，而忠于李豫、参与四月十六日行动的人都被视为“宝应功臣”，三品以上的增加爵位，三品以下的增加官阶，总之，付出总有回报！

在一干人等有哭有笑的同时，远在朗州，有一个七十八岁的老人正在放声痛哭，以至于大口吐血。

哭泣的人正是高力士。

高力士原本流放巫州（今湖南省洪江市），赶上朝廷大赦，便从巫州启程重返长安。

走到朗州时，他遇到了从长安流放朗州的前朝廷官员，这时高力士才知道，他的主人李隆基已经去了。

高力士感怀身世，放声大哭，既是哭李隆基的一生，也是哭自己的一生，更是感伤他们曾经一起走过的岁月。高力士很快不行了，他没能回到长安，就在朗州结束了自己有故事的一生。

高力士在历史上的口碑不佳，给人的印象是玩弄权术的小人，实际上，相比于唐朝后来的宦官，高力士是少有的、难得一见的忠仆。

只一个“忠”字，就足以让李辅国之辈汗颜几辈子。

高力士死后，李辅国的红达到了顶点，李豫居然给了他一个历史上少有的称呼——尚父。

尚父，这是姜子牙才有的称呼，这是诸葛亮才有的称呼，现在李辅国也有了。

不久，李辅国又创造了一个纪录，他成为唐朝宦官中第一个出任宰相并且位列三公的人。李豫给李辅国增加的头衔是：司空兼中书令！

开天辟地！

匪夷所思！

李辅国被前所未有的幸福击倒了，他以为这都是自己应得的。

兴奋之余，李辅国手舞足蹈地对李豫说了一句话：“陛下只管在皇宫里安坐，外面的事老奴一手就处理了！”

说这话时，李辅国兴奋地挥舞着自己的右手，却不知道，这只右手已经成了李豫的目标。

李豫闻言，心中不爽，但他不动声色，因为李辅国手中还握有禁军，只有把李辅国手中的禁军剥离了，李豫才会正式跟李辅国翻脸。

李豫在心中暗暗说道：“到时，朕不仅要你的命，还要你那只右手！”

留给李辅国右手的存活期，不到半年！

第十六章　重回一统

新旧更迭

处于巅峰的李辅国被错觉包围，他不知道李豫已经准备对他动手，更不知道他的亲密伙伴正在拆他的台。

拆台的人正是程元振，原本他是李辅国的亲密伙伴，在讨伐张皇后的战斗中他们亲密无间，并肩作战。大功告成后，李辅国也没忘记与程元振一起分享胜利果实。经他推荐，宦官程元振成为右监门卫将军，对于程元振而言，这是一次至关重要的飞跃。

李辅国以为这下满足了程元振的胃口，没想到程元振想要的更多，他想要的不是李辅国怜悯式的赏赐，而是李辅国手中的权力。

久在深宫，程元振察言观色的能力不比李辅国差，他很快看透了李豫，当李辅国还被李豫的恩宠蒙蔽时，程元振已经看出李豫眼神深处隐藏的杀机。

程元振迅速靠了上去，他要跟皇帝一起扳倒李辅国，然后取而代之。

程元振对李豫说："李辅国的权势太大，陛下应该加以限制。"

李豫看了看程元振，他明白程元振的意思，再仔细一看，此人不正是代替李辅国的最佳人选吗?

踏破铁鞋无觅处，得来全不费工夫。

公元762年六月十一日，李豫下诏，免去李辅国的元帅府行军司马及兵部尚书职务，其余职务保持不变。

李辅国一下惊呆了，他没想到，不久前还把他捧上天的皇帝，这么快就把他摔了下来。

看起来仅仅是解除行军司马以及兵部尚书职务，其实，这一下断了李辅国的脊梁，被剥夺了兵权的李辅国什么都不是，连一条癞皮狗都不如。

李辅国充满了怨恨，但又不敢发作，只能眼睁睁地看着程元振接替自己的职务，昨天还并肩作战，今天就苦苦相逼。

不是李辅国不明白，而是这世界变化得太快。

被夺兵权的李辅国知道，这只是第一步，接下来还会有第二步、第三步。

第二步很快来了，李辅国在皇宫中的住房被收回，他只能出宫居住，再也不能享受宫中居住的福利。

李辅国知道第三步已不可避免，索性自己上疏：请求退休。

奏疏正中李豫下怀，李豫就坡下驴，迈出第三步：封李辅国为博陆王，解除中书令职务。

宦官封王，李辅国开了一个先河，然而此时的他已经破落到家了，连个看门的大头兵都能欺负他。

被免去中书令职务后，李辅国准备到中书省写一份奏疏，以表对皇帝恩准退休的感谢之情。

走到门口，李辅国被拦住了。

李辅国不解地看着看门士兵，拦我做什么？

看门士兵义正词严地说道：“尚父大人已经罢相，没有资格再进此门！”

李辅国的心情一下子跌到冰点，都说人走茶凉，现在人未走，茶已凉！

李辅国呆呆地站在原地，好长时间才长长地出了一口气，不无悲愤地说道：“老奴有罪，侍奉不了郎君（指李豫）了，还是让老奴去陪伴先帝吧！”

话传到李豫的耳朵里，李豫不觉一声冷笑，陪伴先帝？那是自然！只不过不是现在！

很快，一纸诏书送到李辅国手里，诏书上，李豫把李辅国结结实实地安慰了一番，话写得很诚恳，很感人，很催人泪下。

可惜，都是假的！

四个月后，一位蒙面侠客进入李辅国家中，几声惨叫后，侠客从李辅国家中离开。

这时，李辅国的家人发现，曾经红极一时的李辅国大人倒在血泊之中，头不知去向，右手也一同消失。

消息传进皇宫，李豫怀着“悲痛”的心情下令全国通缉杀人嫌犯，同时派宦官到李辅国家中表示沉痛悼念和亲切慰问，并追赠李辅国为太傅，赐谥号——丑!

被卸除脑袋的李辅国随后被下葬，为了弥补失去脑袋的遗憾，家人用木头刻了一个头形，充当李辅国的脑袋。

无意之中，李辅国的一生成了一个巨大的讽刺，他总以为自己头脑灵光、智商超群，到盖棺定论时才发现，原来只是一块木头。

> 他大舅他二舅都是他舅，李静忠，李辅国，都是木头！都是木头！
>
> ——张艺谋《三枪拍案惊奇》

是谁杀死了李辅国?

一时没有定论!

多年后，梓州刺史杜济力排众议提拔一位武士当牙门将，众人疑惑不解，为什么？这位武士没有什么出众之处，为什么单单把他提拔为牙门将呢?

在众人的追问下，武士道出实情：我就是当年杀李辅国的那位侠客!

哦，原来如此!

在李辅国之后，程元振接替了李辅国的职位，二人的更迭，不意味着任何进步，只相当于两只乌鸦换岗。程元振不仅接替了李辅国的职位，也接替了李辅国的功能，在打压重臣名将的道路上，他与李辅国一脉相承。

程元振很快盯上了东山再起的郭子仪，他决心把郭子仪拉下马。

程元振开始打郭子仪的小报告，核心内容是郭子仪权势过大，需要加以防范，李豫不置可否，不说信，也不说不信。

时间一长，郭子仪听到了风言风语，他意识到自己又被猜忌了，不如主动请退，远离是非之地吧。郭子仪上疏李豫，请求解除天下兵马副元帅及各战区特遣部队元帅职务。

上疏很快得到回复，李豫对郭子仪大加安抚和勉励，末了来了一句：准予辞职!

有其父必有其子，有李亨那样的小心眼父亲，就有李豫这样的小心眼儿子。

父子俩心眼小得如此类似，基本可以免予 DNA 亲子鉴定。

借兵回纥

转眼之间，李豫已经登基几个月了，他终于清理完各种遗留问题，可以集中精力考虑洛阳的光复问题了。

李豫将王朝的兵力盘算半天，他发现，以现有的兵力还是不足以铲除史朝义，要想彻底铲除史朝义这个祸害，还得走向回纥借兵的老路，不然，收复洛阳，还得无限期延后。

李豫派出宦官刘清潭出使回纥，目的有两个，一是弘扬发展两国的传统友谊，二是向回纥借兵讨伐史朝义，前者是虚，后者是实。

刘清潭一到回纥王庭，就被一则消息惊呆了，史朝义居然抢先一步，抄了唐朝的后路。

在刘清潭到来之前，史朝义派使节对回纥登里可汗说："唐朝连续死了两个皇帝，如今中原无主，可汗不妨与我们大燕帝国一起来瓜分唐朝国库!"见钱眼开的登里可汗果然相信，派出三路大军向中原挺进，准备瓜分唐朝国库。

刘清潭急了，他一边向登里可汗呈递国书，一边解释道："我朝先帝虽然弃天下而去，但新皇帝已经继位，就是昔日的广平王，曾经跟贵国的亲王一起收复两京的那位!"

登里可汗半信半疑，颇有点不耐烦地看了看刘清潭递上的国书。

这时，回纥三路大军已经挺进唐朝北部边境的三座受降城，往日的繁华早已不再，映入眼帘的是满目疮痍，昔日威震四海的天可汗之国居然成了这个样子。

前方将领将所见所闻奏报给登里可汗，登里可汗顿生轻视唐朝之心，对刘清潭更是爱答不理。刘清潭心中暗暗叫苦，连忙安排手下人连夜返回长安告急：回纥举全国十万大军即将入侵!

长安陷入恐慌之中。

定了定神的李豫想出一个缓兵之计，他派殿中监药子昂前往忻州南部，以朝廷的名义犒赏回纥大军。所谓犒赏，其实是唱空城计，摆出一副早有准备的架势，可以暂时吓住对方。

可惜，登里可汗是长大的，不是吓大的。

登里可汗向刘清潭提出一个条件：我要见一见岳父仆固怀恩，只有他说的话我才信！

仆固怀恩的女儿当年经李亨之手嫁入回纥，此时已是登里可汗的可敦（皇后）。

李豫一看有门，连忙下令仆固怀恩与登里可汗相见，大唐王朝是安是危，就看这次见面了。

这次翁婿见面戳破了史朝义的谎言，一下子又把回纥拉入了唐朝阵营，面对仆固怀恩的借兵，登里可汗欣然同意。不过，是有条件的！除了攻破洛阳后大抢一番外，在进军途中也要抢，而且抢的路线要设定好！

药子昂和刘清潭先后给出两条路线，都遭到登里可汗拒绝，理由很简单，那两条路线不经过唐朝境内，直接杀入大燕帝国境内。

开头不让抢点，谁还有劲头呢！

经过协商，双方终于谈妥了一条都能勉强接受的路线。

公元762年十月初，反攻洛阳拉开序幕。

李豫任命长子、二十岁的雍王李适为天下兵马元帅，御史中丞药子昂、魏琚为左右翼司令，中书舍人韦少华为判官，给事中李进为行军司马，率军前往陕州与诸道节度使及回纥大军会合。

出发时，李适手下的四位助手意气风发，此行他们将跟随李适建立不朽功勋，一定会有美好的未来等着他们。

谁承想，等待他们四个的是一场劫难，其中的两个，有去无回！

对于这次出征，李豫本想安排郭子仪出任天下兵马副元帅，然而诏书还没下达，就被程元振和鱼朝恩叫停了。李豫犹豫了一下，转而把朔方节度使仆固怀恩扶上马，取代郭子仪辅佐李适。

李适一行如约抵达陕州，意想不到的劫难向他的四位手下扑面而去。

劫难的起因，是因为李适没有拜舞登里可汗。

拜舞是当时的一种见面礼节，适用于大臣觐见皇帝。

因为李适没有拜舞，登里可汗挑礼了。

御史中丞药子昂在一边解释道：“按照礼仪，雍王本就不需要拜舞。”

回纥将军车鼻质问道："唐朝天子与可汗约为兄弟，那么可汗就是雍王的叔父，见了叔父为何不拜舞呢?"

药子昂回应道："雍王是天子的长子，如今是大军元帅，哪有中国储君向外国可汗拜舞的道理？况且如今太上皇和先帝还没有下葬，更不应该拜舞!"

双方开始了针尖对麦芒的辩论，谁也说不服谁。

回纥将军车鼻急了，不说了！

改用鞭子说话！

车鼻把药子昂、魏琚、韦少华、李进绑了起来，每人一百皮鞭。

至于李适，算他年轻不懂事，鞭子免了！

李适一行灰头土脸地返回本方大营，魏琚和韦少华就进入了弥留之际，仅仅过了一夜，双双撒手人寰，他们成为这场无谓争辩的牺牲品。

平心而论，这次争辩没有多大意义，只不过是在维护唐朝看似高高在上的架子。就实力而言，回纥军事实力已在唐朝之上，此时平叛全靠向回纥借兵，与此同时还要摆出一副高高在上的架子，其结果，一定是很扭曲，很分裂!

国与国之间，没有绝对情谊，只有实力比拼！

洛阳光复

唐军大举东征的消息传到洛阳，史朝义紧张了起来，连忙召集诸将商讨对策。

将军阿史那承庆建议道："唐军如果只派汉族士兵来，我们可以迎战；如果回纥兵也跟着一起来，那么兵锋不可阻挡，不如退守河阳避其锋芒!"

阿史那承庆这席话表明，回纥的军事能力已经得到公认，他们成为决定战争胜利的关键筹码。如果回纥倒向唐朝，那么唐朝就将胜出，如果回纥倒向史朝义的大燕帝国，那么唐朝的前景岌岌可危。

后来的事实证明，阿史那承庆的话是至理名言，然而史朝义没听进去。

他不信邪，他要跟回纥面对面死磕。

十月十三日，大战开始。

唐朝与回纥联军在洛阳北郊的横水构筑阵地，数万燕军也在一旁设立栅栏，严阵以待。

仆固怀恩分出一军，在洛阳西郊的西原列阵，与燕军遥遥相对。

不过这些都是假象，老于军事的仆固怀恩已经派出精锐骑兵和回纥精兵悄悄绕到了燕军背后。燕军的阵脚很快乱了起来，仆固怀恩驱动自己的部队呼应，前后夹击，燕军大败。

就在仆固怀恩准备乘胜进军时，史朝义来了，亲率十万大军增援，战事顿时胶着起来。

史朝义将十万大军列阵于昭觉寺，仆固怀恩率军发动突袭，杀死杀伤燕军很多，然而，燕军稳住阵脚，固守不退。

仆固怀恩又增派五百名神箭手，密如飞蝗的箭向燕军阵中射去。

箭雨过后，燕军死伤一片，然而，还是不退！

唐军到了危险边缘，进，攻击不力，退，可能遭遇反击，而不进不退，最终必将是崩溃。

紧急关头，镇西节度使马璘大喊一声："事情紧急！"说完，马璘单骑突入敌阵，从叛军手中抢下两面盾牌，将两面盾牌舞得虎虎生风。马璘双手挥舞盾牌，双脚紧夹马肚，一人一马在叛军阵中左右冲杀，在他的冲杀下，叛军不由自主地往两边退，生生为马璘让出了一条路。

仆固怀恩见状，立刻挥军攻入敌阵，这下叛军无法抵挡，阵形彻底乱了，再也无法统一指挥。

史朝义收拾人马再战，再败！

再战，再败！

打到最后，十万大军，被斩首六万，生擒两万，其余两万作鸟兽散。

史朝义从十万大军的统帅变成了数百骑兵的首领，只能放弃洛阳城向东逃窜。

失去根据地的关羽，最终走了麦城；失去洛阳的史朝义，等待他的只有穷途末路。

在史朝义放弃洛阳后，仆固怀恩率军挺进洛阳和河阳，时隔三年，洛阳终于再次光复。

然而，光复并不等于幸福，洛阳百姓等来的是两场噩梦。

第一场噩梦的制造者是回纥人。

回纥士兵按照合同约定准时开抢，这一抢，抢得满目疮痍，死者过万，大火连续十几日不熄。

回纥兵走了，朔方兵团和神策军来了。

洛阳百姓以为迎来了自己的队伍，没想到，对方并不是这样认为的。

他们给洛阳、郑州、开封、汝州盖上了一个戳：匪区！

洛阳百姓的第二场噩梦拉开了帷幕。

开抢！

这一抢，历时三个月。

三个月后，家家户户都在品味一个成语——家徒四壁，能抢的都被抢走了，什么都没剩下。

就连身上的衣服，也被扒光了，最后老百姓提前进入绿色环保低碳生活——直接用纸把身体裹起来！

宁做盛世鬼，不做乱世人。

身处乱世的人们，你的名字叫作苦难。

穷途末路

失去洛阳，史朝义便成了流浪狗，虽然苟延残喘，但已时日无多。

史朝义从濮州渡过黄河，心里还惦记着卷土重来，然而来不及了，仆固怀恩父子已经如同牛皮糖一样粘了上来，怎么甩也甩不掉。

仆固怀恩先进攻滑州（今河南省滑县），不费多少周折便攻下此州，乘胜追击，追到卫州，再一次把史朝义打得灰头土脸。

就在史朝义心灰意冷时，他看到了一丝希望——大将田承嗣率领四万大军前来会师！

史朝义顿时平添了与唐军决战的勇气。

只可惜，平添的勇气也是有保质期的。

仆固怀恩的儿子仆固玚没有让史朝义的勇气保持多久，一场激战就将史朝义的勇气打没了，顺便将史朝义的残军驱逐到了昌乐（今河南省南乐县）东部。

史朝义不甘心就此失败，又调集魏州兵团参加，结果还是一样——惨败！

战争发展到这一步，史朝义的“大燕帝国”再也挺不住了，一头栽进崩溃的深渊。

在史朝义还在负隅顽抗时，“大燕帝国”的官员们开始寻找自己的出路——向唐军投降。

在这股投降风潮中，史朝义任命的邺郡节度使薛嵩（薛仁贵的孙子）举相州、卫州、洺州、邢州投降，恒阳节度使张忠志举恒州、赵州、深州、定州、易州投降。史朝义手中的筹码本就不多，现在更是所剩无几。

顾不上理会投降的节度使，史朝义一路跑到贝州，在这里他与自己的两位“节度使”会合。这次会合云集了三万大军，史朝义又看到了翻本的希望。

如同输红了眼的赌徒一样，史朝义孤注一掷率领三万大军向追击的唐军反扑，如果能够取胜，乘胜追击进而彻底翻盘犹未可知。

想法不可谓不好，只是仆固玚不给机会。

史朝义率领三万大军反扑，一下掉进了仆固玚的埋伏，三万大军拼死突围，总算突出了包围圈。

史朝义刚想喘口气，回纥军到了，史朝义彻底悲剧了。

在唐军和回纥军的联合攻击下，三万大军很快拼光了，史朝义再次成了光杆司令。

筹码输光，史朝义只能继续流浪，一路向北逃到了莫州（今河北省任丘市），暂时喘一口气。

一口气还没喘完，仆固怀恩的部队追了上来，莫州立刻成了围城。

史朝义面前只剩下两条路，一条路是在莫州死守，一条路是突围前往范阳调兵。前者是死路一条，失去号召力的史朝义注定等不来援军，只能在莫州等死，后者看起来还有一点希望，毕竟镇守范阳的是史朝义亲自任命的李怀仙。

史朝义在两条路之间犹豫不决，因为两条路都有风险。

第一条路虽然前景堪忧，但毕竟暂时安全。

第二条路虽然看起来有希望，但希望本无所谓有，也无所谓无，一旦范阳军队调不出来，连莫州也回不去了。

大将田承嗣看出了史朝义的犹豫，便对史朝义说道：“情况紧急，只能陛下亲自到范阳调兵回救莫州，末将愿意在这里坚守，等待陛下救援！”

史朝义凝重地点了点头，眼下只有这个不是办法的办法了，也只能死马当活马医了。

史朝义饱含期许地凝视着田承嗣，老田，莫州城就交给你了！

田承嗣悲壮地点了点头，陛下，您就放心吧。

事不宜迟，史朝义挑选出五千精锐骑兵从莫州城北门突围而去，把莫州城放心地交给了田承嗣。

史朝义以为田承嗣靠得住，却没有想到，如果田承嗣靠得住，母猪也会上树。

史朝义前脚出城，田承嗣后脚便打开城门向唐军投降。

田承嗣投降让史朝义损失惨重，不仅莫州城丢了，连母亲、妻子、儿子一块儿丢了，田承嗣把这些人当成了送给唐军的见面礼。

莫州的围城一下子解开了，仆固玚留下一部分兵马镇守莫州，亲自率领三万大军追赶史朝义，追到归义（今河北省容城县），两军遭遇。

士气低落的史朝义自然不是仆固玚的对手，一阵纠缠之后，仓皇逃去，继续往范阳赶路。一路上，史朝义把宝押在了范阳节度使李怀仙身上，只要能从李怀仙那里调出兵马，“大燕帝国”还有回旋余地，不然，只有死路一条。

留给史朝义的注定只有死路一条，就在他押宝李怀仙的同时，李怀仙已经偷偷地向唐军投降了！

史朝义对这一切却浑然不觉。

史朝义一行来到了范阳县（今河北省涿州市）城门下，镇守范阳县城的是兵马使李抱忠，他奉李怀仙的命令率三千兵马在这里镇守。

城门下，史朝义收到了李抱忠的见面礼——闭门羹。

史朝义一下子愣了，难道范阳也背叛我了？

左右在史朝义耳边小声提醒，唐军追兵马上就到，陛下得抓紧时间。

史朝义紧张地回望一眼，然后派人去通知李抱忠：“大燕帝国”皇帝史朝义把大军留在莫州，自己亲率轻骑兵前来调兵，请将军注意君臣之间的大义！

史朝义如此说法，是想用君臣大义约束李抱忠，让他尽快打开城门迎接。

其实，这一切都是徒劳，如同一个小偷提醒另一个小偷注意素质，鬼都不会搭理你！

君臣大义？

李抱忠差一点儿喷了出来！

你们父子俩早已破坏了君臣大义，你还有脸跟我提君臣大义！

李抱忠站在城楼上对史朝义朗声说道："上天不保佑大燕帝国，结果让唐室复兴。如今我们已经归顺唐朝，怎么可能再次反复？大丈夫行事光明磊落，不想用诡计对付你们，你们还是早点找地方自保吧。另外，田承嗣肯定已经投降了，不然，唐军怎么可能追到这里来！"

李抱忠一席话如同一盆凉水，将史朝义从头浇到脚，不仅范阳调兵的计划落空，莫州他也回不去了。

史朝义呆呆地站在原地，恐惧占据了内心，这时他已经不再奢望进范阳县城，只想先吃顿饱饭。史朝义几乎用乞求的语气对李抱忠说："我们从早上到现在还没有吃饭，难道不能请我们吃顿饭吗？"

李抱忠停顿片刻，哦，这个不难！

不一会儿工夫，李抱忠命人将饭摆在了范阳县城东面，史朝义看到了久违的饭菜。

史朝义刚准备食用，就看到士兵三三两两一起过来向他辞行，一问才知道，人家是范阳人，到这里就到家了，就此辞行，再也不给你史朝义打工了。

史朝义心中一阵凄凉，却也无可奈何，树倒猢狲散，他哪里拦得住去意已决的猢狲。

等史朝义吃完饭一回头，曾经的五千骑兵只剩下几百，而且都是胡人骑兵。

叹息一声，史朝义上马而去，他要继续寻找自己的避难之所。

史朝义向东到了广阳（今北京市西南良乡镇）城下，依旧吃了闭门羹，史朝义无奈，只能向北，准备投奔契丹或者奚部落。

这时，追兵追了上来。

率领追兵的居然是史朝义当年最信任的李怀仙！

天下之大，已经没有史朝义的容身之所。

放眼望去，史朝义看到了一片树林，他顿时明白了，他的归宿就是一棵大树的枝头！

在一棵大树的枝头上，史朝义自缢身死，结束了自己战斗的一生。

史朝义身死，标志着由安禄山引发的安史之乱正式结束。这场战乱从公元

755年十一月开始，到公元763年正月结束，时间跨度为八年。

八年中，大唐王朝换了两茬皇帝，从李隆基到李亨，再从李亨到李豫，祖孙三代手忙脚乱忙活了八年，终于将安史之乱的战火扑灭。遗憾的是，李隆基、李亨没能在有生之年看到安史之乱结束，只能带着遗憾入土为安。

八年中，山河破碎，王朝蒙尘，百姓遭难，生灵涂炭，曾经盛极一时的帝国伤痕累累，遍体鳞伤，从此不可阻挡地走上了下坡路。

八年中，所谓的皇位在安禄山、安庆绪、史思明、史朝义手中如击鼓传花般传递，他们都以为自己抢到了幸福，到最后却发现，抢到手的是一场场灾难。

八年中，安禄山、史思明误了王朝，误了百姓，也误了他们自己。

原本，他们都可以在范阳做快乐的猪，他们却选择了当痛苦的苏格拉底。造化弄人，他们的命运发生了扭曲，于是痛苦的苏格拉底也没当成，最后只能当痛苦的猪了！

情何以堪！

何苦来哉！

诗人命运

公元763年正月三十日，史朝义的头颅（被李怀仙割下）被送到了长安，皇帝李豫长出了一口气，这下可以祭告祖庙：安史之乱平息了！

朝廷收复河南河北的消息很快传遍全国，远在蜀郡的杜甫得到喜讯，顿时诗兴大发：

忽闻官兵收河南河北

剑外忽传收蓟北，初闻涕泪满衣裳。

却看妻子愁何在，漫卷诗书喜欲狂。

白日放歌须纵酒，青春作伴好还乡。

即从巴峡穿巫峡，便下襄阳向洛阳。

历史有时总有很多说不清道不明的巧合，李白、杜甫这两位不世出的大诗人都碰巧经历了安史之乱，不知道对于他们个人而言，究竟是一种幸，还是一种不幸？

李白参与了永王李璘的创业，杜甫也曾短暂地在李亨手下效力，所不同的是，李白卒于公元762年，没能看到安史之乱的结束，不然我们就能看到李白关于“忽闻官兵收河南河北”的诗作。

传统的历史总是习惯宏大叙事，而我更愿意关心在历史宏大叙事背景下的个体命运，比如安史之乱中诗人的命运。

李白的命运在前面已经写过，这里用一点篇幅交代一下安史之乱前后的杜甫。

让我们从天宝十三载说起。

天宝十三载（754年）十月，一直不得志的杜甫终于得到一个官职：右卫率府胄曹参军。这是一个看管军械库的小官，品级从八品，相当于现在的副科级，这一年杜甫四十二岁。

在大老粗军人呼来喝去声中，杜甫平静地履行着自己的职责，那些军汉只把他当作一个可有可无的半老老头，没有一个人知道，他们眼前站着的其实是一个名垂千古、千年才出一个的大诗人。

别人理解也好，不理解也罢，杜甫不再在意别人的语气和目光，对于现在的日子他知足了，最起码不用上山采草药，然后再沿街叫卖。

俸禄积累了一个月，杜甫意识到该回奉先看看老婆孩子了。积攒下的俸禄可以为孩子们改善一下伙食，让久别的肉味再次回到孩子们的味蕾之中。

天宝十三载十一月，杜甫从长安出发前往奉先，他在夜里出发，长安凛冽的寒风把他吹得瑟瑟发抖。

在杜甫起程的同时，开元天宝盛世走到了顶点，到这时大唐王朝总计906万户，人口5200万，用曹雪芹在《红楼梦》里的话说，“鲜花着锦，烈火烹油”。

旅途中，杜甫路过了骊山，他向骊山上皇帝的行宫看了一眼，他知道此时此刻皇帝和贵妃正在温柔乡里，而他则在寒风中连夜赶路。

满怀希望，杜甫赶到奉先，他期待着妻子儿女的笑脸相迎，一进门却得到一个晴天霹雳：最小的儿子饿死了，刚刚断气！

还有比这更意外的打击吗？

杜甫刚提起一个月的心气一下子全没了，自己在长安漂泊了十年，委顿了十年，刚刚走上仕途一个月，一回家就遭遇这样的打击。

苦难从天而降，杜甫的文思却如泉涌，于是便写下了那篇可以载入中国诗歌史的《自京赴奉先县咏怀五百字》：朱门酒肉臭，路有冻死骨。五百个汉字，一字一血，每个字都见证了杜甫的苦难。

所谓盛世，所谓辉煌，原来如此不堪一击，开元盛世已是封建王朝的顶峰，大诗人杜甫的幼子却被活活饿死。

所谓盛世，几多谎言，又有几多水分？

当杜甫还沉浸在中年丧子的悲痛中时，更大的苦难扑面而来，苦难不只扑向了杜甫一个人，而是扑向了整个大唐王朝，那个叫作安禄山的胡人起兵造反，拉开了长达八年的“安史之乱”的序幕。

个人的命运与王朝的苦难在杜甫身上交织，悲愤得到几何倍数的累加，个体的不幸和集体的不幸累积到了顶点。从此，杜甫诗中的苦难越来越多，他的诗，就是一个王朝苦难的集合。

不过苦难并没有压倒杜甫，在国家丧乱之际他还在寻找为国效力的机会。

杜甫知道李隆基的时代已经成为过去，他把宝押在了李亨身上，或许在这个皇帝任上，自己可以实现治国平天下的理想。

杜甫注定是不幸的，他第一次投靠李亨居然以失败告终，走到半路被安禄山的部队抓住押回了长安。好在他其貌不扬，一个半老的糟老头子引不起胡人的兴趣，羁押了一段时间后，又被释放，想再去投奔李亨，道路已被封锁，杜甫就在长安困顿了下来。

我们不知道杜甫是如何熬过了那段苦难的日子，而且还在苦难日子里写下了不朽的诗篇：

春　望

国破山河在，城春草木深。

感时花溅泪，恨别鸟惊心。

烽火连三月，家书抵万金。

白头搔更短，浑欲不胜簪。

后来杜甫辗转投奔了新皇帝李亨，并得到了左拾遗的职位。左拾遗是言官，专门给皇帝提各种建议。虽然官小职轻，但如果做好了，一样可以成为皇帝重用的大臣。

事实证明，杜甫在诗歌方面是天才，在仕途上却是庸才，他没有仕途中人的察言观色，也没有灵敏的政治嗅觉。当皇帝决意修理宰相房琯时（房琯带兵收复长安失败），他不合时宜地站出来为房琯鸣不平，这一下触了李亨的霉头，也把杜甫自己的仕途彻底断送。

自此，杜甫的仕途一片漆黑，再也看不到一点光亮。

自觉无趣的杜甫从此无意于仕途，过上了四海为家的生活，这一次不再是“裘马轻狂”的远游，而是拖家带口的逃难，即便安史之乱于公元 763 年结束，杜甫的流浪却从未停止。

他的足迹到过秦州（今甘肃县天水市），到过同谷（今甘肃省成县），到过成都，一度他有意在成都长久地住下去。

可惜，杜甫注定与苦难相连，在成都的杜甫草堂里，他前后不过住了两年的光景，这两年是杜甫后半生难得的好时光。

在这两年里，他参观了诸葛亮的武侯祠，写下了“出师未捷身先死，长使英雄泪满襟”的诗句。在这两年里他感受了春夜喜雨，写下了“好雨知时节，当春乃发生”。

如果时光就这么延续，该有多好！

现实对杜甫就是这么残酷，一直对他有所资助的剑南节度使严武突然暴卒，杜甫失去了重要的经济支柱，这时他想去投奔好友高适，命运再次跟杜甫开了个玩笑，高适也去世了。

雪上加霜的是，杜甫草堂的屋顶也被大风卷走了，一代大诗人，上无片瓦，下无立锥。

公元 765 年五月，杜甫再次开始迁徙，从成都迁往了夔州，在夔州一待就是两年多，在夔州待着不动没有别的原因，只是因为没钱，寸步难行。

夔州的日子依然艰难，杜甫还在写诗，“无边落木萧萧下，不尽长江滚滚来”。

公元 768 年，杜甫再次迁徙，从夔州前往江陵，本来跟从弟（叔父的儿子）约好在江陵见面。然而到了江陵，从弟却躲了起来，不肯见面，杜甫再次陷入断粮的境地。

迁徙，接着迁徙，杜甫在迁徙中渐渐走近了生命的终点。

在杜甫生命的最后几年，他在迁徙途中遇到了一个人，这个人的名字叫李龟年，唐代著名的乐手，与杜甫有着数面之缘，当年“岐王宅里寻常见，崔九堂前几度闻”，现在“正是江南好风景，落花时节又逢君”。

当年的青年诗人与青年乐手，现在都已是风烛残年的老人，曾经的那些风流，早已无可奈何地随花落去，从此他们都是靠记忆活着的老人。

唱不尽兴亡梦幻，弹不尽悲伤感叹，凄凉满眼对江山。

公元770年，杜甫因遇洪水，受阻于耒阳城外的一个小岛，十天没有吃上一顿饭。耒阳县令听说杜甫被困，前来营救，并送来了白酒和牛肉，他的举动让困顿的杜甫感受到了久违的温暖。

与此同时，生命的悲剧不期而至。

> 《新唐书》：令尝馈牛炙白酒，大醉，一昔卒，年五十九。
>
> 《旧唐书》：永泰二年，啖牛肉白酒，一夕而卒于耒阳。

郭沫若先生分析说，杜甫可能死于食物中毒，隔夜的牛肉变质食用后可能导致中毒。

杜甫弥留之际，最大的愿望是归葬首阳山，那里有他的祖父杜审言，他想陪伴在祖父身边。

这个小小的愿望搁置了四十三年，杜甫的儿子们一直没有能力完成他的遗愿，四十三年后杜甫的孙子杜嗣业终于帮祖父完成了遗愿。

为了彰显祖父的成就，杜嗣业特意邀请当时与白居易齐名的大诗人元稹撰写墓志铭，一向崇拜杜甫的元稹欣然接受，提笔为自己的偶像写下了墓志铭。

杜甫是不幸的，他写得出名垂千古的诗篇，却举不起生活的重担。他一下笔就是千古名句，一生却受困于柴米油盐，他生时寂寞，死后却享盛名。生前死后境遇天差地别，古往今来或许只有一人可以与之相比——孔子：活着困顿如丧家之犬，死后却是万世之师。

然而，幸与不幸，都是生活的给予，或许正是个人的苦难，增加了杜甫诗篇的厚度，杜甫个人的不幸，或许正是中国文化之大幸！

谁让你是诗圣！

祸患萌芽

史朝义身死，河南河北回归，李豫以为王朝中兴大有希望，然而，事与愿违，在天下一统的虚假繁荣背后，王朝的祸患正在萌芽。

翻看唐朝历史，我们会发现，唐朝中后期最大的祸患可以概括为两点：宦官掌兵和藩镇割据。

如果上溯祸患源头，就在公元763年安史之乱刚刚平定之时。

宦官掌兵，从李辅国发端，安史之乱平定时，李辅国已经作古，走上历史前台的是程元振。

比起飞扬跋扈的李辅国，程元振有过之无不及。

公元763年正月，就在安史之乱平定的同时，程元振算计了一个人，他把这个人推进了万劫不复的深渊。

被程元振算计的人叫来瑱，时任宰相、山南东道节度使。

来瑱被程元振算计，说起来事情很小，就是没有满足程元振的胃口。

来瑱镇守的山南东道总部设在襄州（今湖北省襄阳市），经济比较发达，这样来瑱就成了程元振眼中肥得流油的鸭子，总想借机咬上几口。然而，程元振没能如愿，外号“来嚼铁”的来瑱根本没有搭理他，任凭程元振如何暗示明示，来瑱就是装糊涂，不肯满足程元振的胃口。

宁得罪君子，不得罪小人，来瑱一下子把程元振得罪到家了，等待他的是程元振的“秋后算账”。

程元振一直在找机会，找了许久，他找到了。

机会来自李豫对来瑱的厌恶。

李豫对来瑱厌恶，跟来瑱的小动作有关。

由于在山南东道节度使任上干得顺风顺水，来瑱便想在那里一直干下去，不料朝廷有意将他调回长安另有任用，来瑱便要起了小动作：指使手下官员上疏“强烈”挽留自己。

眼看来瑱如此得人心，朝廷也不忍心违背“民意”，便让来瑱继续留任。世上没有不透风的墙，没过多长时间，来瑱的“小动作”就被朝廷察觉，进而引起皇帝深深的厌恶：居然敢假借“民意”违背圣意。

这次“违背”命令之后，来瑱还有一次。

后来，李豫有意调来瑱到淮西战区出任节度使，没想到又被来瑱拒绝了，理由居然是“缺粮”：“淮西缺粮，请允许我等山南东道的小麦收割后再到任！”

李豫被来瑱的理由给雷住了，居然用“缺粮”搪塞我！

不久，李豫更加恼火，来瑱居然又一次指使属下上疏挽留自己！

两次事件叠加到一起，李豫对来瑱充满了厌恶，这一下让程元振抓住了机会。

程元振趁机参了来瑱一本：“口出狂言，冒犯圣躬！”

这一本已经够来瑱喝一壶了，不久，原淮西节度使王仲升又参了一本。

淮西节度使王仲升曾与史朝义的部队作战，不幸被俘，靠着对史朝义卑躬屈膝保住了一条命，洛阳光复后，他被解救，重见天日。

巧合的是，王仲升与程元振关系甚笃，更巧合的是，当年王仲升率军作战时，来瑱本来有与他协同作战的责任。巧合碰撞到一起，王仲升重重参了来瑱一本：来瑱与叛军联合，故意见死不救，导致我全军覆没，本人被擒。

明明自己作战不利，却把责任都推到来瑱身上，王仲升一下子把自己洗白了，却把来瑱洗黑了！

来瑱有口难辩，在劫难逃。

公元 763 年正月二十八日，安史之乱平定的同时，原宰相、山南东道节度使来瑱被剥夺所有官职，流放播州（今贵州省遵义市）。

来瑱以为自己会在播州终老，没想到这居然是一个奢望。

走到半路，传诏使节追了上来——赐死！

来瑱的死讯很快传遍全国，各道节度使顿生兔死狐悲之感，他们都知道，来瑱无罪，即便勉强算有罪，也罪不至死。现在死宦官程元振搬弄是非，整死来瑱，怎能不让他们兔死狐悲？更要命的是，程元振对来瑱下手，选择在来瑱进京朝见之时，而且赐死来瑱之后，朝廷居然没有公布来瑱的任何一条“罪状”。

如此一来，各道节度使就从来瑱身上得出一个结论：别轻易去长安，免得被程元振无缘无故害死！这个结论非常要命，以至于当李豫身陷险境需要节度使带兵勤王时，崤山以东的节度使居然没有一个人响应！

归根结底，程元振惹的祸！

进一步归根结底，宦官掌兵惹的祸！

如果宦官没有掌兵，没有那么得宠，自然不能轻而易举地残害大臣。

只是这个祸患如同大唐王朝的病牙一样，已经长进了王朝的口腔里，虽然隐隐作痛，却也无法自拔。

这个世界上无法自拔的除了爱情，还有自己的牙齿！（牙医是不是除外呢?）

说完宦官掌兵，再来说藩镇割据。

唐朝最终亡于藩镇割据是不争的事实，而藩镇割据的发端则是在安史之乱平息之后。

安史之乱之前，安禄山治下的范阳、平卢、河东已经有了割据的苗头，只是割据态势并不稳固，李隆基一纸诏书就能把河东战区从他手中剥离，因而谈不上真正的割据。

真正的割据，从安史之乱平息时开始，始作俑者是仆固怀恩。

仆固怀恩是一个复杂人物，他既对唐朝有功，又对唐朝有过，他先后两次参与收复两京，但也是他，为唐朝种下了藩镇割据之祸。

这一切都是仆固怀恩私心作祟。

命运安排，让仆固怀恩跟郭子仪、李光弼都有过交集，他深知两位名将的能力，也目睹了两位名将的起起伏伏，正是看到郭子仪、李光弼的仕途浮沉，仆固怀恩联想到了日后的自己。

自古，鸟尽弓藏，兔死狗烹，朝廷用你时可能把你捧得比天还高，不用你时就会把你摔下深谷，巨大反差已经屡见不鲜，郭子仪就是活生生的证明。

想来想去，仆固怀恩打定了主意，他要留一个后手，以备不时之需。

他的后手居然是将“大燕帝国”的降将就地留任。

原本薛嵩、张忠志等人向唐军投降后，郑陈泽潞节度使李抱玉、河东节度使辛云京已经进入叛军大营准备接手整编，这时仆固怀恩的命令来了：“停止接收，降将各就各位!”

这个命令意味着，李抱玉、辛云京的整编计划泡汤，而薛嵩、张忠志等得以全建制保留，这一保留就留出了王朝祸患。然而，仆固怀恩已经被私心蒙蔽了双眼，他一心想为自己留后手，根本顾不上王朝之祸。

在仆固怀恩的布局下，降将田承嗣、李怀仙全部得到留用。

至此，河南河北大地战火熄灭，硝烟散去，然而祸患累积了下来。

薛嵩、张忠志（李豫后来赐名李宝臣）、田承嗣、李怀仙每人都手握数州地盘、数万兵马，他们名义上服从唐朝管理，实际上却有非常大的主动权，已经与昔日的郡守、县令不可同日而语。

说白了，他们手中有地有兵有资本，于是，叛乱对他们而言是一个简单任务。

值得一提的是薛嵩，他没有给祖上丢脸，数年后他在任上病逝，以这种方式跳出了藩镇割据的旋涡。薛嵩死后，将士们逼他十二岁的儿子薛平继任，薛平假装答应，却连夜护送父亲灵柩返乡，把位置拱手让给了叔叔薛谔。薛谔继任数年后，遭遇驱逐，幕后指使的黑手是田承嗣。不过这样一来，薛仁贵一脉彻底远离了藩镇割据，终究保全了薛仁贵千古不衰的名声。

对于仆固怀恩的布局，李豫并非不知，只不过他睁一只眼闭一只眼，装起了糊涂，他不想再打仗了，他只想要统一，哪怕是形式上的统一。

安史之乱的八年，是李豫成长的八年，也是充满磨难的八年。这八年中，他跟父亲一起焦头烂额，一起拆东墙补西墙。八年下来，打得民生凋敝，也打得心烦意乱，只要能早点平息战火，他就不再讲究方式方法。再者，河南河北之地，“燕国”经营多年，虽然“燕国”已经覆灭，但基础尚存，一般的唐朝政府官员很难在当地弹压住，用降将原地治理，是形势使然，也是不得已而为之的一种选择。

就这样，在仆固怀恩私心作祟、李豫得过且过的交织下，藩镇割据作为权宜之计走入唐朝历史，进而种下隐患。虽然初期相安无事，但自隐患种下之日，病毒的发作就进入了倒计时。

李豫以为自此天下无事，孰知，林欲静而风不止！

第十七章　天下多事

四人所指

尽管仆固怀恩自以为后手留得巧妙，布局布得聪明，但他的用心从一开始就被人识破，郑陈泽潞节度使李抱玉、河东节度使辛云京是其中的代表人物。

李抱玉、辛云京怀疑仆固怀恩从安史之乱平息时就开始了，当时他们正准备整编叛军部队，仆固怀恩却下令叫停。这次叫停，让李抱玉、辛云京产生了怀疑。按照惯例，整编投降的叛军部队合情合理，仆固怀恩却让他们原建制保留，这既不合情，又不合理。

李抱玉、辛云京很快给李豫上了奏疏，提醒李豫及早提防仆固怀恩。

要说唐朝宫廷的保密工作做得相当差，不久，仆固怀恩得到消息，马上上了一道奏疏予以解释。

李豫继承了祖父、父亲的光荣传统——葫芦僧断葫芦案，既不对李抱玉、辛云京指责，也不指责仆固怀恩，反而和起了稀泥，把两方都“狠狠”地勉励了一番。

这皇帝当的，就是一个和事佬！

李豫以为经过自己的调和，事情就这么过去了，不料不久之后，李抱玉旧话重提。

激发李抱玉旧话重提的是一个神人——马燧。

马燧在前面出过场，曾经在颜杲卿的指派下潜入范阳郡做策反工作，凭借三寸不烂之舌，说动范阳留守贾循举范阳郡向朝廷投降。本来已经接近大功告成，不想贾循犹豫不决导致风声走漏，结果功亏一篑。

在那以后，马燧继续在官场打拼，公元763年，他出任赵城县尉。

当上县尉的马燧并没有什么惊人之举，直到一次毛遂自荐。

马燧毛遂自荐的是接待官，专门对口接待回纥班师部队。

在马燧之前，没有人愿意接这个苦差，这个差事不仅苦，而且有生命危险。自恃有功的回纥士兵动不动就借口招待不周举刀就砍，砍死砍伤不在少数。

郑陈泽潞节度使李抱玉为此头疼不已，但马燧迎难而上。

马燧先派人给回纥部队的将帅送去了无法拒绝的贿赂，条件只有一个：约束士卒，不准行凶！拿了马燧贿赂的将帅也不含糊，拿出一面令旗交给马燧："有违反命令者，你可以处斩！"

有钱真好！

马燧要的就是这句话！

得到令旗的马燧又从监狱中提出几个死囚，他要给回纥士兵演一出"杀鸡儆猴"。

马燧让这些死囚假扮成自己的随从，然后一起在回纥士兵面前演戏。

只要"随从"略有违令之处，马燧立刻令旗一挥，斩！

戏演了几次之后，回纥士兵被震住了，他们彻底怕了马燧的令旗，于是夹起尾巴，乖乖听话，在马燧主管的辖区内，再也没有撒野记录！

李抱玉彻底被马燧折服了，这时马燧又对李抱玉说出了自己由来已久的焦虑："我与回纥人交往甚多，了解他们的性情。仆固怀恩呢，现在居功自傲，他的儿子仆固玚也喜欢卖弄，如今仆固怀恩在国内布置了四个节度使，国外结交回纥，因此他必有觊觎河东、泽潞战区之心，需要尽早加以防范！"

李抱玉听完，连连点头称是，随后又给李豫上了一道奏疏：提防仆固怀恩。

在李抱玉上疏的同时，河东节度使辛云京也没有闲着，他同样将矛头指向了仆固怀恩。

严格说起来，李抱玉和辛云京的上疏一半为公，一般为私。

为公，是担心仆固怀恩将来尾大不掉，成为国家之祸；

为私，是因为他们两人所在的战区与仆固怀恩的势力范围接壤，他们都担心自己的战区被仆固怀恩吞并。

于是李抱玉、辛云京双双上疏李豫，企图通过上疏将仆固怀恩拉下马，进而解除本战区被吞并的威胁。

相比之下，辛云京的心情比李抱玉更迫切，因为他已经把仆固怀恩得罪到家了，索性恶人当到底。辛云京得罪仆固怀恩要追溯到一年前，当时登里可汗提出要见仆固怀恩，李豫便下令，让仆固怀恩前去边境相见。

这次相见，让辛云京和仆固怀恩结下了梁子。

在仆固怀恩北上路过太原时，辛云京居然紧闭城门，把仆固怀恩当成了狗不理，按理，他是有接待仆固怀恩和登里可汗义务的。辛云京有自己的考虑，他担心这对翁婿联手，趁机向太原发起攻击，为防不测，他索性不搭理仆固怀恩。

这次拒之门外让仆固怀恩耿耿于怀。

一年后，仆固怀恩的耿耿于怀再次升级。这次仆固怀恩奉命礼送登里可汗出境，没想到路过太原时，辛云京再次大门紧闭，又一次把仆固怀恩当成了狗不理。

两次拒之门外让仆固怀恩的气愤达到了顶点，恼怒之余，他给李豫上了一道奏疏，愤怒声讨辛云京。

然而，奏疏送上，泥牛入海，李豫居然没有给仆固怀恩任何回复。

装糊涂！

真糊涂！

李豫装起了糊涂，辛云京却不敢装糊涂，相反，他比以往任何时候都清醒，他清楚地看到，仆固怀恩的势力范围已经将自己压迫得近乎窒息。

辛云京的总部在太原，仆固怀恩则率军驻扎汾州（今山西省汾阳市），仆固怀恩的儿子仆固玚驻扎榆次，仆固怀恩的裨将李光逸驻扎祁县，李怀光驻扎晋州，张维岳驻扎沁州。

总体而言，辛云京和仆固怀恩的部队都驻扎在今天山西境内，两者近在咫尺。

距离远则产生美，距离近则产生压抑。

辛云京就是被近在咫尺的距离压抑得窒息，他想早一天结束让自己窒息的压抑。

病急乱投医，他求助于宦官骆奉先。

辛云京给了骆奉先厚厚一笔贿赂，然后告诉了他一句话："仆固怀恩与回纥勾结，罪状已经非常明显。"这句话并非点到为止，而是要借骆奉先之口传到李豫的耳朵里！

一句话，一笔钱，成交！

或许上天觉得这场戏到目前为止还不够精彩，因此又给它加了一个桥段。

骆奉先返回长安时路过汾州，仆固怀恩盛情将他挽留了下来。

论起过往交情，骆奉先与仆固怀恩关系甚笃，两人甚至约为兄弟，登堂拜母。

这一次也不例外，仆固怀恩的母亲亲自摆下宴席招待骆奉先。

对于骆奉先，老太太是了解的，而且她还知道，如今骆奉先与儿子的死对头辛云京走得很近。借着敬酒的机会，老太太责怪道："你跟我儿子约为兄弟，如今又跟辛云京走得很近，做人何苦要两面三刀呢！"

骆奉先被噎得脸红，又无法辩解，只能硬挺着，尴尬应对。

仆固怀恩连忙站起来解围，唉，不说不愉快的事了，我为兄弟跳支舞以助酒兴！

一曲跳完，骆奉先起身给了仆固怀恩"彩头"。（唐朝风俗：如果宴席上主人给客人跳舞助兴，客人需要给予彩头，表示感谢！）

仆固怀恩笑着接过，心里盘算着如何回赠骆奉先，便对骆奉先说道："明天是端午节，我再陪兄弟好好喝一天！"

骆奉先哪里肯留，他还惦记着辛云京的委托，只想早一点回长安。

骆奉先坚持要走，仆固怀恩坚持要留，坚持到最后，仆固怀恩将骆奉先的马藏了起来！

说一千道一万，仆固怀恩只是想对朋友表示自己的热情，然而表示热情要适度，要向合适的人表示，千万不要向骆奉先这种心理素质不过硬的人表示！

骆奉先居然把仆固怀恩的热情解读为"杀机"！

骆奉先对左右惴惴不安地说道："先是责怪我，接着又藏我的马，这是要杀我啊！"

世上本无鬼，只是有些人心中有鬼！

半夜，恐惧不安的骆奉先翻墙而走，一路狂奔向长安逃亡。

骆奉先的逃走，让仆固怀恩大吃一惊，唉，一片诚心，被当成了驴肝肺。

也罢，把马还他吧！骑着仆固怀恩还回的马，骆奉先狂奔回长安，见到李豫的第一句话就是——仆固怀恩要反！消息很快传到仆固怀恩耳朵里，仆固怀恩上了一道奏疏，详细解释了前因后果，最后仆固怀恩写道："请陛下诛杀辛云京和骆奉先！"

李豫又一次当起了和事佬，两不责备，并授意双方和解。

然而，同当年的哥舒翰和安禄山一样，矛盾一旦发生便很难和解，于是李抱玉、辛云京、骆奉先与仆固怀恩的矛盾越结越深，再也化解不开。

后来，宦官鱼朝恩也参与了进来，成为指控仆固怀恩最起劲的一员。

至此，指控仆固怀恩图谋不轨的人达到了四个（马燧因官职小不计在内），他们都怀有各自的目的，李抱玉、辛云京是怕自己的战区被吞并，骆奉先、鱼朝恩则是忌妒仆固怀恩当红，他们为了各自的利益结合到一起，于是仆固怀恩就成了四夫所指！

平心而论，仆固怀恩对朝廷是有大功的，安史之乱以来，仆固怀恩一门为国捐躯的人有四十多个，他的女儿也身负重任为国和亲。至于仆固怀恩本人，既有说服回纥出兵的大功，又有收复两京的战绩，而且黄河以北的平定，大部分也是仆固怀恩的功劳。如果说前几次是郭子仪、李光弼唱主角，那么最后一次完全是仆固怀恩唱主角。至于让降将原地留守，有他本人的私心作祟，同时也是形势所逼。

面对四人所指，仆固怀恩充满了委屈，便又给李豫上了一道奏疏。奏疏的末尾，仆固怀恩建议李豫派钦差到汾州调查，届时他将配合调查，调查完毕再跟随钦差进京。

这道奏疏没有泥牛入海，李豫很快派出钦差，仆固怀恩自证清白的机会来了！

面对钦差，仆固怀恩的表现良好，最后钦差给仆固怀恩指了一条明路：进京面圣，洗脱嫌疑。

仆固怀恩痛快地答应了。

事情发展到这一步，有望往喜剧方向发展，不料就在当晚，副将的一席话惊醒了仆固怀恩。副将说道："大帅如果相信钦差的话，一入长安就会成为第二个来瑱，想回也回不来了!"

一语惊醒梦中人。

第二天一早，仆固怀恩变卦了，他不再准备入朝，而是想派一个儿子替自己入朝。

然而，即便这个提议也遭到副将反对，仆固怀恩没有坚持，便放弃了让儿子代替入朝的想法。

钦差一无所获，只能一个人回到长安，留给仆固怀恩的是一道再也难以解开的死结。

纵观仆固怀恩被指图谋不轨的前前后后，究其根本原因其实有两个：一、功高震主；二、不知急流勇退。

倘若仆固怀恩多跟郭子仪学一点韬光养晦，不把自己放在容易被人猜忌之地，何来那么多猜忌，何来那么多指控?

这一切只因为仆固怀恩不懂进退之道!

再者，安禄山给唐朝皇帝造成了极为严重的心理阴影，一下子破坏了节度使等重臣在皇帝心中的形象。安史之乱之前，节度使是皇帝的肱股之臣，安史之乱之后，节度使成了皇帝手中的双刃剑，用好了可以杀敌，用不好就是伤己，因此皇帝对节度使时时抱有警惕之心，再也没有当初的亲密无间。

郭子仪也好，李光弼、仆固怀恩也罢，他们都是皇帝愿意用的重臣，但同时又是皇帝忌惮的重臣，他们与皇帝的关系就如同两只磁极不断变化的磁铁，时而相互吸引，时而相互排斥，关系微妙到只有郭子仪这种举世高人才能完美把握。

至于李光弼，他只能勉强应付；至于仆固怀恩，他连应付都应付不了!

等待仆固怀恩的，只会是一场悲剧!

长安沦陷

公元763年的前半年，李豫的心情一直不错，困扰王朝八年之久的安史之乱终告结束，河南河北战火得以熄灭，大唐王朝终于重回一统，天下无事。

然而，天下无事只是假象，在李豫沾沾自喜的同时，西方战事一直在蔓延。

挑起西方战事的是老冤家吐蕃，他们蚕食唐朝已经不是一天两天了，粗略统计，他们已经蚕食了整整七年。原本，李隆基为唐朝建立了一套完备的国防体系，朔方、陇右、河西、安西、北庭等战区就是为了防御吐蕃等强敌建立。开元天宝年间，这套防御体系发挥了巨大作用，国境线虽然长达万里，但基本平安无事，边境无忧。

平衡在公元755年十一月被打破，为了平息安史之乱，李隆基开始拆西墙补东墙，他把陇右、河西、安西、北庭等战区的精兵全部调入中原对安禄山作战，留下镇守边防的都是老弱残兵，不仅不中看，而且不中用。

不中看、不中用的老弱残兵自然无法抵挡吐蕃人的蚕食，于是，从安史之乱起，吐蕃人对唐朝的蚕食便开始了，起初还是小打小闹，到后来他们发现，唐朝军队根本无暇西顾，摆在他们面前的是千年不遇的良机。

吐蕃人开始大规模蚕食，到公元763年，他们已经攻陷了大震关（今甘肃省张家川县），进而攻陷兰州、廓州、鄯州、洮州、岷州、秦州、成州、渭州等州，原来陇右、河西之地，尽为吐蕃人所有。西北数十个州接连沦陷，吐蕃人与长安的距离越来越近，自凤翔（今陕西省凤翔县）以西，邠州（今陕西省彬县）以北，全部归于吐蕃名下。

即便西线已经被蚕食到如此程度，李豫依旧没有放在心上，他的主要精力还在河南河北，只要把河南河北平定了，其他地方都是小问题。

或许吐蕃人也洞悉了李豫的心态，他们进一步加大了蚕食力度。公元763年七月，吐蕃大军发动又一拨进攻，唐军边防将领纷纷飞书告急，然而告急文书到了程元振那里，居然被死宦官压了下来，一份也没有上报！

“报喜不报忧”是官场传统，但如果连十万火急的军情都不报，这个王朝就危险了。

程元振不管这些，他依然不报。

程元振究竟是如何想的，史无明载，反正我琢磨不透，如果能琢磨透，就可以写一本《太监心理学》了。

十万火急的军情被程元振压制了三个月，直到再也压制不住。

程元振无法瞒报下去，是因为西线军情发生了巨变，唐军内部出了“吴三桂”。

历史证明，不是历朝历代都有文天祥、袁崇焕，有些朝代就没有；历史同样证明，历朝历代最不缺的就是“吴三桂”。

公元763年十月，吐蕃大军兵临泾州（今甘肃省泾川县）城下，刺史高晖大开城门，向吐蕃大军投降。如果仅仅是投降也可以理解，毕竟战乱年代保持气节殊为不易，然而高晖投降非常彻底，他不仅投降，而且主动担任起吐蕃大军的向导！

唐朝“吴三桂”就此调转方向，率领吐蕃大军把矛头指向了国都——长安！

在高晖的带领下，吐蕃大军壮着胆子向唐朝的心脏地带挺进。

如果没有高晖带路，他们绝不敢贸然深入；现在有“唐奸”高晖带路，吐蕃大军长驱直入，一下穿过了邠州，接近长安心脏地带。

直到这时，李豫才得到吐蕃入侵的消息，震惊万分。

十月二日，吐蕃大军进攻奉天（今陕西省乾县）、武功（今陕西省武功县），这次进攻让李豫的震惊再次升级，因为奉天、武功离长安的直线距离不过一百三十里！

李豫压抑住狂跳不已的心，连忙寻找对策，他马上想到了一个人——郭子仪！

李豫被逼得手忙脚乱完全是咎由自取，早在半年前，郭子仪就上疏提醒过李豫：“吐蕃、党项一直虎视眈眈，应该早作防备。”

奏疏上了不止一回，可惜，李豫一点儿都没听进去。

现在，李豫临时抱佛脚，指望郭子仪再次解救危局。

李豫下诏，命雍王李适为关内元帅，郭子仪为副元帅，前往咸阳镇守，抵御吐蕃。

关内副元帅的名头看起来挺大，但仅仅是一顶帽子而已。

郭子仪此时最需要的不是帽子，而是兵，然而他却两手空空，李豫让他退居二线后，郭子仪就成了光杆司令，想要有兵，只能临时招募。

紧急招募之后，郭子仪终于有了班底——二十名骑兵。

郭子仪不禁苦笑，自带兵以来，还从来没有这么寒酸过。

苍蝇也是肉啊！

郭子仪带领二十名骑兵前往咸阳，一入咸阳，郭子仪被敌情惊呆了，据探马来报，吐蕃联合吐谷浑、党项、氐、羌二十余万大军已经渡过渭河，沿着秦岭山脉向东挺进，直逼长安而来。郭子仪连连叫苦，马上派人回长安告急，请求增兵。

郭子仪做梦也没有想到，这次告急居然无功而返，程元振居然阻拦告急使者，愣是没让使者见到李豫的面。

这次阻拦的恶果在几天后出现——长安沦陷！

如果程元振没有阻拦，使者得以面见李豫，或许李豫能够增派兵马给郭子仪，一举挡住吐蕃大军东进的步伐。然而，程元振却阻拦使者，郭子仪增兵计划落空，只能眼睁睁看着吐蕃大军直逼长安。

在吐蕃大军逼近长安之前，也有小股唐军计划阻挡。

渭北行营兵马使吕月将率领两千精兵在盩厔（今陕西省周至县）西面设伏，打退了吐蕃大军的一次进攻，暂时延缓了吐蕃军队的进攻速度。

然而，两千精兵对阵二十万大军，就如同蚂蚁伸出脚想绊大象一个跟头，想法不可谓不好，只是不太现实。两天后，吐蕃二十万大军蜂拥而至，吕月将没能再次创造奇迹，他力战不敌，全军覆灭，自己也被生擒。

吐蕃大军顺势挺进咸阳西南的便桥，距离长安已是咫尺之遥。

消息传到长安，李豫呆立在原地，他知道军情紧急，没想到居然紧急到如此地步。

摆在李豫面前只剩下一条路——放弃长安，向东避难。

七年前，他有过一次放弃长安的经历，没想到，七年后，他又要放弃长安。两次唯一不同的是方向，上次是往西，这次是往东。

放弃国都这种事情，一旦开了头，就很难刹住车，有唐一代，国都长安被多次放弃，万恶之源，就是公元756年李隆基的仓皇出逃。上行下效，他的子孙们延续了这个光荣传统，而且不断发扬光大。

十月七日，李豫放弃长安，巡幸陕州（今河南省三门峡市）。

中国史官的笔杆子真不是盖的，明明是逃难，偏偏不说逃难，美其名曰“巡幸”。最搞笑的是北宋皇帝宋徽宗、宋钦宗被金国俘虏，押往金国，史书对此美其名曰“二帝北狩”，字面意思是，两位皇帝不是被俘，而是到北方打猎去了。

问题是，别人打猎都是双程、往返的，他俩咋是单程的，一去不返呢？

不能再问了，再问史官们非得活过来群殴我不可！

李豫放弃长安的消息传到咸阳，郭子仪连忙引军从咸阳返回长安，他想追赶李豫东巡的脚步。

等郭子仪抵达长安时，李豫已经走远了。

世上总是无巧不成书，就在郭子仪遗憾不已时，意外收获扑面而来。

郭子仪居然在开元门内遇到了一帮异想天开的人。

在这帮异想天开的人中，领头的是射生将（神箭侍卫官）王献忠。王献忠本来在李豫东巡陕州的队伍里，东行没多远，他便率领四百骑兵掉转方向，返回了长安，他要做一件大事。

这件大事就是裹胁李唐皇室的亲王，西上迎接吐蕃大军。

王献忠这么做有他自己的考虑，他知道，吐蕃长驱直入，一定会在长安建立伪政权，自己裹胁几个亲王过去，没准儿就有一个能当上“皇帝”，届时，他就是拥立“皇帝”的“开国元勋”。

王献忠一边打着如意算盘，一边裹胁着亲王们往西走，不料与郭子仪撞了个正着。

看到郭子仪，王献忠眼前一亮，如果能拉郭子仪入伙，事情就好办多了。

没容王献忠多想，郭子仪一声大喝，将王献忠喊下了马。

王献忠下马后，紧赶两步走到郭子仪的马头前，游说道：“如今皇帝东迁，社稷无主，令公身为元帅，废谁立谁还不是一句话的事！”

郭子仪冷冷地看着王献忠，这个家伙，脑袋里都想着什么？想当开国元勋想疯了吧！

郭子仪正准备开口，被裹胁的丰王李珙（李隆基的儿子）迫不及待地开口了：“令公怎么不说话啊！”迫切心情溢于言表。

想来，李珙被王献忠描绘的前景打动了。

郭子仪看了李珙一眼，唉，又是一个走火入魔的！

郭子仪大声斥责道：“胡闹！”

郭子仪一挥手，手下便将王献忠等人押了起来，一路扭送到潼关，交给了惊魂未定的皇帝李豫。李豫一听前因后果，不禁愕然，刚离开长安，就有人动了活心眼。

李豫看了看丰王李珙，对于这个叔叔他实在不想说什么，挺大岁数的人，怎么不长脑子呢？李豫没有当场处置李珙，而是让李珙回到给他分配好的营帐。

回到营帐，李珙心中不忿，忍不住口吐怨言，这几句怨言最终要了他的命。

经过官员上奏，李豫最终下诏，将李珙赐死！

从始至终，李豫所谓的宽恕都是假象，他只是在等一个处死李珙的借口而已，当李珙随意口出狂言，赐死的结局就向他迎面走来。

准确地说，这个结局在他一入潼关时就注定了，没有一个皇帝会容忍别人谋逆，即便疑似也不行！

处死完李珙，李豫继续东行到陕州。

与此同时，长安城中正在上演“改朝换代”的好戏。

“唐奸”高晖与吐蕃大将马重英拥立广武王李承宏为帝，改元，设置百官。

李承宏寂寂无名，他的祖父邠王李守礼（李治次子李贤的儿子）却有一定的名气，具有预知天气的特异功能，准确程度比天气预报员都准。

经过李隆基的探问，李守礼说出了真相：“这都是拜祖母所赐，我从小被她关进监狱，经常被杖打，背部伤痕经年累月。每逢天要下雨时，后背就会感觉沉重，每逢天要放晴时，后背就会格外轻松。”

幸福的人相似，不幸的人各有各的不幸。

被高晖、马重英推上皇位的李承宏，从一开始就注定了悲惨的结局，丰王李珙只是疑似谋逆就被赐死，何况他被人堂而皇之地推上皇位。

李承宏的“皇帝”生涯很短暂，前后不到半个月，从登基开始便进入了倒计时。

为李承宏按下倒计时秒表的是郭子仪，正是他设计收复了长安。

值得一提的是，当郭子仪决心收复长安时，他的手下依旧寒酸得可怜，居然只有三十名骑兵。

郭子仪并不以为意，他把目光投向商州（今陕西省商州市），商州将是郭子仪反攻长安的重要桥头堡。郭子仪看重商州不为别的，只为这里有很多溃散的禁军士兵，只要前往商州将这些士兵收拢，反攻长安的兵马就有着落了。

果不出郭子仪所料，当他抵达商州时，溃兵正在商州城里闲逛。郭子仪一声令下，溃兵纷纷响应，一天的工夫已经云集了数千人，再加上其他地方收拢过来的兵马，总数达到了四千人，已经粗具规模。

这时，李豫的诏书传到商州，征召郭子仪前往陕州觐见。

郭子仪没有应召，他给李豫回了一道奏疏：

> 臣不收复长安无以见陛下，臣准备从蓝田出兵，届时吐蕃兵必然不敢东下。

说干就干，郭子仪派左羽林大将军长孙全绪（出自长孙无忌哥哥一脉）率领二百骑兵从蓝田出发，观察敌情。

长孙全绪虽然名不见经传，但也是一个军事奇才，他率军挺进蓝田北部的韩公堆时，就率领二百骑兵拉起大旗，扯起虎皮。

白天，二百骑兵在韩公堆附近广张旗帜，擂动战鼓；夜晚，二百骑兵在那里点起无数堆篝火，远远望去，似乎有大军驻扎。

与此同时，前光禄卿殷仲卿也行动了起来，他自己招募了一千人的民兵部队，然后率领二百骑兵渡过浐水，作出一副进逼长安的态势。

长孙全绪和殷仲卿的兵都不多，但他们自己知道，吐蕃人并不知道。

长驱直入的吐蕃人心里一直在打鼓，他们知道，自己孤军深入，一旦唐军组织反扑，他们就有可能陷入唐军的重重包围。

长安百姓在此时也体现出相当高的军事素质，他们故意在吐蕃士兵面前聊天：“知道吗？郭子仪已经在商州集结大军，听说部队不计其数，不日就将反攻长安！”

小道消息迅速在长安蔓延，吐蕃士兵都知道了这个可怕的消息，心中惴惴不安，归心似箭。夜里，精神紧张的吐蕃士兵好不容易进入梦乡，长安城中传来了阵阵鼓声，连绵不绝。鼓声夹杂着呐喊声，吐蕃士兵个个都绷紧了神经。这一切都是长孙全绪的疑兵之计，他派射生将王甫潜入长安城结交了数百名长安恶少，夜间的鼓声就是他们的杰作。

所有不利的消息汇总到一起，二十万吐蕃大军坐不住了，他们感觉唐军已经从四面八方向他们逼来，再不离开长安，他们就会被关门打狗、瓮中捉鳖。

到此为止，真正准备反攻长安的唐军并没有多少，远在汾州的仆固怀恩与远在淮西的李光弼都没有任何动静，他们都手握大军，而且接到了率军勤王的诏书，然而他们都按兵不动。

整个峪山以东的节度使，没有发一兵一卒勤王。

吐蕃人并不知道这些，他们只知道唐军正向他们袭来。

在错觉的指引下，十月二十一日，吐蕃大军打开城门，向西撤去，历时十二天的占领就此结束。

吐蕃人走了，“唐奸”高晖慌了手脚。他不仅慌了手脚，而且错乱了方向。

按道理说，吐蕃人撤走，高晖理应跟随吐蕃人往西逃亡，他却不然，率领三百骑兵向东逃窜！

咋想的呢！

是不是因为没有指南针呢！

逃错方向的高晖注定了悲惨的结局，他一路狂奔到潼关，双脚踏入了地狱之门。

潼关守将李日越将他拿下，当场诛杀，唐朝“吴三桂”就这样结束了自己卖国求荣的一生。与吴三桂相比，高晖太惨了，人家吴三桂卖国后怎么说也风光了一些年，高晖呢?

前后不到一个月!

同样是卖国贼，差距还是蛮大的。

长安就这样戏剧性地回到郭子仪手中，连郭子仪本人都没有想到会如此顺利。

郭子仪率军从商州返回长安，这次返回，他又遇到了幺蛾子。

闹出幺蛾子的是神箭侍卫官王甫，不久前他奉长孙全绪之命潜入长安结交恶少半夜击鼓。原本吐蕃惊走后，王甫便完成了任务，然而，王甫却不这样认为，他居然纠集了两千多名部众，然后自己给自己任命为“京兆尹”（长安特别市市长)。

想官想疯了。

王甫不仅自己当“京兆尹”，手下还配置了一些官员，在吐蕃兵撤走、郭子仪还没入城的这段时间里，王甫的山寨版政府在长安城里横行无忌。

但凡有点智商的人过把瘾后就会迅速离开，王甫却不，他一直坚持，直到郭子仪重返长安。郭子仪抵达长安城下，王甫依旧在死扛，他不想就此放弃自己的“京兆尹”梦想。

郭子仪率领三十名骑兵缓缓前行，再一次向王甫发出了征召令。

可能是被郭子仪的气场镇住了，这一次王甫乖乖地应召，跪倒在郭子仪马前行见面礼。

郭子仪疑惑地看了看王甫，就你，京兆尹？

郭子仪一声令下，王甫身首异处，从此只能在地下做自己的京兆尹梦了。

王甫身死，两千部众胆战心惊，一哄而散，“官”不要了，命要紧！

一个月后，东巡陕州的李豫重返长安，郭子仪率领文武百官及各路人马出城迎接。

郭子仪双膝跪地，等候李豫“定罪”。所谓“定罪”，是自谦之词，说白了，不但没罪，而且有功。

李豫走到郭子仪的面前，双手扶起郭子仪，感慨地说道：“没有早点用你，以至于到了这个地步！”

皇帝说话，虽然是金口玉言，但不能全信，如果全信你就是傻子！

对于皇帝的话，听一半，扔一半，别太当真。

吐蕃入侵在乱哄哄中开始，又在乱哄哄中结束，长安城失而复得，一切看上去与以前并没有太多不同，只是长安城先失后得，就注定有人要付出代价，而且是沉重的代价。

乌鸦换岗

要付出代价的不是别人，正是此前当红的宦官程元振。

自从一年前接替李辅国的职位后，程元振在李豫面前便风生水起，不仅被任命为元帅府代理司马，还被封为骠骑大将军，走红态势不言而喻。

与李辅国相比，程元振的手更长，心更黑，害死山南东道节度使来瑱就是他的得意之作。不过，跟李辅国相比，程元振的智商似乎不太够，他居然敢把十万火急的军情当成儿戏，仅此一点，就足以证明他是一个低能儿。

程元振总以为自己可以一手遮天，却没有想到，纸总有一天会包不住火，当长安沦陷已经近在眼前，你还瞒得下去吗？从李豫逃出长安那一刻起，程元振下台的伏笔便埋下了。没有一个皇帝会容忍程元振这样的宦官，欺上瞒下不是不可以，但欺上瞒下到了国都都要失守的地步，再大度的皇帝也包容不了。

李豫忍而不发，他在等待一个合适的时机。

李豫一行抵达陕州后，弹劾程元振的奏疏到了，上奏人是太常博士（祭祀部祭祀官）柳伉。奏疏中，柳伉详细罗列了程元振的罪行，并且一针见血地指出程元振导致的恶果：崤山以东没有一个节度使率兵勤王。

奏疏写得洋洋洒洒，李豫读得战战兢兢，柳伉的笔锋已经触及他的内心深处，这些问题他自己也曾想过，只是没有想得那么深刻。

现在来看，这一年多来重用程元振完全是一个败笔。他不仅一手遮天，而且残害忠良，以致关键时刻崤山以东居然没有节度使勤王，这不是要把皇帝推进孤家寡人的境地吗?

李豫摇了摇头，程元振，到你下课的时候了。

换作别人，李豫可能会追加一纸诏书：赐死，就像当初他对待李辅国一样。(李辅国还没捞着“赐死”，而是被砍死!)

然而，对于程元振，他下不去手，毕竟程元振当年拥立有功，而且没有李辅国那么跋扈。还是网开一面吧!

公元763年十一月二日，李豫下诏，解除程元振所有官职，遣送回老家(今陕西省三原县）安置。

到这一步，程元振就该安静地走开了，彻底退出历史舞台。

程元振并不甘心，遣送回老家后，他又闹出了一段插曲。

在听说李豫重返长安后，程元振乔装打扮，男扮女装，悄悄地从三原溜进了长安城。按照他的设想，他准备在皇宫上下活动一番，争取复出，为皇室继续发挥余热。

程元振以为自己做得很隐秘，不料还是被京兆府察觉了，一心准备复出的程元振又被抓了起来，等待李豫的进一步处理。

李豫得知消息，有些恼火，便下令将程元振永远流放溱州（今重庆市綦江县)。

然而，李豫终究念及程元振有拥立之功，不久，再次下诏，将程元振贬到江陵安置。

到此时，程元振彻底退出历史舞台，只能眼睁睁地看着自己的同行继续在那个舞台上表演，而他，彻底沦为一个有心无力的看客。

如果能跑到时间的前面，他的继任者应该羡慕程元振，因为继任者的人生结局还远不如程元振呢！

只是当局者迷，他们看不到未来，只看得到现在。

接替程元振的是个熟人，宦官鱼朝恩。

在程元振接替李辅国时，我的评价是“乌鸦换岗”；现在鱼朝恩接替程元振，评价延续，依旧是乌鸦换岗。

鱼朝恩之所以能顺利接替程元振，还得感谢李豫的仓皇东巡。

李豫从长安仓皇逃出后，先到了华州（今陕西省华县），在华州，李豫受到了前所未有的打击：随行官员一哄而散，没有一个官员来照顾李豫的饮食起居；随行的士兵即便勉强在岗，也是一个个强忍饥饿，面露不满。

经历过七年前的逃难，李豫知道自己正处在危险的边缘，一旦禁军中有人趁机作乱，他这个皇帝随时可能出现危险。

李豫不敢多想，只能乞求一路平平安安，顺利抵达陕州。

就在李豫饥寒交迫、心惊胆战时，鱼朝恩出现了，他率领神策军前来接驾。鱼朝恩的出现，一下子帮李豫解了围，李豫当晚便入住鱼朝恩的神策军大营，心中不由得对鱼朝恩产生了好感。

关键时刻，一句顶一万句；关键时刻，一件好事顶一万件。

鱼朝恩凭借迎驾这一件“大功”赢得了李豫的绝对信任，在程元振落马后，李豫将鱼朝恩扶上了马，出任天下观军容宣慰处置使，掌管皇家禁军。鱼朝恩一跃成为皇宫之中最红的宦官，超过了李辅国，也超过了程元振。

自古以来，皇帝就是如此悲哀，他们最信得过的只有宦官，当对一个宦官失去信任，他们只能去寻找下一个，如同黑瞎子掰玉米一样，一个接着一个。

重返长安的李豫以为自此会与好运相伴，然而，这只是一厢情愿。

不久，战事又起。

第十八章　天壤之别

李光弼离别

公元764年，对于李豫而言又是一个多事之秋。

这一年也是三位名将的人生分水岭，郭子仪、李光弼、仆固怀恩，在这一年各有各的故事。

相比而言，李光弼的故事最少，不如先交代一下。

前面说过，由于反攻洛阳失败，李光弼从人生巅峰摔下，从此与中心舞台渐行渐远，虽然在新镇守的区域也有战绩，但已经于大局无补，成为一个相对边缘的人物。

李豫仓皇东巡陕州时，向天下节度使发出带兵勤王的诏令，这本是李光弼改善关系、重登中心舞台的大好机会，然而，他犹豫了，他看到程元振依然在皇帝身边活跃，他更怕自己勤王后遭遇与来瑱一样的结局。

犹豫再三，李光弼错过了救驾的大好时机，也错过了重返中心舞台的绝佳时刻。

说到底，由于程元振的搅和，李光弼对李豫充满了戒心。

长安收复之后，李豫回想起众多节度使不肯勤王的尴尬往事，他不想日后再发生同样的事情，便想做一点工作，缓和一下跟节度使们的关系。

李豫重点做的是李光弼的工作，他知道，这位名将以前是“召之即来，来之能战，战之能胜”，上次却召而不来，说明他心中有芥蒂。

为了消除李光弼心中的芥蒂，李豫作出了一个试探：委任李光弼为东都留守。

东都留守是非常重要的一个职位，等于将东都洛阳托付给你，这表明皇帝对你比较信任。然而，李光弼没有接李豫抛出的橄榄枝，他断然拒绝了。

李光弼说："我的部队必须迁就江淮地区的粮食运输，不然会供应不上！"

这个理由很牵强，牵强的理由背后，隐藏的是李光弼对皇帝不信任的心。

李豫无奈地摇了摇头，看来，程元振给李光弼留下的后遗症太严重了，一时难以根除。

李豫没有放弃，不久又抛出了橄榄枝。李豫将李光弼的母亲接到长安，用非常高的生活标准奉养起来，同时，李豫又把李光弼同父异母的弟弟李光进调到长安，出任禁军将领。

这一切都是为了向李光弼示好。

面对李豫的示好，李光弼惴惴不安，他甚至有了去长安朝见的冲动，但他又忍住了，他看到李豫身边还有一个人——鱼朝恩！

鱼朝恩也是李光弼的老相识了，当年围攻安庆绪时，他曾经阻止李光弼分兵阻挡史思明，反攻洛阳时，又是鱼朝恩说服李亨，愣是逼着李光弼在时机不成熟时反攻洛阳。

两件事累加到一起，两人的矛盾已经化解不开，现在鱼朝恩正当红，李光弼自然要对他敬而远之，进而与李豫若即若离。

多种因素累加到一起，李光弼对长安充满了复杂情感，在他自己的心里，给自己一个新的定义：不忠不孝。

对皇帝，不能于危难时刻率兵勤王，不能算作忠；

对母亲，不能在其年老时膝前尽孝，不能算作孝。

虽然两件事李光弼都有苦衷，但他还是陷入深深的自责之中，人生一世，怎么到了"不忠不孝"的田地？令李光弼更加郁闷的是，由于他没有及时奉诏勤王，他在部将面前的威信也大打折扣，以田神功为代表的部将开始对他阳奉阴违，有些事情甚至不通过他便自行决定。

放在以往，李光弼会火冒三丈，予以军法处置，但放在现在，他只能苦笑着摇摇头，上行下效，他还有什么资格说他们呢？

郁闷的心情一直难以排解，李光弼渐渐疾病缠身，即将走到生命尽头。

弥留之际，部将问他，有什么事情需要交代？

李光弼凄凉地说道：“我久在军中，不能奉养老母，已经是不孝子，还有什么话可说!”

说完，李光弼交代左右，取出三千匹绢、三千贯钱分给士兵，既然生不带来、死不带去，不如就让生者去消受它吧！

公元764年七月十四日，李光弼病逝，享年五十六岁。

李光弼去世后，部下将他的灵柩护送回长安，有生之年他没能重返长安，现在他回来了。

李豫闻听，痛心不已，为此辍朝三日，追赠李光弼为太保，谥号武穆。

《新唐书》对李光弼如是评价：

> 光弼用兵，谋定而后战，能以少覆众。治师训整，天下服其威名，军中指顾，诸将不敢仰视。初，与郭子仪齐名，世称“李郭”，而战功推为中兴第一。

按照《新唐书》的说法，平定安史之乱，李光弼功居第一。然而，时至今日，世人只知郭子仪，很少有人知道李光弼，这是李光弼的悲哀，也是中国历史的悲哀。

回溯根本原因，或许还是因为李光弼的性格。

李光弼性格刚烈，为人直率，因此决定他适合带兵打仗，却不适合官场；

郭子仪性格柔和，为人圆滑，因此决定他既能带兵打仗，同样适合官场。

或许，郭子仪用兵与李光弼相去甚远，然而郭子仪的处世哲学却高出李光弼一截，正是后一因素，让郭子仪屹立四朝不倒，而李光弼，却在小人的指指点点下与中心舞台渐行渐远，令人不胜惋惜。

性格决定命运，性格决定成就，性格甚至决定你为后世所传诵的程度。

在李光弼之后，中心舞台上的名将只剩下两位，一位是郭子仪，一位是仆固怀恩，以往他们并肩作战，接下来，他们针尖对麦芒。

逼上绝路

同争取李光弼一样，李豫对仆固怀恩也曾作出努力。

公元764年正月，李豫准备派遣检校刑部尚书颜真卿前往前线慰问仆固怀恩，以此改进双方关系。

颜真卿摇了摇头，对李豫说："晚了，时间不对！"

李豫不解，为什么？

颜真卿分析道："陛下巡幸陕州时，臣曾建议征召仆固怀恩勤王，陛下没有同意。如果那时臣去征召，用忠义召唤他，让他带兵勤王，他还有可能来；如今陛下已经还宫，仆固怀恩进不能勤王，退又不愿交出兵权，如今去召唤他入朝，他怎会答应？况且说仆固怀恩会反的只有辛云京、骆奉先、李抱玉、鱼朝恩四人而已，其余百官都说仆固怀恩冤枉。陛下如果用郭子仪取代仆固怀恩，那么可以不战而收复朔方之众！"

颜真卿的话合情合理，句句都在点上，在颜真卿看来，李豫已经错过与仆固怀恩化解误会的最佳时机，眼下只能着手做好补救措施，防范仆固怀恩谋反，而最好的方法莫过于用郭子仪取代仆固怀恩。

颜真卿一席话又将郭子仪推上了舞台的正中央，对付仆固怀恩，非他不可，他是收复朔方之众的一味药！

李豫连连点头，准备照方抓药。

还是晚了一步，仆固怀恩父子的叛乱突然爆发了。

仆固怀恩对河东节度使辛云京一直怀恨在心，曾经数次上疏，请求李豫诛杀辛云京，然而李豫没有答应。

心绪难平的仆固怀恩决定自己动手，拿下太原城，诛杀辛云京。

仆固怀恩在辛云京手下发展了一员大将做内线，准备里应外合。不料仆固怀恩的小动作被辛云京察觉，辛云京提前动手将变节大将诛杀，一下子让仆固怀恩的计划胎死腹中。

仆固怀恩索性彻底翻脸，命令儿子仆固玚带兵攻打太原城，这次攻打，仆固玚没能得手，反而被早有准备的辛云京打得大败。惨败的仆固玚不敢在太原城下过多纠缠，转而引兵攻打榆次，仆固怀恩父子的叛乱从此拉开了序幕。

李豫并不慌乱，他手中有颜真卿开出的药方，只要把郭子仪推上前台，一切将迎刃而解。

李豫对郭子仪说道："仆固怀恩父子辜负了朕。朕听说朔方将士思念你如同久旱望雨，那你就为朕镇抚河东，只要你出马，驻扎汾州的部队就不会参与叛乱。"

公元764年正月二十日，李豫任命郭子仪为关内、河东副元帅，河中节度使，郭子仪与仆固怀恩的针尖对麦芒正式开始。

任命消息传到汾州，立刻产生了积极影响，将士们感叹道："我们跟随仆固怀恩做不义之事，还有何面目再见汾阳王！"人未到，影响先到，"郭子仪"品牌先行发挥作用，一下子将驻扎汾州的将士拉到唐朝一边，而留给仆固怀恩父子的，只能是凶多吉少。

最先遭殃的不是仆固怀恩，而是他的儿子仆固玚。

仆固玚遭殃与他的性格有关，他在错误的时间、错误的地点做了一件错误的事情。

榆次久攻不下，仆固玚命人去祁县调兵，镇守祁县的守将李光逸将兵马全部交出，敦促士兵火速赶路。出发仓促，士兵们都没来得及吃饭，饿着肚子赶路的士兵渐渐体力不支，更有些士兵落到了后面。

带兵官白玉、焦晖火了，拿起弓箭就向落后的士兵射了过去。

士兵们大惊，连忙问道："将军为什么要向自己人射箭?"

白玉、焦晖骂骂咧咧地说道："今天跟人家去造反，最终也免不了一死；反正都是死，射一箭有什么关系!"

一路骂骂咧咧，白玉、焦晖带着士兵赶到了榆次。

本以为如此紧赶慢赶能得到仆固玚的见面礼，没想到一见面，仆固玚劈头就问："怎么来得这么迟?"白玉、焦晖正准备回应，队伍中的胡人士兵先说话了："我们胡人骑马，自然慢不了，是汉人士兵不行，行动迟缓!"

仆固玚闻言，顿时将火撒到了汉人士兵身上，抬手就打了汉人士兵几鞭子。

头脑简单的仆固玚以为能借此扬威，没想到起的是反作用，虽然挨鞭子的只是少数几个汉人士兵，但所有汉人士兵感同身受，痛心不已。

汉人士兵嘴里嘟哝着："节度使大人只把胡人当人，不把我们当人!"

不经意中，仆固玚大祸临头。半夜，带兵官焦晖、白玉发动兵变，率领愤怒的汉人士兵将睡梦中的仆固玚乱刀砍死，结束了仆固玚跌宕起伏的一生。

消息传到汾州，仆固怀恩心中一个激灵，他马上意识到，汾州待不住了，世上什么东西都传染，兵变也会传染。

仆固怀恩决定逃亡，去灵武郡找自己的旧部。临行前，仆固怀恩与母亲告别，并告知儿子被杀的消息，老太太怒道：“我告诉你别反，国家待你不薄，你偏不听。如今军心已变，大祸必定殃及我，你说怎么办？”

仆固怀恩不语，给母亲磕了几个头便退了出来。

说时迟那时快，老太太提刀追了出来：“今天我为国家杀了你这叛贼，再用你的心告慰三军！”

仆固怀恩大叫一声，撒腿就跑，总算躲过了老太太的大刀。

仆固怀恩不敢多作停留，带着三百骑兵渡过黄河，投奔灵武郡。

从仆固怀恩叛乱的前因后果看，他确实是被逼反的。

按照李抱玉、辛云京的指控，仆固怀恩让燕国降将原地留任是为了将来图谋不轨，这个指控貌似有一定道理，实际却经不起推敲。

当初仆固怀恩让降将留任，不排除有收买人心的成分，但仅凭此就指控仆固怀恩准备联合降将图谋不轨，那就是无中生有了。

仆固怀恩和郭子仪一样，他们都想在功高震主后保住自己的恩宠同时保住自己的命，不同的是，仆固怀恩用的是拥兵自重，而郭子仪用的是唯唯诺诺。

前者表面安全，实则危险，后者表面窝囊，实则长久。

拨开历史迷雾，还原仆固怀恩的叛乱真相，根本原因是节度使之间的相互倾轧。

由于仆固怀恩平叛有功，地位扶摇直上，在他势力膨胀的同时，客观上对辛云京、李抱玉造成威胁，矛盾由此产生。为了解除仆固怀恩的威胁，辛云京等人把宝押到宦官身上，借骆奉先、鱼朝恩之口，将疑似谋反的帽子扣到仆固怀恩头上，任凭他如何摆脱，却怎么也摆脱不掉，毕竟宦官身处皇帝的核心层，而仆固怀恩与皇帝隔着几个大气层。

功高震主，同僚倾轧，宦官帮腔，皇帝不明，四个因素集中到一起，仆固怀恩百口难辩，最终走上极端。

人都是被逼出来的！

针尖麦芒

仆固怀恩逃亡后，郭子仪到了汾州。

如同颜真卿所言，汾州数万士兵齐刷刷向郭子仪归顺，个个欢欣鼓舞，有的甚至泣不成声，众人在欢喜郭子仪到来的同时，也在抱怨郭子仪来得太晚了。如果郭子仪早一点来，或许仆固怀恩就不会走上那条绝路。

郭子仪唏嘘不已，唉，有些事并不是我一人可以决定。

在郭子仪收拢汾州士兵的同时，仆固怀恩也在收拢朔方士兵，经过收拢，又有数万之众，这些人成为仆固怀恩叛乱的班底。

不过，数万人马还不够，仆固怀恩还需要更多的人，最好能联合回纥和吐蕃。

联合战线很快形成，在利益驱动下，回纥、吐蕃同意与仆固怀恩一起联合进军，在接下来的几年，他们成为唐朝的梦魇。

公元764年八月，郭子仪进京面圣，就在这时，探马来报：仆固怀恩联合回纥、吐蕃总计十万大军即将入侵。

消息很快不胫而走，长安再次震动。

李豫继续照方抓药，下诏命令郭子仪率领诸将前往奉天镇守。

临行前，李豫问郭子仪："可有破敌方略?"

郭子仪表情轻松，气定神闲地说道："仆固怀恩不会有什么作为!"

李豫忙问："为何?"

郭子仪解释道："仆固怀恩虽然勇猛，但对将士刻薄无恩，将士们并不服他。朔方将士会跟随他入侵，是因为他们多数是关中人士，思乡心切。仆固怀恩本是臣的部将，他的麾下又都是臣的部曲，他们必然不会对臣刀锋相向，因此臣知道仆固怀恩不会有所作为!"

郭子仪的解释让李豫放宽了心，看来有郭子仪这面盾牌，足以抵挡仆固怀恩。

十月初，仆固怀恩真的来了，联合回纥、吐蕃进逼奉天。

郭子仪的部将们跃跃欲试，纷纷请求率军出征，郭子仪摆摆手，不急!

郭子仪说道："叛军孤军深入，就是寻求速战，我军坚壁以待，他们就会以为我们胆怯，时间一长，我们的机会就来了。如果我们现在与他们接战，一旦战事不利，必定影响军心。再敢言战者，斩!"

郭子仪按下众将跃跃欲试的心，转而在乾陵以南构筑防线，这条防线就是郭子仪耗死仆固怀恩的筹码。

俗话说，做贼心虚，但凡是贼心都虚，哪怕十万个贼组团，心还是虚的。

与仆固怀恩联合进军的回纥、吐蕃就验证了这一点，虽然他们拥有十万大军，但心里依然没有底，他们只想趁虚而入，占点便宜，至于与唐军硬碰硬死磕，他们不干，有死磕的工夫，还不如保存实力，下回再抢。

十月八日拂晓，仆固怀恩与回纥、吐蕃大军逼近了乾陵，他们想当然地以为郭子仪没有防备，没想到，郭子仪恭候多时了。

一看郭子仪的防线，回纥和吐蕃士兵倒吸几口凉气，看来人家不是没有准备，而是准备多时。鸡贼的回纥、吐蕃士兵互相看了几眼，不约而同下了撤退的决心，即使仆固怀恩想战，联军也不陪他玩了。

回纥、吐蕃大军纷纷后撤，仆固怀恩独木难支，也跟着回撤。

郭子仪一眼看出了端倪，原来回纥、吐蕃跟仆固怀恩也不是一条心。

这就好办了。

郭子仪马上派裨将李怀光率领五千骑兵追击，这一追，让回纥、吐蕃军队撤得更快了，一路退到了邠州。退到邠州的回纥、吐蕃军队不甘心就此撤军，他们还想在邠州捞一把，便挥军攻打邠州。镇守邠州的邠宁节度使白孝德和郭子仪的儿子、朔方兵马使郭晞，两个人没有给回纥、吐蕃军队任何机会。

十几天后，眼看无机可乘，仆固怀恩的联合叛军狼狈退去，结束了仆固怀恩对唐朝的第一拨进攻。

写到这里，可能很多人会疑惑，回纥战斗力不是很强吗？为何会如此轻易地退去？

这要从回纥军队的战斗特点说起。

回纥军队以骑兵为主，平原冲锋可以把他们的特点最大化发挥，而一旦转为攻坚战、攻城战，骑兵的优势便没了，即便再勇猛的骑兵，也不能骑着马冲上城墙，因此面对郭子仪的防线、邠州的城墙，回纥军队有心无力，只能悻悻而退。

仆固怀恩就此退去，郭子仪得胜回朝，在大唐王朝的功劳簿上又写上了浓墨重彩的一笔。

郭子仪得胜，李豫有喜有忧，喜的是王朝警报解除，忧的是拿什么赏赐郭子仪呢？

盘算良久，李豫想到了。

尚书令！

这顶官帽久违了！

唐朝尚书令一职，在武德年间出现过，李世民曾经担任过这个职务。自从李世民登基之后，尚书令一职便永久封存了，这是李世民的专利，没有人敢碰。

屈指算来，从公元626年李世民登基到公元764年，一百多年间，唐朝再也没有出过一个尚书令，现在李豫准备把这顶象征极高荣宠的帽子扣到郭子仪头上。

换作一般人，可能颠颠地、不知死活地戴上了。

郭子仪坚决拒绝！

郭子仪辞让道："自从太宗担当过这个官职后，连续数代都没有再设置，近期皇太子（李适，本年初册立）曾经担任过，显然这个官职不是微臣所能承受得起的！"

郭子仪毅然决然地拒绝了，他知道自己已经处于功高震主的危险之地，再不知道谦逊，离破家也就不远了。

节外生枝

尽管郭子仪把谦逊当成自己的保护色，一场危机还是险些从天而降。

危机的源头是郭子仪的儿子郭晞，当时正率军驻守邠州。

回纥、吐蕃军队退去后，郭子仪回朝，郭晞却留了下来，率领自己的兵马继续在邠州驻扎。郭晞虽是名将之后，军纪却十分松弛，在他的松散治军下，他的士兵成了邠州城的祸害，打人、骂人、杀人屡见不鲜，百姓敢怒不敢言。

邠宁节度使白孝德深感头疼，如果换作别人，他早就出手惩戒了，然而偏偏郭晞是郭子仪的儿子，他得罪不起。白孝德正在为难之际，泾州刺史段秀实主动请缨，要求担任都虞候（战区总纠察官）。

两人一拍即合。

段秀实上任刚一个月，遇上了一个难题：郭晞手下十七名士兵到集市买酒，寻衅滋事，不仅刺死卖酒翁，而且砸坏了酿酒器具。

放在以往，此事将不了了之，没有人会为了一个卖酒翁得罪郭晞。

段秀实不干了，一声令下，将十七名士兵全部逮捕，斩首示众！

十七颗人头被插到长矛上，醒目地立在市场门口。

郭晞的军营里一下子炸了锅，将士们纷纷穿上铠甲，准备复仇。

消息传到白孝德那里，一向勇猛的白孝德也慌了手脚，连忙问段秀实："怎么办？如何是好！"段秀实从容一笑："没什么大不了，我亲自去化解！"

说完，段秀实起身出门，白孝德准备派数十名士兵保护，段秀实摆摆手："用不着！"

段秀实骑上马走了，跟随他的只有一个瘸腿老兵。

两人刚到郭晞大营门口，全身铠甲的士兵便杀气腾腾地围了上来。段秀实一边笑，一边拍马走入大营，冲着满面杀气的士兵说道："杀一个老兵，还用得着穿铠甲？不用急，我自己带着头来了！"

士兵们被段秀实说愣了，他们不是没有见过不怕死的人，但像这种死到临头还谈笑风生的人真是少见。段秀实继续说道："兵马使（郭晞）大人有什么对不起你们？副元帅（郭子仪）大人有什么对不起你们？你们为什么要发动叛乱败坏郭氏一门？"

段秀实说话间，郭晞出来了，他要看看这个不给他面子的人长什么样。

段秀实一眼看到郭晞，大声责问道："副元帅功勋遍布天地，应该有始有终。今日兵马使大人却纵容士兵行暴，而且即将酿成叛乱，一旦发生叛乱，肯定会连累副元帅。到那时，郭家一门的功名，还会留下多少呢？"

段秀实还想继续往下说，郭晞已经全明白了，当场给段秀实跪下，说道："幸亏有您教诲，给我指了条明路，焉敢不从命？"

郭晞回头冲手下怒喝道："卸下铠甲，各就各位，胆敢喧哗者，斩！"

士兵一哄而散，一场已经到了边缘的叛乱就这样被段秀实平息。

当夜，段秀实留宿军中，此举倒把郭晞难坏了。

整整一夜，郭晞不脱衣服，与警卫一起为段秀实守夜。

第二天一早，郭晞随同段秀实一起拜访白孝德，为自己治军不严赔罪。

白孝德下意识地往外面看了看，太阳是不是打西边出来了。

自此，郭晞治军日严，麾下士兵再也没有成为驻地之祸。

一场危机，本已与郭子仪无限接近，幸好有段秀实这样的高人，轻弹手指，化解于无形。

郭晞的例子也给世人一个警示：无论祖上曾经多么荣光、辉煌，后人都需谦虚、谨慎，小心做人，不然，一招不慎，就有可能动摇家族的根基，到那时，悔之晚矣！

智退回纥

公元765年九月，仆固怀恩卷土重来。

这一次仆固怀恩的联合战线更加庞大，不仅有回纥、吐蕃，还增加了吐谷浑、党项、奴剌等部落，联军总数达到数十万。

同第一次一窝蜂进攻不同，这一次仆固怀恩采用了多方向、多梯队进攻，吐蕃军队从北道进攻奉天，党项部落从东道进攻同州，吐谷浑、奴剌军队从西道进攻盩厔。

另外，回纥军队在吐蕃军队身后，仆固怀恩统率朔方兵则在回纥军队身后。

数十万大军从三个方向向唐朝逼近，战争阴霾再次向长安上空飘去。

郭子仪不敢怠慢，连忙上疏，请求李豫下诏诸道节度使率兵增援。

然而，诏书下达后，诸道节度使反应迟缓，只有淮西节度使李忠臣当即放下正在打的马球，马上出征。

诸将和监军宦官劝道："大军出征还需选一个黄道吉日，不然，诸事不利！"

李忠臣大喝一声："父母有难，难道还选个黄道吉日去救吗?"

说完，李忠臣率军出征。

单看这一段描述，李忠臣的"忠臣"形象跃然纸上。

然而，历史需要承前启后，用发展、联系的眼光分析问题。

在李忠臣"大义凛然"的背后，其实藏着不可告人的目的：他不仅为增援而去，而且为发战争财而来！

这就是唐朝军队的现状，要么拖延时间不遵从命令，要么表面大义凛然实则暗藏私心，军队到了这个程度，王朝走上下坡路就是自然的结果。

就在李豫焦头烂额地调集诸道节度使增援时，一个天大的利好消息从北方传来：仆固怀恩在行军途中染病死于鸣沙（今宁夏中宁县）。

左右个个喜上眉梢，李豫却连声叹息："仆固怀恩没有谋反，是朕被左右蒙蔽了！"

时至今日，李豫终于看清了问题的本质。然而，一切都晚了，仆固怀恩早已走上绝路，而且命丧鸣沙。如果李豫早一点醒悟，不被骆奉先、鱼朝恩左右，或许仆固怀恩还可以在他的手下当一名有始有终的忠臣。

现在，来不及了！

九月十五日，吐蕃十万大军逼近奉天，与此同时，李豫在长安做了一个令人哭笑不得的举动：命令宰相及各司长官在西明寺上香、摆素宴、奏乐、祷告。

以此乞求上天，打退吐蕃的进攻！

此举跟王莽临近灭亡时率领大臣痛哭退敌有一拼！

事实证明，打退敌人靠的不是天，也不是佛，而是人。

率先发起冲锋的是朔方兵马使浑瑊，当时他率军驻守奉天。浑瑊率领二百名骑兵向吐蕃大军进攻，他一马当先，冲在最前面，一番冲锋下来，浑瑊生擒吐蕃一员大将，他麾下的二百名骑兵没有一个挂彩，个个全身而回。

浑瑊创造的奇迹给整个奉天守军带来了信心，这个时候，信心比黄金还宝贵。

接下来几天，奉天守军挡住了吐蕃大军的进攻，并且不断出击，仅浑瑊一部，就与吐蕃军队交战二百余回，斩首五千。吐蕃军队进攻不利，引军退到邠州，就地等待回纥军队的增援。

这时，长安城中的李豫不知搭错了哪根筋，居然准备御驾亲征。

说起来，很有意思，在李豫之前，唐朝皇帝真正敢御驾亲征的也就李世民一人，其余无论高宗李治，还是玄宗李隆基，他们都曾经喊出御驾亲征的大话，但到最后都无疾而终。

李豫这一次呢？

借着李豫"御驾亲征"，鱼朝恩忙活了起来，他确实是个天才，仅仅用了三招，就把长安城搞乱了。

第一招：搜罗官员百姓家里的马匹，用作战马。

第二招：长安城中的全体壮年男子一律身穿黑衣，组成国民卫队。

第三招：城门门洞堵住两个，只留一个来回出入。

本来长安百姓还处之泰然，三招一出，长安乱了！

百姓哗然，纷纷逃命，要么翻墙而出，要么在城墙中间挖洞而出，整个长安城，一片慌乱。

鱼朝恩也傻了，看来自己真不是那块料。

鱼朝恩华丽地一转身，不再忙活之前的三招，而是剑走偏锋，想出一个高招：保护李豫到河中（今山西省永济市）避难。

高，确实是高！

问题是这馊主意还用想吗？

不过，让李豫到河中避难并不容易，至少需要得到百官认可，不然百官不跟随而去，李豫又成了孤家寡人。

鱼朝恩决心试探一下。

一天早上，文武百官列队完毕，等待上朝，然而入朝的大门始终未开，百官窃窃私语，不知道发生了什么事。

突然，鱼朝恩率领十几个禁军士兵拿着明晃晃的大刀走了出来，大声说道："吐蕃屡次进犯京畿，皇帝准备移驾河中，诸位意下如何？"

百官一时失语，不知如何应对。

这时，一名不起眼的侍御史站了出来，遗憾的是，史书上只记载他姓刘，并没有留下他的名字。侍御史刘某大声质问道："敕使（唐代宦官统称）是要造反吗？如今大军云集，不想着勠力同心抵御敌寇，却想胁迫天子弃宗庙社稷而去，不是反是什么！"

小人物，大英雄！

侍御史的一席话戳漏了鱼朝恩，鱼朝恩哑口无言，讪讪而退。

一次酝酿中的放弃长安无疾而终，不然李豫将会创下一个纪录，登基三年，两度放弃国都。

时间走到十月九日，局势发生了微妙变化：吐蕃、回纥军队得到了仆固怀恩去世的消息，开始争夺联军领导权。

仆固怀恩在世时，他是联合战线的缔造者，自然是最高领导。现在仆固怀恩去世，群龙无首，回纥、吐蕃开始争权。

争权一旦展开，便无法停止，两军的关系顿时紧张起来，以往还联合宿营，现在则划开界限，各自扎营。

这一幕郭子仪看得真切，他顿时悟到了退敌良策：以回纥打吐蕃！

老于兵事的郭子仪知道，以目前唐军的实力，不是回纥、吐蕃的对手，即使勉强顶住回纥、吐蕃的进攻，也将陷入旷日持久的苦战，那样不仅劳民伤财，内部军心也有可能产生变化。为今之计，最好的方法就是以回纥打吐蕃，不仅省力，而且节省开支。

郭子仪马上出招，派牙将李光瓒前往回纥大营游说。

出乎郭子仪意料，第一炮哑了。

回纥人根本不相信李光瓒说的话，而且放出话来："郭公真的在这里？别逗了，你骗我们！如果郭公真的在，能否跟我们见上一面？"

回纥人把话说到这个份上，郭子仪不得不亲自出马了。

郭子仪沉思片刻，对众将说："如今敌众我寡，难以力胜。昔日我跟回纥有几分交情，不如我亲自前去游说，那样就可以不战而胜。"

众将没有主意，只能听郭子仪安排，不过为了安全起见，大家劝郭子仪带五百铁骑防身，以防不测。

郭子仪摆摆手："不必了，五百铁骑无济于事，还有可能坏事。"

正说话间，郭晞拦住马头，对父亲劝说道："回纥人如狼似虎，大人，您是国之元帅，为何要把自己当成敌寇的诱饵呢？"

郭子仪一字一句回应道："如果勉强应战，咱们父子都得战死沙场，国家将会更加危急。今日我去跟他们对话，如果他们听从，那将是国家之福；如果不听从，那么我个人身死，但咱们家可以保全！"

郭晞还想苦劝，郭子仪举起马鞭抽到郭晞手上，大喝一声："走开！"

郭晞下意识躲闪时，郭子仪率领几个骑兵冲出，奔向回纥人的大营。

临近回纥人大营，随行骑兵前去传话："郭令公前来拜访！"

回纥人惊了，不敢相信是真的，元帅药葛罗更是严阵以待，刀出鞘，箭上弦，虎视眈眈看着唐朝来客。

郭子仪翻身下马，摘掉头盔，解下铠甲，放下武器，信步向药葛罗走去。

郭子仪上前抓住药葛罗的手，责怪道："回纥对大唐有大功，大唐回报回纥也很丰厚，为何你们要背约，驱军深入我国境内，侵犯京畿郊县，弃前功，结新仇，背恩德，助叛臣，这么做何其愚蠢！况且仆固怀恩叛君弃母，对你们国家又有什么好处？我今天孤身前来，要杀要剐由你，不过在我死后，我的将士们一定会与你们血战到底！”

听郭子仪如此一说，药葛罗明白了八九分，自己可能被仆固怀恩蒙蔽了。

药葛罗解释道：“仆固怀恩骗我，他说，天可汗（唐朝皇帝）驾崩了，郭令公也被诛杀了，中原无主，我这才跟他一起来。如今天可汗在长安，令公又在此统兵，仆固怀恩又遭天谴，我们怎么可能还跟令公动兵！”

郭子仪一听有戏，心中狂喜，他不动声色，走出了关键的一步棋。

郭子仪点拨道：“吐蕃无道，乘我国内乱，不顾甥舅之亲，吞噬我国领土，侵犯郡县，掠夺财富不可计数，牛马杂畜，漫山遍野，这些不正是上天赐予你们的吗？保全自身军队与大唐交好，击破吐蕃以获得财富，从你的角度而言，还有比这更好的结果吗？这可是千载难逢的良机，切莫错过！”

一席话说完，郭子仪已经巧妙地抛出鱼饵，静等药葛罗上钩。

药葛罗果然上钩，对郭子仪说道：“我被仆固怀恩蒙蔽，辜负令公太多，今日请求继续为令公效力，击破吐蕃向令公谢罪！另外，我有一个不情之请，仆固怀恩的儿子，是我们可敦（皇后）的兄弟，愿大唐网开一面，不要诛杀！”

郭子仪痛快地点了点头：“好说，好说！”

就在两人相谈甚欢之时，一直在围观的回纥人突然分为两翼，向着郭子仪稍稍逼近，郭子仪随行骑兵见状，冲着对方迎了上去，现场气氛顿时紧张起来。

郭子仪从容地一挥手，退回去，不用紧张！

这时，药葛罗命人把酒拿了过来，他要与郭子仪执酒盟誓。

郭子仪端起酒杯，把酒洒向大地，起誓道：“大唐天子万岁！回纥可汗万岁！两国友谊万岁！如有负约，殒命阵前，家族灭绝！”

郭子仪的盟誓把药葛罗逼到了墙角，药葛罗拿起酒杯，洒向大地，起誓道：“我的誓言与令公一样！”

真会省事！

经此盟誓，郭子仪将回纥化敌为友，带给吐蕃的则是一场无法避免的危机。

吐蕃人很快得到了回纥与唐朝和解的消息，顿时大惊失色，连夜拔营退去，试图躲过唐朝与回纥的联合攻击。

然而，已经来不及了。

几天后，唐军与回纥联军追上了吐蕃大军，一番猛烈进攻后，吐蕃士兵阵亡以万计，所劫掠的物资、人口全部落到了回纥士兵手中。

一场由仆固怀恩引发的战争危机就此结束，表面看起来，唐朝波澜不惊，不费周折，其实，在不费周折的背后是大费周章。

因为，回纥人胃口一向很大，和解的代价自然很高，大军统帅药葛罗虽然话说得大方得体、冠冕堂皇，但人家是有条件的。

没有条件，谁和你和解！

唐朝为和解付出的代价是丝绸以及棉布十万匹，名义上是赏赐回纥入朝使节，实际就是“绸缎换和平”。

没有朋友，只有利益，此言不虚！

不过，退一万步说，能用十万匹绸缎化解一场危机，也算一笔划算的买卖，毕竟战争旷日持久、消耗良多，而“绸缎换和平”，短期付出，长期受益。

“绸缎换和平”看起来有些屈辱，但也是没有办法的办法，一个内忧外患的王朝，自然与如日中天时相去甚远，这是历史使然，也是环境使然，这是王朝的悲哀，也是郭子仪本人的悲哀。

郭子仪不是不想把来犯之敌打得落花流水，可是他手中没有足够筹码，只能忍辱负重、放下身段，用一点计谋，化解王朝危局。

能进能退，是为高人；

能屈能伸，可称丈夫！

醉打金枝

收复两京，两退吐蕃，数度挽狂澜于既倒，郭子仪行走在功高震主的边缘。

然而，由于郭子仪进退有度、恭敬谦让，即便已经功高震主，他依然能保持自己的恩宠，这一点堪称古今中外一个不小的奇迹。

自古，受到皇帝恩宠并不难，难的是有始有终、有头有尾，有唐一代，能做到这一点的人很少，李靖、郭子仪算是其中的佼佼者。

不过，郭子仪的余生也不平坦，他的儿子郭暧就差点儿惹出祸端。

公元765年七月，郭暧受到皇帝李豫的垂青，迎娶了李豫的女儿升平公主。

迎娶公主看上去很美，实际上是一个苦差，唐朝公主个个不是省油的灯。

电视剧《贞观长歌》里有一个桥段：

> 驸马独孤谋向妻子安康公主（张澜澜饰）诉说自己内心的郁闷，他说自己娶了公主之后并不幸福，反而压抑。独孤谋进一步说道，其实，没有几个人愿意娶公主。
>
> 为了验证自己的观点，独孤谋举了一个例子：
>
> 皇帝李世民准备把一个公主嫁给尉迟敬德，结果，本来已经喝得不省人事的尉迟敬德当场就吓醒了！

桥段虽然是杜撰的，但有唐一代，很多人不想娶公主却是不争的事实，因为将公主娶进门，你娶到的不是媳妇，而是一个爷，全家谁也惹不起的爷。

不过，这个情况在郭子仪家里有所改观，郭子仪的儿子郭暧不仅不把公主当爷，而且喝了酒之后还敢动手打公主，晋剧经典曲目《醉打金枝》便由此而来。

《醉打金枝》的由来是这样的：

某一年，正赶上郭子仪寿辰，郭暧催着升平公主去给郭子仪拜寿。

升平公主不以为然地说道："我家是君，你家是臣，拜什么拜！"

郭暧有点儿不服气，嚷道："皇太子都去给我爹拜寿了，你为什么不拜！"

升平公主赌气回应道："他是他，我是我，我就是不拜！"

郭暧刚刚喝过酒，胃里有酒精壮胆，便指着公主嚷道："你不就仗着你爹是天子吗？我爹还不稀罕当那玩意呢！"说着，郭暧抬手想打公主，犹豫了一下，又把手放下了。

升平公主又气又急，冲着郭暧扔下了一句话："你给我等着！"

说完，便直接出门上了马车，进宫找父亲告状。

事闹大了！

听完升平公主的告状，李豫平静地说道："有些事你并不知道。郭暧说得对，如果郭子仪想当天子，天下早就不是李家的了！”

李豫又继续说了一阵，好说歹说把公主劝回了家。

消息传到郭子仪耳朵里，郭子仪懵了，他想不到郭暧居然敢说出那么大逆不道的话，连忙把郭暧捆了起来，押进皇宫，等待李豫治罪。

李豫见状，继续当起了和事佬：“有句俗语说得好，不痴不聋，不作家翁。小孩子闺房里的戏言，怎么能当真呢！”

郭子仪心中长出了一口气，连忙跪地谢恩。

回家之后，郭子仪又作了一个秀：痛打郭暧几十大板。

打在儿身，痛在父心，不过大板还要继续，因为这场秀是给公主看的，同时也是给皇帝看的。

一场迫在眉睫的祸端，就这样与郭子仪一家擦肩而过，不仅没有影响郭子仪的恩宠，反而为中国传统文化增添了丰富的佐料。

经过口口相传，代代相传，《醉打金枝》成为中国诸多剧种中的经典曲目。电视剧《醉打金枝》《新醉打金枝》也陆续问世，这一切，只因为郭子仪很红，而且红得持久。

不然，《醉打金枝》就不会是一出喜剧。

屈指一算，从郭子仪起兵以来，曾经比他红、势头比他猛的人不在少数，比如高仙芝，比如哥舒翰，比如李光弼，比如仆固怀恩，但这些人无一例外，全部虎头蛇尾，除了李光弼算是善终外，其余三人都未得善终。

时至今日，李光弼、仆固怀恩等人已经湮没在云烟之中，郭子仪的形象却代代相传、历久弥新。久而久之，他的形象还得到了丰富，不仅是古代名将的典范，也是福禄寿喜、多子多福的代表。

在热门旅游景点乌镇的百床馆中，有一张经典大床，大床上雕刻的就是多子多孙的郭子仪。导游介绍说，因为郭子仪福禄寿喜样样俱全，而且名下有七个儿子、六个女儿，儿孙满堂，多子多福，不雕刻他的图案，又雕刻谁呢？

人和人，真是没法比！

曾几何时，李光弼、仆固怀恩与郭子仪并肩，曾几何时，他们之间只是咫尺之遥，然而曲终人散，人生的结局却是天壤之别。

第十九章　前赴后继

无限风光

李光弼去世，仆固怀恩作古，回纥化敌为友，吐蕃狼狈逃窜，公元765年，大唐王朝发生了很多故事。

公元765年十一月二十三日，李豫下诏，宣布取消御驾亲征，全国解除戒严。

这道诏书标志着李豫政府终于步入正轨，如果说以前的政府像一个临时性的军管会，之后的政府，终于有了正规的样子。

战争已经不是主流，唱主角的也不再是那些名将，取而代之的是鱼朝恩、元载、王缙这些人。

鱼朝恩是宦官，前面有过出场，元载、王缙都是宰相，在接下来的日子里，他们与鱼朝恩一起担纲主角。

元载，本不姓元，原始姓甚，史书未提。元载的母亲带着元载嫁给了小官元景升，这样元载便姓了元。值得一提的是，元景升本来也不姓元，只是因为办事得力，受主人赏识，经主人同意便入了主人的姓：元。

来之不易的“元”姓，终究给元载带来了好运，在他通过自己奋斗成为户部侍郎后，“元”姓成了他仕途的助推器——他姓元，李辅国的妻子也姓元，两人正好同宗！

有了这层关系，李辅国对元载刮目相看，关键时刻帮了元载一把。

皇帝李亨本来准备委任元载为京兆尹，元载拒绝了，因为他最想当的不是京兆尹，而是宰相。没过多久，李辅国帮元载实现了夙愿，元载的官衔上加上了“同中书门下平章事”，从此成为宰相中的一员。

李豫继位后，元载继续留任。

王缙，唐代著名诗人王维的弟弟，王缙与王维虽是亲兄弟，两人对于仕途的态度却截然不同。

王缙，字夏卿，夏卿由周朝的夏官而来，后世用夏卿作为兵部尚书的习惯称谓，南梁武帝时，又将太府、少府、太仆三卿合称为夏卿，总而言之，夏卿二字透露着王缙对仕途的渴望；王维，字摩诘，来源于梵语，是维摩诘的简称，意译为“净名”或“无垢称”，这个字表明，王维的内心深处向佛不向官。

王缙与王维一样，非常有才华，通过自己的努力做到兵部侍郎，李豫登基后，把他提升为宰相，这样，诗佛的弟弟也成为宰相中的一员。

严格说来，此时还有一位宰相，名叫杜鸿渐，就是当初迎接李亨到灵武郡的那位，只是杜鸿渐在任职期间并没有太多表现，不提也罢。

相比而言，鱼朝恩是此时的红人，他的红，与李豫的两次危难有关，也与神策军的发展有着莫大关系。

神策军本来不是军队名，而是黄河九曲地区的一个地名。

公元754年，哥舒翰收复黄河九曲，他在这里设立了两个郡和一个神策军，在此时，神策军只是一个地名，跟《水浒传》里的“无为军”一样。

神策军成为军队名称，是在安史之乱以后，陇右战区接受李隆基命令，从辖区抽调士兵勤王，神策军也抽调了一支部队，这支部队称为“神策军特遣部队”。

后来这支部队驻扎陕州，由陕西节度使郭英乂统领，鱼朝恩担任监军，鱼朝恩从这时与神策军结缘。

郭英乂高升后，鱼朝恩成为神策军的第一领导，公元763年李豫遭遇吐蕃兵临城下的危难，仓皇东巡，关键时刻，鱼朝恩抓住了机会。

鱼朝恩集合神策军以及陕州所有士兵，对外统一号称“神策军”，然后带领这支神策军西上迎驾，这次迎驾改变了鱼朝恩的一生，也改变了神策军的发展轨迹。

如果没有这次迎驾，鱼朝恩可能一生平平淡淡，神策军也只是一支普通部队。经过这次迎驾，鱼朝恩成为李豫最信赖的人，神策军也成为李豫最为看重的部队之一。不过此时的神策军还不能跟禁军相比，他们的地位要低于禁军。

公元765年，吐蕃再次大兵压境，李豫宣称要御驾亲征，亲率禁军以及神策军驻扎到皇家园林之中。

御驾亲征最终无疾而终，神策军却因为这次驻扎风生水起，李豫越来越信任神策军，便把神策军分成左右两翼，同时将左右两翼神策军的地位大幅提升，一跃成为禁军之首。

唐朝后期，神策军成为左右王朝走势的一支关键部队，宦官通过这支部队左右皇帝的废立，而神策军有如此功效，追根溯源，要追到李豫头上。

李豫没有第三只眼，他看不到未来，只看得到现在，他只看到鱼朝恩在危难之际忠心耿耿，对这样的人自然要恩宠有加。

他的恩宠有加，恩宠出一个纪录：宦官出任国立贵族大学校长。

自古以来，国立贵族大学校长都是由大儒或者德高望重的饱学之士担任，李豫别出心裁，把国子监交给了鱼朝恩。

说你行，你就行，不行也行；

说不行，就不行，行也不行。

横批：不服不行。

那么鱼朝恩的真实水平如何呢？

粗通文墨，仅能大略读懂文章。

如果是一个有自知之明的人，或许还知道藏拙，不让自己露怯，鱼朝恩恰恰相反，他是一个充满自信的人，他把自己视作文武全才。

文，掌管国子监；武，掌管神策军。

不是文武全才又是什么？

为了彰显鱼朝恩的地位，李豫特意安排宰相、百官、六军将军一起送鱼朝恩到国子监就职，京兆府负责设宴，皇家教坊负责奏乐，百官子弟二百多人排队站好，立于走廊之上，充当鱼朝恩的学生。

除此之外，李豫特意拨款一万贯，用于国子监学生的饮食，这是给国子监学生的恩赐，也是给鱼朝恩的面子。为了鱼朝恩，李豫既做足了面子，又做足足了里子。

鱼朝恩没有让李豫失望，他很快投桃报李。

鱼朝恩上疏说，愿意将自己在通化门外的住宅贡献出来，改建为章敬太后（李豫生母）祈求冥福的寺庙。

李豫感动得无以言表。

鱼朝恩马不停蹄，说干就干，在自己的旧宅上开始建造一座华丽无比的寺庙。建造到一半，问题来了，即便把长安城内的木料搜刮一遍，木料还是不够。

在长安城内外逡巡了一番，鱼朝恩有了主意。

在鱼朝恩的建议下，工人们拆除了曲江亭馆、华清宫观楼、政府部分办公场所、罚没的官员住宅，看上眼的地方都拆了，为的就是里面的木料。

经过大拆大建，耗资亿万的寺庙终于建成，过程虽然艰难，耗资虽然不菲，但里面都是鱼朝恩的忠心。

李豫喜上眉梢，鱼朝恩真是有心！

鱼朝恩的红还在继续，他的任何请求在李豫那里都畅通无阻，以至于官员们形成了条件反射，只要鱼朝恩提出要求，他们就开始着手准备，不管皇帝批没批准。

官员们的条件反射让鱼朝恩非常受用，他万万没有想到，自己最终栽跟头，也栽在了官员们的条件反射上。

你来我往

鱼朝恩红得发紫时，元载在一旁默默地观望，表面熟视无睹，内心却在打着自己的算盘，何时才能扳倒这个死宦官呢？

元载惦记着鱼朝恩，鱼朝恩也惦记着元载，两个都想在皇帝面前独宠的人，注定不会和平相处。

借着在国子监阐释经典的机会，鱼朝恩给了元载当头一棒。

当天阐释的是《易经》中的“折鼎覆馀”，鱼朝恩话中有话地说道：“鼎足如果折断，鼎里的食物就会倾覆出来。”

仅从字面看，鱼朝恩说的是鼎足，跟宰相没有关系。

实际上，鼎足在那时有特殊含义，在一定程度上，鼎足就象征宰相，寓意宰相像鼎足一样承担着王朝大任。鱼朝恩偏偏说“鼎足折断”，他是在借题发挥，奚落元载、王缙两人当宰相不合格。

文化人王缙、元载自然听出了鱼朝恩话中的余音，王缙当场把愤怒写在脸上，元载却处之泰然，甚至很有风度地随着大家笑了起来。

鱼朝恩把这一切收入眼帘，随后对亲信说道：“发怒是人之常情，而发笑就深不可测了！”

鱼朝恩说得没错，深不可测的元载从此开始发力，他要把当红的鱼朝恩扳倒。

元载采用的是借力打力，他把一个不相关的人搅和了进来。

被元载搅和进来的人是郭子仪。

郭子仪本来与鱼朝恩、元载之间的倾轧没有关系，但元载还是想尽办法把郭子仪卷了进来。

公元 767 年十二月，郭子仪家出事了。

父亲的墓被人盗了！

苦苦追查了一个月，依然一点线索都没有。

线索虽然没有，但舆论的矛头指向了鱼朝恩。鱼朝恩与郭子仪有矛盾，曾经数次打过郭子仪的小报告，两人不睦是满朝皆知的事实。

元载躲在一边暗暗冷笑，他等着看一场好戏，看郭子仪如何收拾鱼朝恩。

好戏说来就来，郭子仪入朝参见，元载期待的好戏即将拉开大幕。

满朝文武都捏了一把汗，毕竟郭子仪兵权在握，如果想整出点动静来，恐怕谁也拦不住，包括皇帝李豫。

李豫与郭子仪闲谈中提及了盗墓，想看看郭子仪作何反应。

郭子仪闻言，老泪纵横，一边流泪，一边说道：“臣带兵已久，没能很好地约束士兵，以致有士兵盗掘别人坟墓。如今臣父亲坟墓被盗，这是臣遭到老天的报应，跟别人没有关系！”

忍辱负重，唾面自干，看似窝囊的方法，就是郭子仪自保的法宝。

元载等待已久的好戏胎死腹中，只能寻找下一个机会。

时间走到公元 769 年正月，元载又等来了一个机会。

这个机会因鱼朝恩而起，鱼朝恩邀请郭子仪参观他的辉煌成果：章敬寺（即为李豫生母祈福的那座寺庙）。

元载意识到，机会来了。

元载收买了郭子仪的一名贴身侍卫，他让贴身侍卫给郭子仪传句话：“章敬寺里有埋伏，鱼朝恩将对郭公不利!”郭子仪摇摇头：“胡说，没影的事!”

侍卫一看不奏效，便把谣言在诸将中散布，众将急了，一再要求郭子仪带三百名全副武装的士兵同行。郭子仪郑重地对众将说道：“我是国家大臣，他没有天子之命，怎敢害我？他如果有天子之命，你们又能怎么样？”

郭子仪起身出门，与他随行的只有几名家僮。

章敬寺外，鱼朝恩快步迎了上来，一看郭子仪随从如此之少，不由一愣：“令公出行，何故随从如此简约？”

郭子仪把谣言原原本本告诉了鱼朝恩，最后说道：“带人多了，怕您动起手来太麻烦!”

鱼朝恩被郭子仪的坦诚感动了，拉着郭子仪的手痛哭流涕地说道：“如果令公不是敦厚长者，怎么可能不怀疑呢!”

政治就是一场秀，郭子仪和鱼朝恩都在作秀，郭子仪拿自己的坦诚作秀，鱼朝恩则拿他的感动作秀。

秀到最后，关系依旧，没有亲密无间，也没有你死我活。元载期待已久的“郭子仪斗鱼朝恩”没有出现，要想斗倒鱼朝恩，还得继续努力。

元载懊恼地跺了一下脚，算了，再找机会。

机会只留给有准备的头脑，有准备的元载还是找到了机会。

这次机会，看起来不大，小到只不过是鱼朝恩的一句话。

某年某月某一天，鱼朝恩发起了脾气，因为有一项政府决策没有经过他的手就颁布实施了。鱼朝恩出离了愤怒，怒吼道：“天下还有不经我手的事情吗？”

自顾自发完脾气，鱼朝恩扬长而去。

话很快传到了元载的耳朵里，元载微微一笑，鱼朝恩，你的命快到头了!

不出元载所料，鱼朝恩的狂言很快传到了李豫耳朵里，李豫皱了皱眉头，这个鱼朝恩，难道想当第二个李辅国？

李豫顿时对鱼朝恩的印象大打折扣，他被鱼朝恩的狂言深深刺激了。

活该鱼朝恩倒霉，时隔不久，他又一次激怒了李豫。

事情的起因是这样的，鱼朝恩最小的养子鱼令徽时任宦官管理总署事务官，穿六七品官员对应的绿袍。一天，鱼令徽与同事发生了争执，鱼令徽嘴上没占到便宜，便气鼓鼓地回家找鱼朝恩告状。

第二天，鱼朝恩面见李豫，说道："臣的儿子官职太卑微了，时常被同僚欺负，臣恳请陛下赐给他紫袍。"（三品以上官员穿紫袍）

李豫还没有来得及回应，已经有官员拿出紫袍站到鱼朝恩面前，这一切都是条件反射，几年来官员们早已习以为常。这一次，条件反射帮了倒忙，已经对鱼朝恩不满的李豫更加不快，心中的厌恶到了极点。

李豫生闷气的工夫，鱼令徽已经兴高采烈地穿着三品紫袍进来谢恩了。

李豫勉强挤出一丝笑容，冲着鱼朝恩说道："小儿穿紫袍，看起来很般配嘛！"

鱼朝恩父子脸上露出了幸福的笑容，却没有注意到，李豫眼睛深处的杀机已经呼之欲出！

福禄到头

鱼朝恩没有读懂李豫眼中的杀机，元载读懂了。

借着秘密上奏的机会，元载将鱼朝恩狠狠弹劾一番，这番弹劾放在以往，不会起到任何作用，放在现在，卤水点豆腐——功效立现。

君臣二人一拍即合，铲除鱼朝恩提上了议事日程。

浸淫仕途多年的元载知道，铲除鱼朝恩并不容易，鱼朝恩染指兵权多年，戒备非常森严，想要干净利落地铲除鱼朝恩，必须从他的身边入手。

经过观察，元载发现，鱼朝恩最倚重的有两个人：一个是神箭侍卫官周皓，此人每次率领一百名士兵入朝贴身保护鱼朝恩的安全；另一个是陕州节度使皇甫温，此人手握重兵在外，作为鱼朝恩的策应。

想要铲除鱼朝恩，绕不开这两个人。

元载根本没准备绕开，他准备借力打力。

为此，元载下了血本，用厚重的贿赂砸晕了这两个人。

在贿赂的感召下，周皓与皇甫温成了元载的内线，鱼朝恩的一举一动都在元载的掌控之中。元载已经盯死了鱼朝恩，留给鱼朝恩的时间不多了。

同铲除其他权臣一样，动手之前，总要营造一番假象，元载也不例外，他为鱼朝恩营造了一系列足以让他眼花的假象。

元载上疏李豫，建议将皇甫温从陕州调到凤翔。就地理位置以及军事重要程度而言，凤翔要在陕州之上，元载要用这个假象迷惑鱼朝恩，鱼朝恩果然上当。

鱼朝恩自作聪明地以为这是元载向自己示好，却不知道，曾经的死党皇甫温早已成了无间道，从陕州调任凤翔不是为了加强鱼朝恩的实力，恰恰是为了对付鱼朝恩。

除此之外，元载又给了鱼朝恩一个假象：凭空划给神策军四个县的土地。土地意味着税赋，这等于给鱼朝恩变相送钱，鱼朝恩喜不自胜地笑纳了馈赠，他依然认为这是元载向自己示好。

一系列假象蒙蔽了鱼朝恩，却没有蒙蔽鱼朝恩身边的明白人，神策军都虞候刘希暹隐隐感觉不安，他总觉得有什么地方不对劲。

刘希暹透过现象看出了本质：元载想要对鱼朝恩动手。

鱼朝恩闻言，大吃一惊，仔仔细细一回想，不由得惊出一身冷汗，看来元载真的要对自己下手了，而且皇帝李豫站在他的身后。

史无前例的恐惧向鱼朝恩袭来，鱼朝恩惶惶不可终日。

到了李豫面前，惶恐的鱼朝恩却被假象迷惑了，李豫对他比以往更好，丝毫看不出要翻脸的迹象，鱼朝恩疑惑了，难道是自己想多了？

可能是自己杞人忧天了吧！

忐忑的心平复了下来，鱼朝恩自信皇帝对自己的恩宠不会消退。

猪从来不认为主人要杀自己，直到进屠宰场那一天。

富贵总会麻痹人的神经，权力总会迟钝人的嗅觉，就在鱼朝恩自以为安全无虞时，元载准备动手了，鱼朝恩曾经的死党皇甫温、周皓成为元载的得力助手，三人一起定下密计。

定计完毕，元载向李豫汇报，李豫轻轻点了点头，同时嘱咐道："好好把握，不要反受其祸！"

公元770年寒食节，鱼朝恩人生中的最后一个寒食节。

寒食节这天，李豫在宫中举办宴席，宴请亲近的王公大臣，鱼朝恩自然在列。宴席上，君臣之间说了很多肝胆相照的话，大家都喝得很尽兴，鱼朝恩有些醉了，李豫却没有醉，他还有一件大事要办。

宴席终了，王公大臣依次离去，鱼朝恩本已准备返回神策军大营，李豫却叫住了他："你别急着回去，朕还有话要跟你说!"

这一幕在以前多次上演，鱼朝恩习以为常，便留了下来，等待李豫的谈话。

李豫开口了，一开口就与以往截然不同，往日的温和不见了，取而代之的是无处不在的杀机。

面对李豫的指责，鱼朝恩连忙为自己辩护，然而来不及了，李豫已经在他的名字上打上了大大的红叉，怎会允许他死而复生？周皓带着几个士兵走了出来，手里拿着一根绳子。

鱼朝恩全明白了，周皓手中的绳子就是自己一生的归宿。

周皓率领士兵扑了上去，不一会儿的工夫，曾经红极一时的鱼朝恩无声无息地在世间消失，明年的寒食节对他而言不再是寒食节，而是第一个忌日。

鱼朝恩死了，李豫的工作还没结束，他还需要收一个漂亮的尾巴。

李豫对外下诏，罢免鱼朝恩天下观军容宣慰处置使等职，只保留内侍监（宦官总管）一职。接着，李豫对外宣布：鱼朝恩接到诏书后自缢身死，尸体赐还其家，另赐安葬费六百万。

无声无息，曾经红得发紫的鱼朝恩消失了，在他与元载的斗法中，他终于败下阵来，成为斗法的失败者，他的失败不是败给了元载，而是败给了皇帝。

伴随着鱼朝恩的伏法，宦官掌兵的隐患一度消失，李豫亲自掌管禁军，牢牢地将兵权握在自己手中。

如果这个传统能够持续，唐朝不会成为第二个宦官为祸的朝代。

可惜，优良传统并没有持续太久，到李豫的儿子李适掌权时，事情发生了反复，宦官再次掌兵，而且一发不可收拾。

得意时刻

鱼朝恩伏法后，元载成为李豫面前最红的人，为了这一天，元载朝思暮想了很多年，现在终于变成现实。

鱼朝恩当年与皇帝有患难之交，元载也不逊色，他与皇帝有着共同的信仰，他们共同的信仰是佛。

佛教在武则天时代曾经盛行一时，到了李隆基时代，佛教衰落，道教盛行，延续到李豫时代，李豫信奉的依然是道教。时间一长，李豫发现，他的三位宰相居然都不信奉道教，而是信奉佛教，尤其是王缙，最为虔诚，不食荤腥，只吃蔬菜，这一点跟他的哥哥王维非常像。

三位宰相不但信佛，而且亲力亲为，捐资建造过很多寺庙。

李豫有些好奇，是什么动力促使三位宰相如此虔诚呢？

李豫向三个宰相问道："佛教中经常说因果报应，真的有吗？"

元载、王缙、杜鸿渐相互看了一下，他们同时看到了把皇帝拉进自己教派的机会。

元载回应道："唐王朝建立时间如此长久，如果不是积累的福业多，怎么可能达到？既然福业已经注定，即便有点小灾，也不足为祸，所以安禄山、史思明虽然气焰嚣张但都遭了儿子的毒手，仆固怀恩声称要率军内犯，一出门就病死了，回纥、吐蕃大举深入，又都不战而退。这些都不是人力所能达到的，这不正是因果报应的体现吗？"

李豫将信将疑地点了点头，越琢磨越觉得元载的话有道理，是啊，一切皆有因果，只要潜心向佛，自然会有好的结果。

内心已经说服自己的李豫从此用心向佛，并把向佛的传统延续给子孙，他的子孙中有很多人向佛，唐宪宗李纯是其中的一个。不过李纯向佛似乎是一个讽刺，他不顾韩愈的反对坚持迎奉传说中的佛骨，以为可以给自己带来吉祥。一年过去了，吉祥终究没来，李纯却被毒死了！

李豫不管不顾地信上了佛教，宫中就多了一个特殊群体：僧侣。在宫中蹭饭的僧侣不在少数，常年维持在一百多人的规模。

僧侣们也不是白吃饭，关键时刻能派上用场。每逢有敌寇入侵，李豫便下令僧侣们宣讲《仁王经》，借此乞求佛祖驱逐贼寇。

《仁王经》宣讲几天后，敌寇纷纷退去，效果立现！

李豫固执地认为这是僧侣的功劳，大加赏赐。其实这是自欺欺人，如果不是郭子仪等人忠于王事，敌寇怎么可能听了《仁王经》就自行退去，只是李豫一心抱住了佛脚，此时此刻，他的眼中只有佛。

在李豫一心向佛的大背景下，和尚们的日子天翻地覆，胡僧不空更是扶摇直上，官至部长（卿监），封爵国公，自由出入皇宫，权势直逼权贵。

数年后，不空和尚去世，李豫痛心不已，追赠不空为开府仪同三司、司空，封肃国公，谥号大辩正广智不空三藏和尚。

皇帝厚爱至此，不空和尚，此生不空！

既有向佛宰相，又有向佛皇帝，朝廷中弥漫着向佛的分子，久而久之，从中央到地方，从官员到百姓，众人一心向佛，都不肯在现实中多作努力，李豫治下的司法、行政一日不如一日，而元载又分外活跃起来！

元载口中向佛，心中却未必有佛，佛说万物不争，元载不是，凡事他都要争一争，尤其是权。

在与鱼朝恩斗法的过程中，元载貌似正直官员，其实这是他的伪装，在争权的道路上，元载从来不是省油的灯，谁挡他的道，他就把谁清除。

机缘巧合，一位历史名人成了元载眼中的路障。

路障的名字叫颜真卿。

颜真卿与元载结怨，要追溯到公元 762 年十二月，李豫从陕州返京之时。

当时吐蕃军队已经退去，李豫准备从避难的陕州返回长安，时任尚书左丞的颜真卿提出建议：陛下应该先晋谒皇家祖庙和祖先陵寝，然后返回皇宫。

建议合情合理，到了元载那里，却被拦了下来，不必了，陛下直接回宫！

颜真卿忍不住了，冲元载怒喝道："朝廷哪里经得起相公如此破坏！"

颜真卿一句话将元载定格在小人行列，也把自己升格为元载的路障。

元载恨恨地看着颜真卿，你给我等着！

一晃三年过去，元载与颜真卿再次狭路相逢。

公元 766 年，元载向李豫提出建议："以后百官上疏言事，应该先向本部长官汇报，本部长官再向宰相奏报，宰相负责向皇帝奏报！"

简而言之，不准越级上疏言事。

这个荒唐的建议，李豫居然同意了。

刑部尚书颜真卿站了出来，反对！坚决反对！

颜真卿看透了元载的用心，他想大权独揽，而且不让百官揭发，不准越级上疏言事，就是为了防止别人打他的小报告。

颜真卿在奏疏中逐条反驳元载的建议，并拿出开元天宝年间的李林甫作类比，显然，颜真卿将元载与李林甫划为一类。

奏疏上到李豫那里，李豫迟迟没有反应。

元载抓住了时机，迅速反扑过来："颜真卿恶意诽谤宰相!"

元载得逞了。

铮铮铁骨的颜真卿再一次被贬，刑部尚书做不成了，只能到峡州（今湖北省宜昌市）做别驾。

这不是颜真卿第一次被贬，也不是最后一次被打压。

早在李辅国当政时代，他因为带头上疏祝贺太上皇李隆基身体健康而触了李辅国的霉头，第一次被贬；

现在，他成了宰相元载眼中的路障，第二次被贬；

后来，正直的颜真卿又成了宰相卢杞眼中的路障，第三次遭到打压。

是非不分的年代，当一个好人竟然如此之难!

接连搬开颜真卿、鱼朝恩两道路障，元载心情大好，他要开创属于自己的时代。

元载很有信心，以他的才智，加上皇帝支持，想要做出一番业绩来并不算难。

对于皇帝，元载同样有信心，在诛杀鱼朝恩的过程中，他们已经结成同盟，此刻皇帝眼中只有元载，没有他人。

更关键的是，元载在李豫身边还有眼线，内侍董秀就是元载的第三只眼。有了董秀做内应，一切尽在元载掌握，他所做的每一件事都符合李豫胃口，看上去就跟量身定做一般。

元载与李豫迅速进入蜜月期，元载陶醉了，他把自己当成古今少有的文武全才，如果仅仅是自我陶醉关系不大，元载开始对朝政上下其手，官员任免竟然只看谁给的钱多!

吏部侍郎杨绾与岭南节度使徐浩成为元载展示给百官的两个标准样本。

杨绾，时任吏部侍郎，为人公正，性格耿直，对元载毫不依附，至于给元载送礼，除非地球倒转，太阳从西边出来；徐浩，时任岭南节度使，为人贪婪无度，媚上欺下，他把搜刮来的钱财都投资到元载身上，要在元载那里赌一个大好前程。

徐浩赌赢了!

杨绾被免去吏部侍郎职务，出任国子祭酒（国立贵族大学校长）；

徐浩由岭南节度使升任吏部侍郎。

荒唐的元载，荒唐的时代。

荒唐还在继续，不久元载又创造了一个奇迹：随便一个签名，价值一千匹绸缎。

元载的一位长辈听说他发达后前来长安投奔，元载接待之后，发现长辈并没有什么才能，便随便给卢龙战区节度使写了一封信，草草打发长辈上路。

元长辈一路上越走越气，好你个元载，居然把长辈当叫花子打发。

一气之下，长辈拆开了元载写给节度使的信，一看信的内容，长辈鼻子快变形了，偌大的信纸，如同无字天书，空空荡荡，只有元载的签名，除此之外，别无长物。

长辈抚了抚气鼓鼓的胸膛，唉，死马当活马医吧！

抱着试试看的态度，元长辈把信递交到卢龙战区节度使府，值班判官漫不经心地打开信件，一看“元载”二字，“腾”地站了起来，忙不迭地将信送交节度使。

节度使不敢怠慢，一边命令一员大将把元载的无字天书当作出土文物装入木匣中保管，一边命人将元长辈迎入宾馆，酒肉侍候。

宴请数日之后，忐忑不安的元长辈告辞离去。

临行前，卢龙节度使赠送了一点小礼物：绸缎一千匹！

元长辈喜出望外，兴冲冲地离去，两字换绸缎千匹的奇迹就此诞生。

战国时，吕不韦悬赏为《吕氏春秋》挑错，一字千金；

元载随随便便两个字，一千匹绸缎！

都是牛人！

创造完奇迹，元载的眼中又出现了一道路障。

这道路障也是个熟人，山人李泌！

山人李泌就是一出悲剧，空有一身本领，却没有合格的帝王接收。李隆基想让李泌当官，李泌拒绝了，因为他看出李隆基早已失去进取的雄心；李亨想让李泌当官，李泌半途而废，因为他看出李亨小肚鸡肠，没有包容四海的胸怀，明明可以分兵出击，一劳永逸地解决藩镇之祸，李亨却一叶障目地只求先收复两京；李豫想让李泌当官，李泌依然三心二意，人在长安，心在衡山，更要命的是元载又将他视作了路障。

元载给李豫上了一道奏疏：李泌经常与朋友在禁军中举办宴席，而且与鱼朝恩关系友善，陛下应该早点知道他的阴谋！

看完奏疏，厌恶不由得从李豫心底腾起，元载的所作所为他并非不知，他只是睁一只眼闭一只眼，权当没看见。如今，元载又猜忌到李泌头上，李豫有些不爽。

李泌与皇室已是三代交情，当年如果不是李泌力挺，李豫能不能当皇帝还犹未可知，就这么一个有功于江山社稷的故人，居然遭到元载的猜忌。

按下心中的不满，李豫回复元载："禁军都是李泌过去的手下，是朕准许他前去相见。诛杀鱼朝恩，李泌也曾参与预谋，爱卿就不要怀疑了！"

李豫以为就此挡住了元载射向李泌的箭，没想到，居然不成！

元载与其手下的弹劾奏疏依然源源不断，大有不达目的誓不罢休的架势。

李豫权衡了一下，此时此刻，他还不能换掉元载，他还需要这个宰相为自己效力，硬生生与他撕破脸皮是不可能的，只能找一个折中的办法。

回头再看李泌，还是于仕途无意，不如让他走出长安，到地方任职吧。

正巧，江西道行政长官（观察使）魏少游上疏请求李豫给自己派一个副手，李豫顺水推舟，决定让李泌到江西就任判官。

李豫对李泌嘱咐道："元载容不下你，朕暂且把你寄放到魏少游那里。等朕决意铲除元载，会有信使通知你，届时不要耽误，即刻进京！"

李泌领命而去，元载的眼中再次清净了。

一波刚平，一波又起，几个月后，元载遭遇了一场危机。

这场危机由一个叫李少良的人而起。

李少良，早年给人当过幕僚，后来升迁为殿中侍御史。在侍御史任上没干多久，又被罢官，无所事事的他只能在长安闲逛。

世上有两种人最有告状的冲动，一种是为人正直、眼里不揉沙子的人，一种是仕途失意、郁闷无处发泄的人，李少良属于后者。

李少良在长安闲逛期间，从民间听到了元载的种种不法行为。眼见元载如此不堪却高居宰相，自己满腹才干却无处施展，巨大的落差让李少良产生了告状的冲动，他一纸奏疏，将元载的诸多不法行为告到了李豫那里。

这一告，很致命！

早已对元载产生厌恶的李豫想借机查一查元载，便把李少良安顿下来，准备择日当面核实。

如果一切顺利，李少良有可能一战功成，迎来仕途的峰回路转。

偏偏李少良嘴不严！

李少良把此事告诉了好友韦颂，韦颂又把此事告诉了好友、殿中侍御史陆珽，他们都以为对方能保守秘密，却不知道，如此口耳相传，秘密也就不是秘密了。

远在唐朝的李少良、韦颂肯定不知道“六度空间理论”，如果知道，他们不会那么大意。

按照“六度空间理论”，世上任何两个人，最多不通过六个人就能建立联系。从曲昌春到奥巴马，中间的联系人不会超过六个，这个理论经过多次验证，屡试不爽。

现在“六度空间理论”在李少良、元载身上应验。

李少良的好友是韦颂，韦颂的好友是陆珽，陆珽的“好友”是元载！

李少良—韦颂—陆珽—元载。

经过一连串传递，李少良状告元载的消息传到了元载耳中。没等李豫核实，元载奏疏到了。奏疏中，元载为自己大声喊冤。

李豫感觉自己被李少良卖了！

盛怒之下，李豫将李少良、韦颂、陆珽一勺烩了，统统羁押到御史台的监狱之中。

御史很快定案：李少良、韦颂、陆珽凶恶奸诈，狼狈为奸，离间君臣！

最终判决：乱棍打死！

乱棍下去，三人惨死，元载的世界又清净了！

元载恢复了好心情，他趁热打铁，又给李豫上了一道奏疏：以后陛下下诏委任的文武六品以下官员，吏部、兵部不得再进行审核勘验。

唐朝惯例，皇帝下诏委任官员，吏部、兵部需要进一步对官员的资质进行审核勘验，现在元载却建议取消！这一切都是出于元载的私心，因为他奏报给李豫的官员名单中，有很多人并不符合当官资格。

李豫居然又同意了！

元载的心情好到了极点，皇帝对我的信任真是没话说！

一切都是假象！

第二十章　新旧更迭

一网打尽

李豫对元载的信任并不像元载想的那样，就在元载沾沾自喜时，李豫下了一道诏书：擢升浙西观察使李栖筠为御史大夫。

元载心中咯噔一声，这个任命，事先他居然一点儿都不知道！

这是李豫给元载敲的警钟，事前压根儿没准备让元载知道，擢升李栖筠也是有讲究的，因为李栖筠不阿附元载。

从这时起，元载开始走下坡路，他在李豫心中的地位逐渐下滑，直至几年后彻底跌入谷底。

公平地说，元载是有能力的，只是中国历史向来以成败论英雄，于是我们现在看到的，多数是元载的作奸犯科，关于他的业绩，记载少得可怜。

这一点在现代社会也有体现，一个官员，如果是一个清官，那么关于他的报道会连篇累牍。一旦清官变成了赃官，曾经连篇累牍的报道就会消失，取而代之的是连篇累牍的关于该官员贪赃枉法的报道。我把这种报道方式称为宣传画式报道，要么绝对正确，要么绝对错误，没有中间地带。

历史是复杂的，历史是3D的、立体的，历史上的人物是一个个有血有肉有性格有感情的人，而不仅仅是一幅幅奸忠立辨的画像，或者是一个个扁扁的名字。

至于元载，正面记载确实不多，公元773年的一个建议或许能从一个侧面证明元载的眼光和能力。

元载的建议是进军陇右，重修原州城（今宁夏固原市）。

元载建议道："安西、北庭特遣部队一向驻扎泾州，泾州却无险可守，而陇山崇高险峻，南连秦岭，北抵黄河。现在国家西部的边境只到潘原（今甘肃省平凉市崆峒区），吐蕃军队则集中到摧沙堡（今宁夏海原县），原先的原州城正好在两者中间，冲着陇山山口，正是以前朝廷牧马之地，水草非常肥美。平凉则位于原州城东面，只要耕种一个县，驻军粮食供应就足够了。现在原州城的地基、墙垒都在，吐蕃人弃而不用，但吐蕃人每年盛夏都会去青海放牧，来回路途很远，至少需要一个月，我们只需要利用其中的二十天就能重修原州城。届时，让驻扎泾州的军队进驻原州，郭子仪的部队驻防泾州，这样在西部就能站稳脚跟，渐次打开陇右局面，进而进军安西，占据吐蕃人的心脏地带，如此一来，朝廷就不会再有西部之患！"

元载的建议可谓高屋建瓴，很有建设性。如果这个建议得以实施，吐蕃将会被牢牢遏制住，不会再对唐朝构成实质威胁。

为了将自己的建议落到实处，元载甚至向陇山地区派出了间谍，提前勘察地形，以备日后所需。

一度，李豫也动了心，吐蕃人给他留下的印象太深刻了，他早就想排除这个心腹之患。

事情似乎朝着元载预想的方向发展，不料半路杀出了一个田神功。

田神功时任汴宋节度使，正巧在长安朝见，面对李豫的咨询，田神功冷不丁泼了一盆冷水："行军打仗、预料敌情，资深将领都很为难，陛下为何要听一个书生的建议，举全国之力去跟他瞎胡闹呢？"

一盆冷水下去，李豫心凉了半截，相比而言，他更相信田神功的话，毕竟田神功刀尖舔血很多年了，而元载顶多是闭门造车很多年！

元载的建议无疾而终！

在这个问题上，李豫犯了经验主义错误，谁说资深将领一定比书生会打仗？三国的诸葛亮、陆逊、羊祜、杜预不都证明书生同样会打仗吗？说到底，李豫对元载的信任已经大幅降低了，不然，区区一个田神功不会叫停元载的大棋局。

建议不了了之，元载与李豫的关系也进入勉强维持的地步。苦于无人可用，李豫一时还不想动元载，他对元载冷眼旁观，若即若离。

留给元载的时间还有三年！

如果元载知道收敛，这三年可以用来自救，可惜，三年时光都被元载浪费了，整整三年过去了，他与皇帝的关系没有变好，反而越来越糟。

三年中，元载和王缙组成了一个庞大的贪污体系，元载为首，王缙为辅，元载的妻子、儿子，王缙的弟弟、妹妹以及出入其家中的尼姑，都成了贪污体系中的一员，官员的升迁全由这个体系说了算，升迁秩序的混乱已经到了极点。

公元 777 年，李豫决定收网。

同以前不同，这一次他既没有找宦官，也没有找宰相，他找来的帮手是自己的舅舅、左金吾卫大将军吴凑。虽然母亲早已不在人世，但李豫与舅舅吴凑的感情一向很深，眼下这件天大的事，别人他都不放心，唯一信得过的就是自己的舅舅。

当李豫决心已下，剩下的事情就是找碴了！

三月，有人举报：元载、王缙夜间设坛，图谋不轨！

可怜夜半虚前席，不问苍生问鬼神，这种事情皇帝可以干，大臣可不能随便干！

元载、王缙干了，事大了！

这一切都是李豫故意找碴，以元载、王缙佛教徒的身份，在家中夜间设坛是很正常的事情，以往肯定有过，只不过那时皇帝不准备动手便视而不见，现在皇帝准备动手，设坛便成了十恶不赦的大事。

三月二十八日，李豫动手了，命令吴凑前往宰相办公厅将元载、王缙收押入监，同时被收押的还有元载的儿子以及亲随。

灭顶之灾就这样向元载兜头扣去，他的宰相生涯在这一刻定格：十四年！

生命的最后时刻，元载向行刑人求情道："拜托，让我死得快一点！"

行刑人白了元载一眼："哦，相公恐怕免不了还得受点侮辱，切莫见怪！"

说罢，行刑人脱下自己的臭袜子塞进了元载的口中，在元载含糊不清的言语中，行刑人结束了元载一生的旅程。

曾经位高权重，今朝屈辱就刑！

元载死后，下一个就轮到王缙了，按照判决，王缙需要自裁！

负责审理此案的刘晏（《三字经》里提到的那位七岁神童）看了看王缙，他觉得尚有余地，可以周旋。刘晏对一同审案的同僚说道：“按照惯例，重刑需要多次上奏复核，况且王缙还是宰相。另外法也分主犯、从犯，元载是主，王缙是从，这就更需要上奏复核了！”

刘晏的一席话为王缙赢得了生机，经过复核，李豫对王缙网开一面，死罪免除，贬出长安，出任括州（今浙江省丽水市）刺史。

元载的人生就此落幕，忙活了一生也就忙活了一个身首异处。同他一起殊途同归的还有他的妻子王氏，王氏也是名门之后，名将王忠嗣的女儿，可惜她的名声与其父相去甚远，她的父亲青史留名，而她留下的只是飞扬跋扈、玩弄权柄的骂名。王忠嗣若地下有知，情何以堪？

与元载夫妻一同伏诛的还有他们的三个儿子，元伯和，元仲武，元季能。

三国时，孔融的幼子在孔融落难时有一句名言：覆巢之下，焉有完卵？

此言不虚！

孤家寡人

收拾完元载，李豫陷入了沉思，他发现自己成了孤家寡人。

登基之初，以为李辅国靠得住，结果证明靠不住；以为程元振靠得住，结果也靠不住；以为元载靠得住，最终还是靠不住。

普天之下，还有谁靠得住？没有人能给李豫答案！

如果说李豫的父亲李亨是一出悲剧，李豫也好不到哪里去。虽然他是年龄最长的皇孙，但在李隆基那里并没有得到多少宠爱，相反，因为父亲是太子，他们全家都受到猜忌，除了老老实实、夹着尾巴做人，李豫不知道他们是否还有别的选择。

在长期压抑的环境中长大，李豫没能培养出王子王孙惯有的自信，相反，他居然很自卑，怕别人看不起自己，不仅怕节度使看不起自己，也怕嫔妃的娘家看不起。

贵为皇帝，居然怕别人看不起，李豫可能前无古人，后无来者。

不过从他的成长环境来看，李豫独特的心理是有滋生土壤的。首先他的父亲虽然是太子，但饱受猜疑，他的母亲出身掖庭，更让他抬不起头，久而久之，王孙贵族的自信没有了，有的只是说不出口的自卑。

因为自卑，李豫把钱看得特别重，他不是为了敛财，而是把钱等同于面子。

时间一长，就产生了一个奇怪现象：每次赏赐嫔妃家人，李豫都很紧张，生怕嫔妃的家人嫌少，背地里看不起他。

这还不算，他甚至把官员们给宦官的赏赐等同于自己的面子，如果官员们给办事宦官赏赐少了，李豫就会觉得脸上无光，觉得官员们看不起自己。渐渐地，以宰相为首的官员们养成了习惯，都在办公室里放足了钱，一旦有宦官前来传旨，便打开钱袋打赏宦官，每次出手都很大方，不然皇帝会认为你看不起他。

如此奇怪的逻辑长期存在于李豫身上，相伴他的人生始终。

放眼全国，李豫心绪难平，虽然他早已削平安史之乱，但安史之乱遗留下的藩镇割据却盘根错节，尾大不掉。

平卢战区（总部在今山东省青州市）节度使李正己（李怀玉）手握十五个州，魏博战区（总部在今河北省大名县）节度使田承嗣手握七个州，成德战区（总部在今河北省正定县）节度使李宝臣手握七个州，山南东道（总部在今湖北省襄阳市）节度使梁崇义手握六个州，这四个节度使虽然口头向朝廷称臣，但私下里各行其是，每个战区都是一个独立王国。

李豫深深叹了一口气，不是他不想削平这些战区，实在是回纥、吐蕃两大强敌已经压得他喘不过气，对于四个战区只能暂且听之任之了！

终李豫一生，他没能削平藩镇割据；

终李豫儿子李适一生，也没能解决藩镇割据；

终李豫曾孙李纯一生，一度完成了形式上的统一，可惜也是昙花一现。

藩镇割据已经成为时时发作的病毒植入大唐王朝的身体里，任凭历任皇帝闪转腾挪，总是挥之不去。

孤家寡人的李豫没能做到，他的子孙们终究也没能做到。

挥手离别

时间走到公元779年五月，李豫的生命接近了终点。

五月三日，李豫染病；

五月二十一日，李豫下诏由太子李适监国，当晚病逝于紫宸内殿，终年五十三岁。

五个月后，李豫的儿子李适将他安葬于元陵，谥号睿文孝武皇帝，庙号代宗。

对于身后大事，李豫留了一道遗诏：任命郭子仪为帝国最高摄政（摄冢宰）。

遗诏将李适托孤给了郭子仪，同时也让郭子仪成为屹立四朝不倒的四朝元老。

从唐玄宗末期开始，郭子仪开始挑起帝国重担，历经玄宗、肃宗、代宗三朝，马上又将跨入德宗朝。

如果在唐朝勉强找一个人跟郭子仪相比，恐怕只有著名书法家柳公权了。柳公权比郭子仪还牛，郭子仪走过四朝，柳公权走过七朝：宪宗、穆宗、敬宗、文宗、武宗、宣宗、懿宗，整整七朝。

不过话说回来了，柳公权能走过七朝，是因为这些皇帝御宇时间都不长，真要赶上一个康熙王朝，能熬过一朝也就不错了！

李豫驾崩，该到了盖棺定论的时候，对于这个从父亲手中接过内忧外患乱摊子的皇帝，该作何评价呢？

《旧唐书》《新唐书》给出了截然不同的答案。

《旧唐书》：代宗皇帝少属乱离，老于军旅，识人间之情伪，知稼穑之艰难，内有李、郭之效忠，外有昆戎之幸利……修己以禳星变，侧身以谢咎征，古之贤君，未能及此。

《新唐书》：代宗之时，余孽犹在，平乱守成，盖亦中材之主也！

《旧唐书》说李豫是贤君，《新唐书》说李豫只是一般皇帝、中材之主，在我看来，李豫大约属于后者。

在中国大历史上，能称上贤君的少之又少，屈指算来也只有唐太宗李世民、东汉光武帝刘秀等少数几人，更可悲的是，无论年代多久远的王朝，贤君数量都是少得可怜，可叹，可悲！

公元 779 年五月二十三日，三十七岁的李适登基称帝，是为唐德宗。

相比于父亲、祖父、曾祖继位前的激烈竞争，李适的登基波澜不惊。传言有人试图用独孤贵妃的儿子韩王李迥跟他竞争，但只是传言，并没有实质举动。

三十七岁的李适顺利继承了父亲的衣钵，成为大唐王朝的第十二任皇帝，他登基时，大唐王朝已经开国一百六十一年。在这一百六十一年中，大唐王朝有过贞观之治，有过武后当国，有过开元盛世，也有过安史之乱，而他接手的，正是平定安史之乱后的微妙棋局。

向左，可能重现往日荣光，向右，可能滑向无底深渊，李适走上了人生的十字路口，他想做一个好皇帝，他想在唐朝历史上留下属于自己的浓墨重彩的一笔。

每个新生的人都向往人生，每个新婚的人都向往幸福，李适梦想着自己和自己的王朝都能向前看，往上走，然而往哪里走却不完全由他说了算，尽管他贵为皇帝。

生活是最好的导演，时间是最好的见证，曾经有着雄心壮志的李适不会想到，自己的皇帝生涯居然会那样的跌宕起伏，那样的悬念丛生。

李适的皇帝生涯会是一番怎样的场景，他和他的子孙们又会给历史留下怎样的记忆，请看下部《元和中兴》。